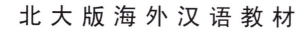北大版海外汉语教材

LEARNING
Chinese Overseas Textbook

海外汉语课本

高明明 编著
By Gao Mingming

北京大学出版社
PEKING UNIVERSITY PRESS

图书在版编目(CIP)数据

海外汉语课本.4 / 高明明编著. —北京：北京大学出版社，2014.10
(北大版海外汉语教材)
ISBN 978-7-301-24439-5

Ⅰ.①海… Ⅱ.①高… Ⅲ.①汉语－对外汉语教学－教材 Ⅳ.①H195.4

中国版本图书馆CIP数据核字(2014)第141521号

书　　　名：	海外汉语课本(4)
著作责任者：	高明明　编著
责 任 编 辑：	孙　娴
标 准 书 号：	ISBN 978-7-301-24439-5/H·3547
出 版 发 行：	北京大学出版社
地　　　址：	北京市海淀区成府路205号　100871
网　　　址：	http://www.pup.cn　新浪官方微博：@ 北京大学出版社
电 子 信 箱：	zpup@pup.pku.edu.cn
电　　　话：	邮购部 62752015　发行部 62750672　编辑部 62753374　出版部 62754962
印 刷 者：	北京大学印刷厂
经 销 者：	新华书店
	787毫米×1092毫米　16开本　20.25印张　420千字
	2014年10月第1版　2014年10月第1次印刷
定　　　价：	75.00元(含课本、汉字练习册、录音文件)

未经许可，不得以任何方式复制或抄袭本书之部分或全部内容。
版权所有，侵权必究
举报电话：010-62752024　电子信箱：fd@pup.pku.edu.cn

使用说明

一、适用对象

《海外汉语课本》主要面向在欧洲各国大学学习汉语的学生,也适合一般成年外国学生的课堂教学和自学。《海外汉语课本4》适用于已经完成了《海外汉语课本3》或相近水平的汉语课程的学习者。

二、教材特点

1. 使学生学会最基本、实用的口语句子;
2. 教学内容、篇幅与欧洲大学外语课教学进度和课时长度相近,设计为两学年(每周4学时左右)的课堂教学;
3. 教学内容及课文的情景设计考虑到学生当地的语言环境;
4. 语音、语法、词语教学内容力求针对学生的需求和难点,例如增加了汉语拼音和英文翻译的辅助范围和长度。

三、教材内容和体例

1.《海外汉语课本4》共14课,主课本之外,配有相应的汉字练习册和录音文件;
2. 每课包括课文、词语表、词语与句子结构、复合词与词组的构成,以及练习五大部分;
3. 课文以会话、短文两种形式出现,以各种中国文化话题为背景;
4. 练习部分包括会话、语法、阅读、听力和写作练习。

编　者
于赫尔辛基大学

Introduction

1. The readers

Learning Chinese Overseas Textbook is a set of textbooks which aims mainly at university students in European countries. They can also be suitable in classroom teaching and self-studies for other adult foreign students overseas. *Learning Chinese Overseas Textbook 4* suits the learners who have completed *Learning Chinese Overseas Textbook 3* or other Chinese language courses of similar level.

2. The features of the textbooks

(1) The textbooks enable students to grasp the most basic and practical spoken sentences.

(2) The content and length of teaching materials are close to teaching schedule of foreign languages in European universities. The textbooks are designed for two academic years' classroom teaching (about 4 hours per week).

(3) The content and situational background of teaching materials is designed with consideration of the native environment of students.

(4) The teaching of grammar and syntax is designed to meet the needs and constrains of the students overseas. Therefore the Chinese phonetic alphabet and English translation is used as a helpful device more extensively.

3. The content and layout of the textbook

(1) The complete set of *Learning Chinese Overseas Textbook* 4 consists of a textbook and a workbook on Chinese characters as well as online recording files.

(2) Each lesson consists of five parts: Text, New Words, Words and Sentence Structures, Formation of Compound Word and Phrases as well as Exercises.

(3) The Texts consist of dialogues and passages with various topics of Chinese cultures as background.

(4) The Exercises consist of practice in grammar, speaking, reading, listening and writing.

The compiler
University of Helsinki

芬兰赫尔辛基大学孔子学院对本套教材的插图提供了资助,严禔女士为本教材绘制了插图,邵伯栋先生校对了全书英文。岑玉珍教授对本册编写提出了宝贵的意见和建议。编者表示衷心的感谢。

The illustration work of this set of textbooks received financial assistance from Confucius Institute at the University of Helsinki. Ms. Yan Ti did all the illustrations and Mr. Shao Bodong proofread the English translation of the textbooks. Professor CenYuzhen offered valuable opinions and suggestions to the writing of this book. Their assistance and work are gratefully acknowledged.

目 录

第1课   起一个好名字 ………………………………………………… 1

    词语与句子结构

            1 反问句（二）用疑问代词的反问句

            2 V+出来

            3 由

            4 一方面……,(另)一方面……

            5 A和B有/没有区别

    复合词的构成 1(联合式)

第2课   这个味道太奇怪了！………………………………………… 18

    词语与句子结构

            1 要看……

            2 却

            3 V+满+N

            4 在……上

    复合词的构成2(偏正式)

第3课   穿什么合适？……………………………………………… 34

    词语与句子结构

            1 难怪

            2 挺+Adj.+的

            3 其中

            4 V来V去

            5 不是……,就是……

    复合词的构成3(动宾式)

第4课   "福"到家了！………………………………………………… 49

    词语与句子结构

            1 "是……的"句(三)

            2 对于……来说

            3 首先……,其次……

            4 无论……,都/也……

    复合词的构成4(补充式)

第5课　　　　　这个药有效果 ·················· 65
　　　词语与句子结构
　　　　1 从……起
　　　　2 来（一）
　　　　3 像/跟……似的
　　　　4 只有……，才……
　　　复合词的构成 5（附加式）

第6课　　　　　望子成龙 ·················· 80
　　　词语与句子结构
　　　　1 再……也……
　　　　2 A 关系到 B
　　　　3 这样一来，……
　　　　4 "就"表示强调
　　　　5 "是"表示强调
　　　词组的构成1 (联合词组)

第7课　　　　　我的大学生活 ·················· 95
　　　词语与句子结构
　　　　1 V/Adj.是 V/Adj.，……
　　　　2 (A)与B相比，……
　　　　3 (A)越……,(B)越……
　　　　4 来（二）
　　　　5 A 不如/没有 B ……
　　　词组的构成2 (偏正词组)

第8课　　　　　互联网上的爱情故事 ·················· 112
　　　词语与句子结构
　　　　1 "……之前"与"……之后"
　　　　2 A 离不开 B
　　　　3 双重否定
　　　　4 表示强调方式的小结
　　　词组的构成3 (动宾词组)

第9课　　　　　找一个适合自己的工作 ·················· 128
　　　词语与句子结构
　　　　1 插入语
　　　　2 是否
　　　　3 随着……，……

　　　　　　　　　　4 在……下,……
　　　　　词组的构成4(补充词组)

第10课　　　　　住在城里还是住在郊区?　……………………………… 143
　　　　　词语与句子结构
　　　　　　　　　　1 朝、向、往
　　　　　　　　　　2 一天比一天
　　　　　　　　　　3 即使……,也……
　　　　　　　　　　4 A比不上B
　　　　　　　　　　5 究竟
　　　　　　　　　　6 比较句小结
　　　　　词组的构成5(主谓词组)

第11课　　　　　世外桃源在哪儿?　…………………………………… 160
　　　　　词语与句子结构
　　　　　　　　　　1 量词重叠
　　　　　　　　　　2 划着划着
　　　　　　　　　　3 "V+着"表示动作在不同阶段的小结
　　　　　　　　　　4 总之
　　　　　词组的构成6(数量词组)

第12课　　　　　退休之后的生活　……………………………………… 175
　　　　　词语与句子结构
　　　　　　　　　　1 "认为"与"以为"
　　　　　　　　　　2 "万"和"亿"
　　　　　　　　　　3 ……分之……
　　　　　　　　　　4 表示动作频率词语的小结
　　　　　词组的构成7(方位词组)

第13课　　　　　两种语言,两种文化　…………………………………… 190
　　　　　词语与句子结构
　　　　　　　　　　1 ……,否则
　　　　　　　　　　2 为……而……
　　　　　　　　　　3 尽管……,还是……
　　　　　　　　　　4 复句与基本关联词小结
　　　　　词组的构成8(固定词组)

第14课   以茶会友 ·· 207

              词语与句子结构

                  1 V+自

                  2 把……当作……

                  3 非+V不可(行)

                  4 越……越……

                  5 紧缩句

附录1   听力文本 ·· 221

附录2   总词汇表 ·· 227

Contents

Lesson 1　　　　**Give a good name** ·················· 1
Words and Sentence Structures
    1 Rhetorical questions (2) rhetorical questions with interrogative pronouns
    2 V+出来
    3 由
    4 一方面……,(另)一方面……
    5 A 和 B 有/没有区别
The Formation of Compound Word 1 (the Coordinative Combination)

Lesson 2　　　　**The taste is really strange!** ·················· 18
Words and Sentence Structures
    1 要看……
    2 却
    3 V+满+N
    4 在……上
The Formation of Compound Word 2 (the Modifier-Modified Combination)

Lesson 3　　　　**What is appropriate to wear?** ·················· 34
Words and Sentence Structures
    1 难怪
    2 挺+Adj.+的
    3 其中
    4 V 来 V 去
    5 不是……,就是……
The Formation of Compound Word 3 (the Verb-Object Combination)

Lesson 4　　　　**Happiness has come to the house!** ·················· 49
Words and Sentence Structures
    1 "是……的"句(三)
    2 对于……来说
    3 首先……,其次……
    4 无论……,都/也……
The Formation of Compound Word 4 (the Complementary Combination)

| Lesson 5 | **This medicine is effective** ············· 65 |

Words and Sentence Structures

    1 从……起

    2 来(一)

    3 像/跟……似的

    4 只有……,才……

The Formation of Compound Word 5 (the Affixation Type)

| Lesson 6 | **Having a great ambition for one's child** ············· 80 |

Words and Sentence Structures

    1 再……也……

    2 A 关系到 B

    3 这样一来,……

    4 "就"表示强调

    5 "是"表示强调

The Formation of Phrases 1 (the Coordinative Phrase)

| Lesson 7 | **My university life** ············· 95 |

Words and Sentence Structures

    1 V/Adj.是V/Adj.,……

    2 (A)与B相比,……

    3 (A)越……, (B)越……

    4 来(二)

    5 A 不如/没有 B ……

The Formation of Phrases 2 (the Endocentric Phrase)

| Lesson 8 | **Love story on internet** ············· 112 |

Words and Sentence Structures

    1 "……之前"与"……之后"

    2 A 离不开 B

    3 Double negation

    4 A brief summary of emphatic expressions

The Formation of Phrases 3 (the Verb-Object Phrase)

| Lesson 9 | **Find a job that suits you** ············· 128 |

Words and Sentence Structures

    1 Insertion

    2 是否

    3 随着……,……

4 在……下,……

The Formation of Phrases 4 (the Complementary Phrase)

| Lesson 10 | **Living in the city or in the suburbs?** .... **143** |

Words and Sentence Structures

    1 朝、向、往
    2 一天比一天
    3 即使……,也……
    4 A 比不上 B
    5 究竟
    6 A brief summary of comparative sentence

The Formation of Phrases 5 (the Subject-Verb Phrase)

| Lesson 11 | **Where is the Shangri-La?** .... **160** |

Words and Sentence Structures

    1 Reduplication of measure words
    2 划着划着
    3 A brief summary of "V+着", which expresses different aspects of verbal movements
    4 总之

The Formation of Phrases 6 (the Numeral-Measure Word Phrase)

| Lesson 12 | **Life after retirement** .... **175** |

Words and Sentence Structures

    1 "认为"与"以为"
    2 "万"与"亿"
    3 ……分之……
    4 A brief summary of words indicating frequency of actions

The Formation of Phrases 7 (the Locality Phrase)

| Lesson 13 | **Two languages, two cultures** .... **190** |

Words and Sentence Structures

    1 ……,否则
    2 为……而……
    3 尽管……,还是……
    4 A brief summary of complex sentences and basic conjunctions

The Formation of Phrases 8 (the Set Phrase)

Lesson 14	**Making friends through tea** ··	**207**
	Words and Sentence Structures	
	1 V+自	
	2 把……当作……	
	3 非+V不可(行)	
	4 越……越……	
	5 The contracted sentence	

Appendix 1　Listening Script ··· 221
Appendix 2　Index of Vocabulary ·· 227

起一个好名字
Qǐ yí ge hǎo míngzi
Give a good name

➡️ 课文　Text

（一）

小文：马可，你还记得我朋友王丽吗？上个月来欧洲
　　　Mǎkě, nǐ hái jìde wǒ péngyou Wáng Lì ma? Shàng ge yuè lái Ōuzhōu

　　　度蜜月的？
　　　dù mìyuè de?

马可：怎么不记得？我们还一起吃过饭呢。
　　　Zěnme bú jìde? Wǒmen hái yìqǐ chī guo fàn ne.

小文：看这张照片，她和她丈夫，笑得多甜啊！
　　　Kàn zhè zhāng zhàopiàn, tā hé tā zhàngfu, xiào de duō tián a!

马可：对了，她丈夫叫什么名字？我忘了。
　　　Duìle, tā zhàngfu jiào shénme míngzi? Wǒ wàng le.

小文：张大山，高山的山。
　　　Zhāng Dàshān, gāo shān de shān.

马可："大山"，还有咱们①的朋友"大阳"，
　　　"Dàshān", háiyǒu zánmen de péngyou "Dàyáng",

　　　大概男孩子都喜欢"大"字。
　　　dàgài nánháizi dōu xǐhuan "dà" zì.

小文：我有一个朋友，叫李大林，你猜，
　　　Wǒ yǒu yí ge péngyou, jiào Lǐ Dàlín, nǐ cāi,

　　　是男的还是女的？
　　　shì nán de háishi nǚ de?

马可： 既然有"大"字，应该是男的吧？
Jìrán yǒu "dà" zì, yīnggāi shì nán de ba?

小文： 不对，是女的。她是家里的老大②，所以叫
Bú duì, shì nǚ de. Tā shì jiā li de lǎodà, suǒyǐ jiào

李大林。
Lǐ Dàlín.

马可： 女孩子的名字应该有"小"字，例如你的名字，
nǚháizi de míngzi yīnggāi yǒu "xiǎo" zì, lìrú nǐ de míngzi,

"小文"。
"Xiǎowén".

小文： 不一定，男人名字里也可以有"小"字，例如功夫
Bù yídìng, nánrén míngzi li yě kěyǐ yǒu "xiǎo" zì, lìrú gōngfū

大王"李小龙③"。
dàwáng "Lǐ Xiǎolóng".

马可： 看来，从名字看不出来人的性别。
Kànlái, cóng míngzi kàn bu chūlai rén de xìngbié.

小文： 也有很多名字能表示出来性别，例如"山、
Yě yǒu hěn duō míngzi néng biǎoshì chulai xìngbié, lìrú "shān、

石、铁、龙"等等。
shí、 tiě、 lóng" děng děng.

马可： 谁不知道"山、石、铁"都是又大又坚硬的东西？
Shéi bù zhīdao "shān、shí、tiě" dōu shì yòu dà yòu jiānyìng de dōngxi?

不用猜，这些是男人名字里的汉字。
Bú yòng cāi, zhèxiē shì nánrén míngzi li de Hànzì.

小文： 你说得很对，那么，"美、丽、花、香"呢？
Nǐ shuō de hěn duì, nàme, "měi、 lì、 huā、xiāng" ne?

马可： 这些汉字都跟"漂亮"有关，一定是女孩子的
Zhèxiē Hànzì dōu gēn "piàoliang" yǒuguān, yídìng shì nǚháizi de

名字了。
míngzi le.

小文：你以后可以当汉语名字的专家了。
Nǐ yǐhòu kěyǐ dāng Hànyǔ míngzi de zhuānjiā le.

马可：我哪能当专家啊？我只知道一点儿。
Wǒ nǎ néng dāng zhuānjiā a? Wǒ zhǐ zhīdao yìdiǎnr.

小文：你谦虚什么呀？对了，你们的名字能表示出来
Nǐ qiānxū shénme ya? Duì le, nǐmen de míngzi néng biǎoshì chulai

性别吗？
xìngbié ma?

马可：当然，叫"Mark"的一定是男的，叫"Linda"的
Dāngrán, jiào "Mark" de yídìng shì nán de, jiào "Linda" de

一定是女的。
yídìng shì nǚ de.

（二）

中国人的姓名由姓和名组成，姓在前，名在后。
Zhōngguórén de xìngmíng yóu xìng hé míng zǔchéng, xìng zài qián, míng zài hòu.

一般来说，姓是一个汉字，例如"王、李、张"等，两个汉字
Yìbān lái shuō, xìng shì yí ge Hànzì, lìrú "Wáng、Lǐ、Zhāng" děng, liǎng ge Hànzì

的姓很少。根据一本叫《百家姓》①的古书，中国有五百
de xìng hěn shǎo. Gēnjù yì běn jiào 《Bǎi Jiā Xìng》 de gǔ shū, Zhōngguó yǒu wǔ bǎi

多个姓。其实，生活中使用的姓更多。根据统计，
duō ge xìng. Qíshí, shēnghuó zhōng shǐyòng de xìng gèng duō. Gēnjù tǒngjì,

现在使用的姓大约有3600多个，最大的姓是：李、王、
xiànzài shǐyòng de xìng dàyuē yǒu sān qiān liù bǎi duō ge, zuì dà de xìng shì: Lǐ、Wáng、

张、刘、陈。
Zhāng、Liú、Chén.

名字在后面，可以是一个汉字，也可以是两个汉字，
Míngzi zài hòumian, kěyǐ shì yí ge Hànzì, yě kěyǐ shì liǎng ge Hànzì,

一般来说，汉字都可以用在名字里。传统的男人名字里常使用"山、石、铁、龙、虎"等汉字，传统的女人名字里常使用"美、丽、花、香"等汉字。

王先生和王太太有两个孩子，为了给孩子起名，他们考虑了好久，终于想出来了两个好名字。像所有的中国父母一样，他们给孩子起名的时候，表达了对孩子的美好祝愿。老大是男孩儿，他们就给他起了一个名字，叫王大山。这个男孩儿从小就长得又高又大，就像他的名字一样。老二是女孩儿，他们就给她起了一个名字，叫王小美。这个女孩儿从小就长得特别漂亮，就像她的名字一样。朋友们都说，他们给孩子起了好名字。

可是最近他们遇到了一件让人烦恼的事儿，是关于孩子的名字的。他们的儿子今年要上小学。他们去学校给儿子报名的时候，老师说班里有两个王大山，怎么区别呢？于是，王先生决定给儿子改名字叫"王大海"。王先生对这个新名字比较满意，一方面"大海"和"大山"有区别，另一方面"大海"也是一个好听的名字。但是，

王太太更喜欢"山"字。于是她又给儿子起了一个小名:
Wáng tàitai gèng xǐhuan "shān" zì. Yúshì tā yòu gěi érzi qǐ le yí ge xiǎomíng:
"山山"。
"Shānshān".

其实,在现代中国,男人的名字和女人的名字已经
Qíshí, zài xiàndài Zhōngguó, nánrén de míngzi hé nǚrén de míngzi yǐjīng
没有严格的区别了。孩子的名字一般由父母起,不管是给
méiyǒu yángé de qūbié le. Háizi de míngzi yìbān yóu fùmǔ qǐ, bùguǎn shì gěi
男孩子还是给女孩子起名字,父母对孩子的美好祝愿都是
nánháizi háishì gěi nǚháizi qǐ míngzi, fùmǔ duì háizi de měihǎo zhùyuàn dōu shì
一样的。
yíyàng de.

(1)

Xiaowen: Mark, do you remember my friend Wang Li, who came to Europe for honeymoon last month?

Mark: Of course, I do. We had dinner together.

Xiaowen: Look at this photo, she and her husband. How sweetly they are smiling!

Mark: By the way, what is the name of her husband? I forgot it.

Xiaowen: Zhang Dashan, "shan" in the phrase "gao shan".

Mark: "Big mountain" and our friend "Big Sun", maybe boys like the character "big".

Xiaowen: I have a friend named Li Dalin. Have a guess. Is it male or female?

Mark: Since there is a character "big", it should be male.

Xiaowen: You are wrong. It is female. She is the first child of the family, so her name is Li Dalin.

Mark: The name of girls must have the character "small", for example, your name, Xiaowen.

Xiaowen: Not necessarily, the character "small" can also be in a man's name, such as "Li Xiaolong" the master of Chinese martial arts.

Mark: It seems that one cannot tell gender from names.

Xiaowen: Some names do show the gender. For example, "mountain, stone, iron, dragon" and so on.

Mark: Everyone knows that "mountain, stone and iron" are very big and solid objects, so they are used in men's names.

Xiaowen: You're quite right, then characters "elegance, beauty, flower, fragrance"?

Mark: All these characters are related to something beautiful, so they must be the names of girls.

Xiaowen: You can be an expert on Chinese names in the future.

Mark: How can I be an expert? I know very little.

Xiaowen: Don't be modest. By the way, can your names tell gender?

Mark: Of course, a person called Mark must be male and a person called Linda must be female.

(2)

Chinese names are composed of surnames and given names. Surnames are placed before given names. Usually surname has only one Chinese character, for example, "Wang, Li, Zhang" and so on. Surnames with two Chinese characters are rare. According to an ancient book called *Family Names*, there are more than five hundred surnames. In fact, according to the recent statistics, there are now over 3600 surnames in actual use, in which Li, Wang, Zhang, Liu and Chen are the largest surnames.

Given names are at the end, which can have one or two characters. Generally speaking, all the Chinese characters can be used in given names. Men's traditional names often have Chinese characters such as "mountain, stone, iron, dragon and tiger" and so on. Chinese characters used in women's traditional names are, for example, "elegance, beauty, flower, fragrance", etc.

Mr. Wang and Mrs. Wang have two children. In order to give their children good names, they have thought for a long time and finally they came up with two good names. Like all Chinese parents, they want to express good wishes to the children when giving names to them. Their first child is a boy and the couple gave him a name "Wang Dashan". The boy has been tall and strong since he was a baby, just like his name. The second child is a girl and the couple gave her a name "Wang Xiaomei". The girl has been very pretty since she was a baby, just like her name. Their friends all say that they have given good names to their children.

Recently, however, they had an annoying thing about the children's names. The boy is going to elementary school. When registered for enrollment, the teacher said that in their class, there were two names as "Wang Dashan" and it might cause confusion to call their names in class. Thus, Mr. Wang decided to change his son's name to "Wang Dahai". Now Mr. Wang is quite satisfied with the new name. On the one hand, "Dahai" differs from "Dashan"; on the other hand, "Dahai" also sounds pleasant. However, Mrs. Wang likes the character "shan" better. Thus, she gave "Shanshan" as her son's childhood name.

In fact, in modern Chinese names there is not strict difference between men's names and women's. It is usually parents, who give names to their children. No matter they give names to a boy or to a girl, parents express the same good wishes.

新词语 New Words

1	起(名)	qǐ(míng)	v.	to give (a name)
2	记得	jìde	v.	to remember
3	咱们	zánmen	pron.	we, us
4	老大	lǎodà	n.	the first child of a family
5	例如	lìrú	v.	for example
6	大王	dàwáng	n.	the king of
7	性别	xìngbié	n.	gender
8	石	shí	n.	stone
9	铁	tiě	n.	iron
10	等	děng	part.	and so on, etc.
11	坚硬	jiānyìng	adj.	solid and hard
12	谦虚	qiānxū	adj.	modest, humble
13	姓名	xìngmíng	n.	name
	姓	xìng	n./v.	surname; to surname
14	由	yóu	prep.	by means of

15	组成	zǔchéng	v.	to compose
16	一般	yìbān	adj.	common, general
17	根据	gēnjù	prep.	according to
18	使用	shǐyòng	v.	to make use of
19	统计	tǒngjì	v.	to count up
20	大约	dàyuē	adv.	approximately
21	刘	Liú	p.n.	*surname*
22	陈	Chén	p.n.	*surname*
23	虎	hǔ	n.	tiger
24	表达	biǎodá	v.	to express
25	美好	měihǎo	adj.	good
26	祝愿	zhùyuàn	n.	wish
27	烦恼	fánnǎo	adj.	annoying
28	小学	xiǎoxué	n.	primary school
29	报名	bào míng		to register, to sign up
30	区别	qūbié	v. /n.	to distinguish; difference
31	改	gǎi	v.	to change
32	方面	fāngmiàn	n.	aspect
33	小名	xiǎomíng	n.	childhood name
34	严格	yángé	adj.	strict

注释 NOTES

① 咱们：It's a colloqual expression, which includes both sides of the conversation.

② 老大："老大" is the first child of the family, while "老二" means the second child.

③ 李小龙(1940—1973)：Bruce Lee, master of Chinese martial arts.

④《百家姓》: The book, *Family Names,* was written during the Northern Song Dynasty (960 — 1127).

词语与句子结构 *Words and Sentence Structures*

1. 反问句（二）用疑问代词的反问句 Rhetorical questions (2) rhetorical questions with interrogative pronouns

疑问代词"怎么、谁、哪、什么"用在反问句中表达强调的语气。句子中有否定词，表示肯定，见例句(1)(2)，反之表示否定，见例句(3)(4)(5)。反问句（一）见第三册第11课。

Interrogative pronouns like "怎么、谁、哪、什么" are used in rhetorical questions to make stress. Sentences with negative words indicate positive meanings, e.g. (1)(2) and vice versa, e.g.(3)(4)(5). See chapter 11 in Book 3 for Rhetorical questions (1).

					Implied meaning
(1)	我	怎么	不记得(呢)?	How can I forget?	I do remember it.
(2)		谁	不知道(呢)?	Who doesn't know it?	Everyone knows it.
(3)		谁	知道(呢)?	Who knows?	No one knows.
(4)	我	哪	是专家(啊)?	How can I be an expert?	I am not an expert.
(5)	你谦虚	什么	啊?	Don't be modest.	Don't be modest.

2. V+出来

"出来"用在动词之后表示动作完成，也可表示某事物从隐蔽到表露。

"出来" is placed after a verb to indicate that an action is completed or the action makes something to reveal.

(1) 他们想	出来	了一个好名字。	They thought out a good name.
(2) 从这个名字能看	出来	这个人的性别。	The name tells gender of the person.
(3) 名字里的汉字能表示	出来	这个人的性别。	Characters in names can tell gender.

3. 由

"由"作为介词可以表示凭借，如例句(1)，也可以引出动作的发出者，表示归某人去做某事的意思，如例句(2)(3)。

As a preposition, "由" can indicate "by means of", e.g. (1). It can also introduce an agent of an action, who is in charge of the action, e.g. (2) (3).

(1)	中国人的名字	由	姓和名组成。	Chinese names are composed of surname and given name.
(2)	名字	由	父母起。	Names are given by the parents.
(3)		由	父母给孩子起名字。	It is the parents who give names to their children.

4. 一方面……,(另)一方面……

出现在同一个句子的两个分句中,说明一件事情的两个方面,常用于从不同角度评论事物。

This structure appears in the two clauses of one sentence to explain two aspects of something. It is often used to make comments from different points of view.

(1) 这个名字不错, 一方面 好写, 另一方面 好听。
This is a good name. On the one hand, it's easy to write; on the other hand, it sounds nice.

(2) 骑车是个好运动, 一方面 对身体好, 另一方面 对环境好。
Bicycle riding is a good sport. On the one hand, it's good to health; on the other hand, it's environmental friendly.

5. A和B有/没有区别

A 和 B 二者之间相同或不同。There is/is not difference between A and B.

(1)	这个名字	和	那个名字	有区别。	There is difference between this name and that name.
(2)	这个名字	和	那个名字	没有区别。	There is no difference between this name and that name.
(3)	这两个名字			怎么 区别?	How to distinguish the two names?

复合词的构成1 (联合式)
The Formation of Compound Word 1 (the Coordinative Combination)

汉语复合词多数是双音节词,由至少两个有意义的语素组成,例如"姓名",是"姓(家庭的姓氏)"和"名(本人的名字)"合起来的复合词。在复合词中,两个语素之间的语义关系可以是并列的,例如"父母、祝愿、美好"等等。这类复合词被称为联合式复合词。

Many of Chinese words are disyllabic words, which consist of at least two semantically meaningful morphemes. For example, "姓名" is a compound word, in which "姓" means surname and 名 means given name. In compound words, the meanings of two morphemes can be coordinately related, e.g. "父母、祝愿、美好", etc. which can be called coordinative compound words.

姓+名→ 姓名	父+母 → 父母	方+面→ 方面
美+好→ 美好	坚+硬→ 坚硬	谦+虚→ 谦虚
祝+愿→ 祝愿	烦+恼→ 烦恼	表+示→ 表示

一些联合式复合词的意思不是两个词相加那么简单,例如"手足"看起来是"手"和"脚"的意思,实际上是指"一个人的举止"或"兄弟"的意思。

The meanings of some coordinative compound words are not as simple as the combination of the meanings of two morphemes. For example, "手足" seems to mean "hand" and "foot", however in fact it refers to "a person's behavior" or "being brothers".

练习 Exercises

1. 课文问答练习 Questions and answers on the text

(一)

(1) 王 丽是谁?
Wáng Lì shì shéi?

(2) 马可记得王 丽吗?
Mǎkě jìde Wáng Lì ma?

(3) 王 丽的丈夫叫 什么名字?
Wáng Lì de zhàngfu jiào shénme míngzi?

(4) 男孩子的名字里常 有哪个汉字?
Nánháizi de míngzi li cháng yǒu nǎ ge Hànzì?

(5) 女孩子的名字里常 有哪个汉字?
Nǚháizi de míngzi li cháng yǒu nǎ ge Hànzì?

(6) 小文 的 朋友为什么叫"大林"?
Xiǎowén de péngyou wèi shénme jiào "Dàlín"?

(7) "李小龙"是男 的还是女的?
"Lǐ Xiǎolóng" shì nán de háishi nǚ de?

(8) 名字里哪些汉字表示是男人的名字?
Míngzi li nǎxiē Hànzì biǎoshì shì nánrén de míngzi?

(9) 名字 里哪些汉字表示是女人的名字?
Míngzi li nǎxiē hànzì biǎoshì shì nǚrén de míngzi?

（10）马可谦虚吗？
　　　　Mǎkě qiānxū ma?

（二）

（1）中国人的名字是怎么组成的？
　　　Zhōngguórén de míngzi shì zěnme zǔchéng de?

（2）《百家姓》是一本什么样的书？里面有多少个姓？
　　　《Bǎi Jiā Xìng》shì yì běn shénmeyàng de shū? Lǐmiàn yǒu duōshao ge xìng?

（3）一般来说，中国人的姓是一个汉字还是两个汉字？
　　　Yì bān lái shuō, Zhōngguórén de xìng shì yí ge Hànzì háishi liǎng ge Hànzì?

（4）现在使用的姓有多少？
　　　Xiànzài shǐyòng de xìng yǒu duōshao?

（5）最大的姓是哪些？
　　　Zuì dà de xìng shì nǎxiē?

（6）给孩子起名字时，父母想表达什么？
　　　Gěi háizi qǐ míngzi shí, fùmǔ xiǎng biǎodá shénme?

（7）王先生的儿子叫什么名字？
　　　Wáng xiānsheng de érzi jiào shénme míngzi?

（8）王先生的女儿叫什么名字？
　　　Wáng xiānsheng de nǚ'ér jiào shénme míngzi?

（9）王先生为什么给儿子改名字？
　　　Wáng xiānsheng wèi shénme gěi érzi gǎi míngzi?

（10）他儿子的小名叫什么？
　　　　Tā érzi de xiǎomíng jiào shénme?

2. 按照例句改写下面的句子
Rewrite the sentences according to the example

> E.g. 我不知道。（哪）　　我哪知道？

（1）我不是专家。（哪）　　_____？
　　　Wǒ bú shì zhuānjiā.

（2）你别着急。（什么）　　_____？
　　　Nǐ bié zháojí.

(3) 我不知道。(怎么)　　　　　　　　　_____?
　　 Wǒ bù zhīdào.

(4) 我 当然 知道。(怎么)　　　　　　　_____?
　　 Wǒ dāngrán zhīdào.

(5) 人人都 想 给孩子起一个好名字。(谁)　_____?
　　 Rén rén dōu xiǎng gěi háizi qǐ yí ge hǎo míngzi.

(6) 人 人 都不喜欢这个名字。(谁)　　　　_____?
　　 Rén rén dōu bù xǐhuan zhè ge míngzi.

3. 用"由"改写下面的句子
Rewrite the following sentences by using "由"

> E.g. 中国人的名字里有姓和名。
> →中国人的名字由姓和名组成。
> 妈妈洗衣服，爸爸做饭。
> →衣服由妈妈洗，饭由爸爸做。
> (由妈妈洗衣服，由爸爸做饭。)

(1) 这 个汉字里有"女"字和"子"字。　　→
　　 Zhè ge Hànzi li yǒu "nǚ" zì hé "zǐ" zì.

(2) 我们 家有四口人。　　　　　　　　　→
　　 Wǒmen jiā yǒu sì kǒu rén.

(3) 这 个 学校 有一百个 学生，二十个老师。→
　　 Zhè ge xuéxiào yǒu yì bǎi ge xuésheng, èrshí ge lǎoshī.

(4) 今天王 老师给学生 上 课。　　　　　→
　　 Jīntiān Wáng lǎoshī gěi xuésheng shàng kè.

(5) 父母给孩子起名字。　　　　　　　　→
　　 Fùmǔ gěi háizi qǐ míngzi.

(6) 学生 自己写 申请 信。　　　　　　　→
　　 Xuésheng zìjǐ xiě shēnqǐng xìn.

4. 用所给的词填空 Fill in the blanks with the given words

表示　　看　　想　　喝　　听　　写
biǎoshì　kàn　xiǎng　hē　tīng　xiě

（1）他 终于（　　）出来了一个好主意。
　　　Tā zhōngyú　　chulai le yí ge hǎo zhǔyì.

（2）我（　　）不出来这是男的名字还是女的名字。
　　　Wǒ　　bù chulai zhè shì nán de míngzi háishi nǚ de míngzi.

（3）我能（　　）出来这是上海话。
　　　Wǒ néng　　chulai zhè shì Shànghǎihuà.

（4）你能（　　）出来这是什么茶吗？
　　　Nǐ néng　　chulai zhè shì shénme chá ma?

（5）这个汉字我会说,但是（　　）不出来。
　　　Zhè ge Hànzì wǒ huì shuō, dànshì　　bù chulai.

（6）名字里的这个汉字能（　　）出来性别。
　　　Míngzi li de zhè ge Hànzì néng　　chulai xìngbié.

5. 按照例句做会话 Make dialogues according to the example

E.g.　A 这本词典和那本词典有什么区别？
　　　B 这本词典和那本词典没有区别。
　　　A 这本词典和那本词典有什么区别？
　　　B 这本词典大,那本词典小。

（1）　　（2）　　（3）

（4）　　（5）　　（6）干 qiān　干 gàn

6. 根据句子的意思，画线连接A栏和B栏相应的句子
Match the sentences in Group A with those in Group B according to the meanings

A

（1）骑车一方面 对身体好，
Qí chē yì fāngmiàn duì shēntǐ hǎo,

（2）一个好名字得一方面好听，
Yí ge hǎo míngzi děi yì fāngmiàn hǎotīng,

（3）他打算去中国，一方面旅游，
Tā dǎsuàn qù Zhōngguó, yì fāngmiàn lǚyóu,

（4）坐飞机旅行一方面 很快，
Zuò fēijī lǚxíng yì fāngmiàn hěn kuài,

（5）跳舞一方面 是艺术活动，
Tiào wǔ yì fāngmiàn shì yìshù huódòng,

B

a 另一方面 有美好的意思。
lìng yì fāngmiàn yǒu měihǎo de yìsi.

b 另一方面 对环境 好。
lìng yì fāngmiàn duì huánjìng hǎo.

c 另一方面 很 舒服。
lìng yì fāngmiàn hěn shūfu.

d 另一方面 能 锻炼身体。
lìng yì fāngmiàn néng duànliàn shēntǐ.

e 另一方面 看朋友。
lìng yì fāngmiàn kàn péngyou.

7. 用下面的汉字填空 Fill in the blanks with the given characters

（A）	姓	李	等	百	其	表	使	根	千	一
	xìng	Lǐ	děng	bǎi	qí	biǎo	shǐ	gēn	qiān	yī

中国人的名字，1_____在前面，名在后面。2_____据一本很老的叫《3_____家姓》的书，中国有500多个姓。4_____实，人们生活中 5_____ 用的姓大概有几 6_____ 个，最大的姓有 7_____ 、王、张、刘、陈等 8_____ 。名字在后面，9_____ 般来说，名字里的汉字 10_____ 示美好的意思。

（B）	起	改	达	二	祝	报	看	汉	大	班
	qǐ	gǎi	dá	èr	zhù	bào	kàn	hàn	dà	bān

父母都想给孩子 1_____ 一个好名字，表 2_____ 对孩子的美好 3_____ 愿。王先生有俩孩子，老 4_____ 叫"王大山"，老 5_____ 叫"王小美"。可是现在大山得 6_____ 名字，因为他们去 7_____ 名的时候，老师说 8_____ 里有两个"王大山"。9_____ 来，男孩子都喜欢"山"这个 10_____ 字。

8. 找出同义/近义词　Find out the synonyms

烦恼	我们	漂亮	区别	愿望
fánnǎo	wǒmen	piàoliang	qūbié	yuànwàng
美丽	麻烦	希望	咱们	不同
měilì	máfan	xīwàng	zánmen	bùtóng

9. 认读下面的复合词
Read and recognize the following compound words

自己	父母	姓名	环境	方面
zìjǐ	fùmǔ	xìngmíng	huánjìng	fāngmiàn
国家	比赛	标准	姑娘	海洋
guójiā	bǐsài	biāozhǔn	gūniang	hǎiyáng
申请	喜欢	例如	表示	帮助
shēnqǐng	xǐhuan	lìrú	biǎoshì	bāngzhù
使用	祝愿	烦恼	学习	工作
shǐyòng	zhùyuàn	fánnǎo	xuéxí	gōngzuò
坚硬	美好	美丽	安静	诚实
jiānyìng	měihǎo	měilì	ānjìng	chéngshí
辛苦	吉利	流利	新鲜	幸福
xīnkǔ	jílì	liúlì	xīnxiān	xìngfú

10. 根据所听到的内容回答问题
Answer the questions according to the recording

（1）李先生给儿子起的名字是什么？
（2）李太太觉得这个名字有什么问题？
（3）李太太给儿子起名叫"小洋"，为什么？
（4）李先生为什么觉得"洋"和"海"这两个汉字都可以？
（5）最后，他们为什么给儿子起名叫"李大洋"？

11. 课堂活动　Classroom activities

（1）说说下面这些名字 Talk about the following names

1 王春丽　　2 张小龙　　3 陈小美　　4 刘华　　　5 王大阳　　6 张静
7 陈大海　　8 李明　　　9 李大石　　10 李丽　　11 刘小文　12 张大山

男的						
女的						
都可以						

（2）说说上面这些名字的意思 Tell the meanings of the above names

（3）给自己起一个中国名字 Make a Chinese name for yourself

作业 Homework

1. 用所给的词把下面的句子翻译成汉语
Translate the sentences into Chinese by using the given words

(1) According to this dictionary, "林" means forest.　　　　根据
(2) Do you remember him?　　　　　　　　　　　　　　　记得
(3) Gifts express good wishes.　　　　　　　　　　　　　　表达
(4) Are there any differences between Beijing dialect and standard Chinese?
　　　　　　　　　　　　　　　　　　　　　　　　　　　　区别
(5) He wants to change his name.　　　　　　　　　　　　改

2. 写作练习 (400 个汉字)　Writing exercise (400 characters)

我们国家人的姓名　Peoples' Names in My Country

第2课 Lesson 2

这个味道太奇怪了！
Zhè ge wèidào tài qíguài le!

The taste is really strange!

课文 Text

(一)（林达和大阳在饭店吃早饭）

林达： 大阳，你也喜欢奶酪。看来，你习惯西式的早饭了。
Dàyáng, nǐ yě xǐhuan nǎilào. Kànlái, nǐ xíguàn xīshì de zǎofàn le.

大阳： 开始不太习惯，现在基本上习惯了，不过我的肚子更习惯中式早饭。
Kāishǐ bú tài xíguàn, xiànzài jīběn shang xíguàn le, búguò wǒ de dùzi gèng xíguàn zhōngshì zǎofàn.

林达： 中式早饭和西式早饭有很大的区别吗？
Zhōngshì zǎofàn he xīshì zǎofàn yǒu hěn dà de qūbié ma?

大阳： 对，有很大的区别。
Duì, yǒu hěn dà de qūbié.

林达： 中式早饭里有什么吃的？
Zhōngshì zǎofàn li yǒu shénme chī de?

大阳： 传统的早饭是馒头、包子、粥、面条什么的。
Chuántǒng de zǎofàn shì mántou, bāozi, zhōu, miàntiáo shénme de.

林达： 现代的早饭呢？
Xiàndài de zǎofàn ne?

大阳： 有牛奶、酸奶、面包什么的，更像西式早饭了。
Yǒu niúnǎi, suānnǎi, miànbāo shénme de, gèng xiàng xīshì zǎofàn le.

林达： 也有奶酪吗？
Yě yǒu nǎilào ma?

这个味道太奇怪了！ The taste is really strange!

大阳： 大多数中国人还不能接受奶酪的味道，有的人连尝也没尝过。对了，你一定喜欢吧？

林达： 要看什么奶酪了，有的奶酪我也不能接受。

大阳： 在饮食上，每个国家都有很特别的东西。你听说过"臭豆腐①"吗？

林达： 豆腐我当然吃过，什么是臭豆腐？

大阳： 一种味道特别的豆腐，有人觉得它好吃得不得了②，有人连闻也不闻。

林达： 其实，我们也有这样的奶酪，味道实在奇怪，不爱吃的人连闻也不闻。

大阳： 所以有人把cheese翻译成"气死"。

林达： 下次我请你尝尝这种奶酪，但是你别被它的味道"气死"了。

大阳：那我也让你尝尝北京的臭豆腐。不过，你要让你的鼻子做好准备。

（二）

几千年来③，中国的饮食文化不断发展，越来越丰富。这不但使中国人吃得越来越好，而且还吸引了许多外国人。许多外国游客认为，来中国旅游最有意思的事情之一就是吃中餐。麻婆豆腐、宫保鸡丁、北京烤鸭，这些有名的中国菜受到了大多数人的喜爱。饭店里的饭菜确实好吃，不过，到中国人家里吃家常便饭也许更有意思。

马可在北京留学的时候，去过一个中国朋友的家，和他的家人一起吃饭。这个经历他觉得很有趣。那天，主人非常高兴，做了很多菜，却说："没准备什么好吃的……"马可知道，这是中国式的礼貌。开始吃饭了，桌子上摆满了菜，有鱼、鸡、猪肉、羊肉，还有各种蔬菜，可是没有米饭。马可不好意思④要米饭，幸亏菜很好吃，他吃了不少。当他要说吃饱了的时候,主人把米饭拿来了,请他吃。马可已经饱了,但是却不好意思拒绝,因为拒绝主人不太礼貌。他只好继续吃,没想到,米饭吃完了,主人又拿来汤,请他喝。马可这时才想起来,中餐汤在最后。他后悔刚才没有拒绝主人。没办法,他只好继续喝汤。这顿饭好不容易结束了,马可饱了口福⑤,嘴满意了,可是肚子快受不了了。

饭吃完了,马可看到,每个盘子里都有一些剩菜。他想,这不是太浪费了吗?后来,他的朋友告诉他,虽然主人希望客人吃得多,但是如果把盘子里的菜都吃完了,主人会认为客人没有吃饱,或者自己准备的饭菜不够。看来,中餐和西餐不但在吃的东西上不同,而且在饮食文化上也有许多不同。马可对朋友说,下次他要请朋友全家吃一顿西餐,一方面让他们尝尝不同的味道,另一方面也让他们了解一下不同的饮食文化。

(1) (Dayang and Linda are having breakfast in a restaurant)

Linda: Dayang, you like cheese, too. It seems that you are used to western style breakfast.

Dayang: At the beginning I wasn't, but now I am basically used to it. But my stomach is more used to Chinese breakfast.

Linda: Is Chinese breakfast and western breakfast very different?

Dayang: Yes, very different.

Linda: What do you have in Chinese breakfast?

Dayang: The traditional breakfast has steamed bread, buns, porridge, noodles and so on.

Linda: What about modern breakfast?

Dayang: Milk, yogurt, bread, more like western-style breakfast.

Linda: Is there cheese, too?

Dayang: The majority of Chinese still cannot accept the taste of cheese. Some people haven't even tasted it. Well, you must like it, right?

Linda: It depends on the cheese. There is some cheese, even I cannot accept.

Dayang: In food and drinks, every country has special things. Have you heard of "Smelly Tofu"?

Linda: I've eaten tofu, of course, but what is smelly tofu?

Dayang: A special tofu. Some people think it is incredibly delicious; others cannot even stand the smell.

Linda: In fact, there is such cheese, which tastes really strange. Those who don't like it even cannot smell it.

Dayang: So some people translate cheese into "qisi (very angry)".

Linda: Next time I will ask you to taste this kind of cheese, but don't be "angry" with its taste.

Dayang: Then I'll let you taste Beijing "Smelly Tofu". But your need to prepare your nose for it.

(2)

For thousands of years, Chinese food culture has been developing continuously and has become increasingly diverse. It does not only enable Chinese people eat better and better, but also attracts many foreigners. For foreign tourists, eating Chinese food is probably one of the most interesting things during their trip in China. Mapo Tofu, Kung Bao Chicken, Beijing

Roast Duck, these famous Chinese dishes are enjoyed by majority of people. Meals in restaurants are delicious indeed; however, eating everyday food at Chinese people's home may be even more interesting.

When Mark was studying in Beijing, he once visited a Chinese friend's home and had meals with his family. Mark found this experience very interesting. On that day, the host was very happy and he cooked a lot of dishes. But he said: "I haven't prepared something delicious…" Mark knew that it was Chinese courtesy. The meal started and the dinner table was covered with fish, chicken, pork, mutton and vegetables. But there was no rice and Mark felt embarrassed to ask for rice. Fortunately the dishes were delicious and he ate a lot. Just as he was going to say that he was full, the host brought the rice and offered it to him. Mark was already full, but he felt embarrassed to refuse, because refusing the host is impolite. He had to continue to eat. The rice was finished, and the host brought soup and asked him to drink. Only now Mark realized that soup is the last course of a Chinese meal. He regretted that he didn't refuse the host just now. He had no choice but continued to drink the soup. Finally the meal ended. Mark enjoyed the taste and his mouth was satisfied but it was too much for his stomach.

Then the dinner was over and Mark saw that there was leftover on every plate. He thought it was really a waste. Later, his friend told him that a host hopes that guests eat a lot, however if everything is finished, the host will think that the guests haven't had enough or he hasn't prepared enough food. It seems that Chinese and western food are different not only in the aspect of food, but also in food culture. Mark said to his friend that next time he would invite his whole family for a western style meal, hoping that they will on the one hand taste a different flavor, on the other hand know something about different food culture.

新词语 New Words

1	奶酪	nǎilào	n.	cheese
2	习惯	xíguàn	v./n.	to be used to; habit
3	基本上	jīběnshang		basically

4	式	shì		style
5	粥	zhōu	n.	porridge
6	酸奶	suānnǎi	n.	yogurt
7	多数	duōshù	n.	majority
8	接受	jiēshòu	v.	to accept
9	饮食	yǐnshí	n.	food and drinks
10	臭	chòu	adj.	smelly, stinky
11	实在	shízài	adv./adj.	really; honest
12	鼻子	bízi	n.	nose
13	不断	búduàn	adv.	continuously
	断	duàn	v.	to break
14	丰富	fēngfù	adj.	rich
15	使	shǐ	v.	to enable, to cause
16	吸引	xīyǐn	v.	to attract
17	之(一)	zhī (yī)	part.	one of
18	受到	shòudào	v.	to be given
19	家常便饭	jiācháng biànfàn		everyday food
20	也许	yěxǔ	adv	maybe
21	留学	liú xué		to study abroad
	留	liú	v.	to stay (behind)
22	主人	zhǔrén	n.	host
23	却	què	adv.	but
24	摆	bǎi	v.	to display
25	满	mǎn	adj.	full
26	猪肉	zhūròu	n.	pork
	猪	zhū	n.	pig

27	羊肉	yángròu	n.	mutton
	羊	yáng	n.	sheep
28	蔬菜	shūcài	n.	vegetable
29	当……(的时候)	dāng……(de shíhou)		just (at the time of …)
30	拒绝	jùjué	v.	to refuse
31	汤	tāng	n.	soup
32	后悔	hòuhuǐ	v.	to regret
33	顿	dùn	m.w.	*measure word for a meal*
34	嘴	zuǐ	n.	mouth
35	浪费	làngfèi	v.	to waste

注释 NOTES

① 臭豆腐: A fermented tofu, which gives a strong smell and taste. Some people like it and some hate it.

② 有人觉得它好吃得不得了: Adj./V.+得+不得了 The structure indicates that the situation or an action has reached a very high degree. Thus, "奶酪好吃得不得了" means "奶酪非常好吃".

③ 几千年来: "来" is placed at the end of words or phrases of duration to indicate a period of time from past until now.

④ 不好意思: feeling embarrassed

⑤ 饱口福: enjoying the taste of food

词语与句子结构 Words and Sentence Structures

1. 要看……

"要看……"用来回答问题,表示答案要根据具体条件来定。后面时常带有"什么、怎么样、谁"这样的疑问代词。

The phrase is used to answer questions and it expresses an uncertain answer due to different situations. It is often followed by interrogative pronouns such as "什么、怎么样、谁" etc.

| (1) | A: 你喜欢奶酪吗？ | B: | 要看 | 什么奶酪。 | It depends on what type of cheese. |
| (2) | A: 你喜欢吃豆腐吗？ | B: | 要看 | 怎么做。 | It depends on how it is cooked. |

2. 却

"却"用在复句后一分句的谓语前，表示转折，与"但是"表示的意思相同。在用法上这两词有所不同。如果有主语，"但是"位于后一分句主语之前，"却"位于后一分句主语之后（谓语之前），见例句(1)。"却"和"但是"可以在同一句中连用，"但是"在前，"却"在后，这样的句子加强了转折的意思，见例句(2)(3)。

"却" is placed after the subject of the latter clause of a complex sentence to express an adversative meaning, which is the same as "但是". However, "但是" is placed before the subject of the latter clause while "却" is placed after the subject (before the predicate), e.g. (1). "却" and "但是" can be used together to enhance the meaning of "but", e.g. (2) (3).

(1)	主人做了很多菜，	(他)	却	说没有好吃的东西。
	主人做了很多菜，		但是	(他) 说没有好吃的东西。
	The host made many dishes, but he said that there was nothing delicious to eat.
(2)	他已经吃饱了，		但是却	不好意思拒绝。
	He was full with the food, but he felt embarrassed to refuse (more food).
(3)	他已经吃饱了，		但是我却	没吃饱。
	He was full with the food, but I was not.

3. V+满+N

"V+满+N"表示动作的结果(N)达到了很大的数量，N之前不需用"很多"这样的词语。句子的主语常常是表示地点的词语，动词表示动作所造成的持续状态，例如"摆、放"等。

"V+满+N" indicates that the result (N) of the action has reached to a great quantity, therefore words such as "很多" are not need before the nouns. The subjects of the sentences are words of locations and the verbs often indicate continuous situation of the verbal actions, e.g. "摆、放", etc.

| (1) | 桌子上 | 摆满 | 了菜。 | The table is fully covered with dishes. |
| (2) | 公园里 | 种满 | 树和花。 | Trees and flowers are planted all over the park. |

4. 在……上

"在……上"表示在某一方面或领域。

The phrase "在……上" indicates "in the aspect of a scope or field".

| (1) | 在学习 | 上， | 他很快就习惯了。 | He quickly got used to the studies. |
| (2) | 在生活 | 上， | 他一年才习惯。 | It took him one year to get used to the life there. |

复合词的构成2（偏正式）
The Formation of Compound Word 2 (the Modifier-Modified Combination)

有一类复合词，其中前一个语素修饰限制后一个语素，后一个语素是这个词的语义重点，例如"中式、酸奶"等。这类复合词被称为偏正式复合词。

There is one type of compound word, in which the first morpheme modifies and restricts the second one and the latter is the semantic focus of the word, e.g. "中式、酸奶", etc. These words are called modifier-modified compound words.

| 中+式→ 中式 | 西+式 → 西式 | 酸+奶→ 酸奶 |

练习 Exercises

1. 课文问答练习　Questions and answers on the text

（一）

（1）大阳 习惯西式早饭吗？
　　　Dàyang xíguàn xīshì zǎofàn ma?

（2）他更 喜欢 中式 早饭还是西式的？
　　　Tā gèng xǐhuan zhōngshì zǎofàn háishi xīshì de?

（3）中式 早饭 和 西式早饭有很大的区别吗？
　　　Zhōngshì zǎofàn hé xīshì zǎofàn yǒu hěn dà de qūbié ma?

（4）传统 的中式 早饭里有 什么？
　　　Chuántǒng de zhōngshì zǎofàn li yǒu shénme?

（5）现代 的中 式早饭里有什么？
　　　Xiàndài de zhōngshì zǎofàn li yǒu shénme?

（6）中国人 觉得奶酪怎么样？
　　　Zhōngguórén juéde nǎilào zěnmeyàng?

（7）林达喜欢奶酪吗？
　　　Líndá xǐhuan nǎilào ma?

（8）在饮食上，中国人 有什么特别的东西？
　　　Zài yǐnshí shang, Zhōngguórén yǒu shénme tèbié de dōngxi?

（9）爱吃的人觉得它 怎么样？
　　　Ài chī de rén juéde ta zěnmeyàng?

（10）不爱吃的人觉得它怎么样？
　　　 Bú ài chī de rén juéde tā zěnmeyàng?

（二）

(1) 中国的饮食文化有多长时间的历史？
Zhōngguó de yǐnshí wénhuà yǒu duō cháng shíjiān de lìshǐ?

(2) 什么中国菜受到大多数人的喜爱？
Shénme Zhōngguó cài shòudào dàduōshù rén de xǐ'ai?

(3) 吃什么中餐更有意思？
Chī shénme Zhōngcān gèng yǒu yìsi?

(4) 主人做了很多菜，却说什么？
Zhǔrén zuò le hěn duō cài, què shuō shénme?

(5) 主人为什么这么说？
Zhǔrén wèi shénme zhème shuō?

(6) 桌子上摆满了菜，有什么菜？
Zhuōzi shang bǎi mǎn le cài, yǒu shénme cài?

(7) 主人拿来米饭的时候，马可为什么想拒绝？
Zhǔrén ná lai mǐfàn de shíhou, Mǎkě wèi shénme xiǎng jùjué?

(8) 马可为什么没有拒绝？
Mǎkě wèi shénme méiyǒu jùjué?

(9) 为什么每个盘子里都有剩菜？
Wèi shénme měi ge pánzi li dōu yǒu shèng cài?

(10) 马可为什么要请朋友吃西餐？
Mǎkě wèi shénme yào qǐng péngyou chī xīcān?

2. 按照例句完成下面的句子
Complete the sentences according to the example

> E.g.　父亲是中国人，<u>儿子却不会说汉语</u>。
>
> ..., but his son cannot speak Chinese.

(1) 主人做了很多菜，_____。
Zhǔrén zuò le hěn duō cài
but the guest doesn't like it.

(2) 母亲是中国人，_____。
Mǔqīn shì Zhōngguórén,
but her children cannot write Chinese characters.

（3）臭豆腐的味道很难闻，_____。
　　Chòu dòufu de wèidào hěn nán wén,　but many people like it very much.

（4）奶酪有营养，_____。
　　Nǎilào yǒu yíngyǎng,　but many Chinese cannot accept its taste.

（5）天气已经暖和了，_____。
　　Tiānqì yǐjīng nuǎnhuo le,　but he is still wearing a thick overcoat.

（6）我送他一个礼物，_____。
　　Wǒ sòng tā yí ge lǐwù,　but he wouldn't accept it.

3. 按照例句完成下面的对话
Complete the dialogues according to the example

| E.g. | A: 你喜欢茶吗？ | B: 要看什么茶。 （什么） |

（1）A: 你喜欢奶酪吗？　　　B: _____。（什么）
　　　Nǐ xǐhuan nǎilào ma?

（2）A: 你喜欢吃豆腐吗？　　B: _____。（怎么, 做）
　　　Nǐ xǐhuan chī dòufu ma?

（3）A: 你喜欢这个歌吗？　　B: _____。（谁, 唱）
　　　Nǐ xǐhuan zhè ge gē ma?

（4）A: 你想和我去旅行吗？　B: _____。（去, 哪儿）
　　　Nǐ xiǎng hé wǒ qù lǚxíng ma?

（5）A: 明天我们去公园吗？
　　　Míngtiān wǒmen qù gōngyuán ma?
　　B: _____。(有时间, 没时间)

（6）A: 你想吃中式早餐吗？
　　　Nǐ xiǎng chī zhōngshì zǎocān ma?
　　B: _____。(传统的, 现代的)

4. 按照例句改写下面的句子
Rewrite the sentences according to the example

> E.g. 公园里有很多树和花。→ 公园里种满了树和花。(种满)

(1) 桌子上 摆着 很多 菜。 → _____。(摆满)
   Zhuōzi shang bǎi zhe hěn duō cài.

(2) 山 上 有 很多 花。 → _____。(长满)
   Shān shang yǒu hěn duō huā.

(3) 教室里有很多 学生。 → _____。(坐满)
   Jiàoshì li yǒu hěn duō xuésheng.

(4) 公共 汽车 上 有很多 人。 → _____。(站满)
   Gōnggòng qìchē shang yǒu hěn duō rén.

(5) 书架上 放了 很多 书。 → _____。(放满)
   Shūjià shang fàng le hěn duō shū.

(6) 冰箱 里有很多 鸡蛋。 → _____。(放满)
   Bīngxiāng li yǒu hěn duō jīdàn.

5. 根据句子的意思,画线连接A栏和B栏相应的句子
Match the sentences in Group A with those in Group B according to the meanings

A
(1) 在学习上,
   Zài xuéxí shang,
(2) 在 工作 上,
   Zài gōngzuò shang,
(3) 在爱情 上,
   Zài àiqíng shang,
(4) 在饮食上,
   Zài yǐnshí shang,
(5) 在 生活 上,
   Zài shēngguó shang,

B
a 他被那个女人骗了。
   tā bèi nà ge nǚrén piàn le.
b 他基本上 习惯了西餐。
   tā jīběn shang xíguàn le xīcān.
c 他从来 不浪费东西。
   tā cónglái bú làngfèi dōngxi.
d 他和同事们 关系 很 好。
   tā hé tóngshì men guānxi hěn hǎo.
e 他有很多 困难。
   tā yǒu hěn duō kùnnan.

6. 用下面的汉字填空　Fill in the blanks with the given characters

（A）	学	上	受	奶	本	怪	得	式	多	尝
	xué	shàng	shòu	nǎi	běn	guài	de	shì	duō	cháng

中国人在外国留 1_____，基 2_____ 上都能习惯外国的生活。在饮食 3_____ 他们很喜欢西 4_____ 早餐中的面包和酸 5_____，但是奶酪这种食品 6_____ 数中国人还不能接 7_____。每个国家都有奇 8_____ 的食品，有人觉得好吃 9_____ 不得了，不爱吃的人连 10_____ 也不尝。

（B）	主	满	却	饱	顿	礼	菜	好	羊	汤
	zhǔ	mǎn	què	bǎo	dùn	lǐ	cài	hǎo	yáng	tāng

在中国，请客人吃饭，1_____ 人常常做很多菜，2_____ 说没有好吃的。这是 3_____ 貌。饭桌上一定摆 4_____ 了各种各样的 5_____，有鱼、鸡、猪肉、6_____ 肉等。一些客人没想到 7_____ 最后来，常常已经吃 8_____ 了，还继续吃，因为不 9_____ 意思拒绝主人。一 10_____ 饭结束了，客人的肚子也快受不了了。

7. 找出同义/近义词　Find out the synonyms

礼貌　　　也许　　　喜爱　　　不断　　　著名
lǐmào　　yěxǔ　　　xǐ'ài　　 búduàn　　zhùmíng

喜欢　　　客气　　　有名　　　可能　　　继续
xǐhuan　　kèqi　　　yǒumíng　 kěnéng　　jìxù

8. 认读下面的复合词
Read and recognize the following compound words

春天　　　夏天　　　秋天　　　冬天　　　白天
chūtiān　 xiàtiān　 qiūtiān　 dōngtiān　báitiān

米饭　　　早饭　　　汽车　　　火车　　　自行车
mǐfàn　　 zǎofàn　　qìchē　　 huǒchē　　zìxíngchē

中式	西式	新式	老式	冰球
zhōngshì	xīshì	xīnshì	lǎoshì	bīngqiú
篮球	足球	网球	飞机	电视机
lánqiú	zúqiú	wǎngqiú	fēijī	diànshìjī
电视	电影	电脑	电话	电梯
diànshì	diànyǐng	diànnǎo	diànhuà	diàntī
茶馆	茶叶	茶园	市场	飞机场
cháguǎn	cháyè	cháyuán	shìchǎng	fēijīchǎng

9. 根据所听到的内容回答问题
Answer the questions according to the recording

(1) 小王在外国留学,他最不习惯的是什么？
(2) 他认为奶酪怎么样？他为什么还不能接受？
(3) 他认为中餐的特点是什么？西餐的特点是什么？
(4) 中餐和西餐在喝汤时有什么区别？
(5) 他为什么喜欢去外国朋友家里吃饭？

10. 课堂活动　　Classroom activities

（1）说说请客人吃饭的饮食礼仪(lǐyí)　Talk about eating etiquettes when having a visitor for dinner

	中国	你们国家
1. 请客人吃饭,主人做很多饭菜吗？ 2. 主人做了很多菜,说什么？ 3. 什么时候喝汤？ 4. 吃完所有的菜吗？ 5. 如果不想吃了,说什么？ 6. ……		

（2）介绍你们国家特别的食品　Tell us a special food in your country

作业 Homework

1. 用所给的词把下面的句子翻译成汉语
   Translate the sentences into Chinese by using the given words

(1) Novels written by Lao She were loved by a great number of people.   受到

(2) I can basically understand Chinese newspaper.   基本上

(3) Since he is from the south, he is not used to the cold weather.   习惯

(4) If the host asks you to eat, you cannot refuse.   拒绝

(5) We should not waste water.   浪费

2. 写作练习 (400 个汉字) Writing exercise (400 characfers)

比较中国和你们国家的饮食文化
Compare Food Cultures in China and in Your Country

第 3 课 Lesson 3

穿 什么 合适？
Chuān shénme héshì?
What is appropriate to wear?

课文　Text

（一）

大卫：　小文，我可以问你一个关于服装方面的问题吗？
　　　　Xiǎowén, wǒ kěyǐ wèn nǐ yí ge guānyú fúzhuāng fāngmiàn de wèntí ma?

小文：　问吧，我是这方面的"专家"，特别是关于中国人
　　　　Wèn ba, wǒ shì zhè fāngmiàn de "zhuānjiā", tèbié shì guānyú Zhōngguórén

　　　　的服装。
　　　　de fúzhuāng.

大卫：　你在中国经常穿旗袍吗？
　　　　Nǐ zài Zhōngguó jīngcháng chuān qípáo ma?

小文：　我原来根本没有，后来要出国了，就买了一件。
　　　　Wǒ yuánlái gēnběn méiyǒu, hòulái yào chū guó le, jiù mǎi le yí jiàn.

大卫：　为什么你出国才买旗袍？
　　　　Wèi shénme nǐ chū guó cái mǎi qípáo?

小文：　因为它代表着中国服装，别人一看你穿旗袍，
　　　　Yīnwèi tā dàibiǎo zhe Zhōngguó fúzhuāng, biérén yí kàn nǐ chuān qípáo,

　　　　就知道你是中国人。
　　　　jiù zhīdao nǐ shì Zhōngguórén.

大卫：　难怪咱们开晚会时，你都穿旗袍。我觉得旗袍
　　　　Nánguài zánmen kāi wǎnhuì shí, nǐ dōu chuān qípáo. Wǒ juéde qípáo

　　　　挺好看的。
　　　　tǐng hǎokàn de.

穿什么合适? What is appropriate to wear?

小文： 旗袍虽然好看,可是穿着并不舒服。
Qípáo suīrán hǎokàn, kěshì chuān zhe bìng bù shūfu.

大卫： 但是,在中国电影电视上,很多女人都穿
Dànshì, zài Zhōngguó diànyǐng diànshì shang, hěn duō nǚrén dōu chuān

旗袍。
qípáo.

小文： 那是以前。现在我们平时不穿,在特别的
Nà shì yǐqián. Xiànzài wǒmen píngshí bù chuān, zài tèbié de

场合才穿。
chǎnghé cái chuān.

大卫： 什么是特别的场合呢?
Shénme shì tèbié de chǎnghé ne?

小文： 比如说在婚礼上,新娘要换好几套衣服,旗袍就
Bǐrú shuō zài hūnlǐ shang, xīnniáng yào huàn hǎo jǐ tào yīfu, qípáo jiù

是其中的一套。
shì qízhōng de yí tào.

大卫： 那新郎穿什么服装?
Nà xīnláng chuān shénme fúzhuāng?

小文： 新郎穿西装,也可以穿唐装、中山装①。
Xīnláng chuān xīzhuāng, yě kěyǐ chuān tángzhuāng、zhōngshānzhuāng.

大卫： 唐装、中山装都是传统的
Tángzhuāng、zhōngshānzhuāng dōu shì chuántǒng de

中式服装吧?
zhōngshì fúzhuāng ba?

小文： 对,中山装传统一些,唐装时尚一些。
Duì, zhōngshānzhuāng chuántǒng yìxiē, tángzhuāng shíshàng yìxiē.

大卫： 那么,参加婚礼的人穿什么合适呢?
Nàme, cānjiā hūnlǐ de rén chuān shénme héshì ne?

小文: 女的常穿红色或者其他颜色鲜艳的衣服。
Nǚ de cháng chuān hóngsè huòzhě qítā yánsè xiānyàn de yīfu.

大卫: 男的也一样吗?
Nán de yě yíyàng ma?

小文: 男的穿什么颜色都可以。
Nán de chuān shénme yánsè dōu kěyǐ.

(二)

大卫正在考虑下个星期天穿什么。他要参加一个中国朋友的婚礼,必须②穿得比较正式。小文说,既然是参加中国人的婚礼,穿唐装是一个不错的选择。大卫听说附近有一家专门卖中式服装的商店,就请小文陪他去看看。他们到了商店,看到里面挂满了各种各样的衣服、帽子、围巾什么的。男式的有唐装和中山装,大卫注意到,虽然都是传统服装,它们还是有一些区别。中山装有四个口袋,颜色不是蓝的,就是灰的。唐装有的有两个口袋,有的没有口袋,颜色比较鲜艳。

他们看来看去,最后看上了其中一件颜色鲜艳、样子时尚的唐装,而且现在商店正在打折,价钱不太穿什么合适？ What is appropriate to wear?

贵。大卫试了一下，觉得挺合适的。他在镜子前面照了一下，笑了起来。镜子里的人还是他吗？售货员也说，这个外国人穿唐装挺帅的，除了皮肤白，真像一个中国帅哥！

小文帮助大卫解决了他穿什么的问题，现在她得考虑自己明天晚上穿什么衣服了。她接到邀请，要去参加一个生日宴会。一位老人过八十岁生日，他的家人要在当地一家高级饭店为他举行一个生日宴会。小文想，她不必穿得特别正式，但是也不能太随便。她应该打扮一下，不管穿什么衣服，都要漂亮，而且颜色要鲜艳。她打开衣柜，里面挂满了衣服，不是T恤衫，就是牛仔裤。她不知道应该穿什么。想来想去，她最后决定去买一条连衣裙。

(1)
David: May I ask you a question about Chinese garment?
Xiaowen: Yes, please. I am an "expert" in this regard, particularly with regard to Chinese garment.
David: Did you often wear Chinese dress when you were in China?
Xiaowen: I didn't even have one originally. And then later I bought one when I went abroad.
David: Why did you buy Chinese dress just before going abroad?
Xiaowen: Because it represents Chinese garment. Others know you are

David: Chinese when they see you wear the dress.

David: No wonder you wear the dress when we have parties. I think it is quite pretty.

Xiaowen: Although it looks nice, it is not comfortable to wear.

David: But in Chinese films and TV programmes, many women wear the dress.

Xiaowen: That was in the past. Now usually we don't wear it except on special occasions.

David: What are the special occasions?

Xiaowen: For example at wedding ceremony, when a bride changes several sets of clothes, one of them is Chinese dress.

David: What does bridegroom wear?

Xiaowen: Bridegroom wears a suit as well as Tang suit or a Chinese tunic suit.

David: Both Tang suit and Chinese tunic suit are traditional Chinese garments, right?

Xiaowen: Yes, Chinese tunic suit is more traditional and Tang suit is more stylish.

David: Well, what are the appropriate clothes for people who attend weddings?

Xiaowen: Women usually wear clothes in red or other bright colors.

David: It is the same for men participators, isn't it?

Xiaowen: For men, any color will do.

(2)

    David was considering what to wear next Sunday. He was going to attend a friend's wedding and he must dress up quite formally. Xiaowen said that since he would participate a Chinese wedding, wearing Tang suit was not a bad choice. He heard that nearby there was a store specialized in selling Chinese clothes, so he asked Xiaowen to accompany him to the store. They got to the store and saw that in the store there hang a variety of clothes and caps as well as scarves. There are Tang suits and Chinese tunic suits. David noticed that although they are both men's traditional clothes, there is difference. Chinese tunic suits, which have four pockets, are in either blue or grey color. Tang suits, which have two pockets or none, are always in bright colors.

穿什么合适？ What is appropriate to wear?

They looked around here and there and finally they set eyes on the one with bright color and stylish look. Additionally, the shop was offering discount now. David tried it and felt it was quite suitable. He posed in front of a mirror and started to laugh. Was the man in the mirror himself? The salesman said also that this foreigner looked quite handsome in Tang suit and except for his white skin, he really looked like a handsome Chinese man!

Xiaowen helped David solve his problem of what to wear and now she had to think what she would wear for tomorrow evening. She received an invitation of attending an old man's 80th birthday party. His family would hold a big birthday banquet for him at a local luxurious restaurant. Xiaowen thought that it was not necessarily to wear very formally, but not too casual either. She should dress up a bit and and no matter what to wear, it should be beautiful with bright color. She opened her wardrobe, which was full with clothes, either T shirts or jeans. She did not know what to wear. After thinking for some time, she finally decided to go to buy a dress.

新词语 New Words

1	合适	héshì	adj.	suitable
2	服装	fúzhuāng	n.	garment, costume
3	旗袍	qípáo	n.	Cheongsam, *a close-fitting woman's dress with high neck and slit skirt*
	旗	qí	n.	*a branch of Manchu*
	袍	páo	n.	gown
4	原来	yuánlái	adv.	originally, formerly
5	代表	dàibiǎo	v./n.	to represent; representative
6	难怪	nánguài	adv.	no wonder
7	挺	tǐng	adv.	quite
8	场合	chǎnghé	n.	occasion

9	套	tào	m.w.	set (*for suit, dress, book, etc.*)
10	其中	qízhōng	n.	among (which, it, them, etc.), inside
	其	qí	pron.	personal indicative pronoun
11	西装	xīzhuāng	n.	western-style suit
12	唐装	tángzhuāng	n.	Tang suit, *traditional suit for men*
	唐	Táng	p.n.	name of a dynasty
13	中山装	zhōngshānzhuāng	n.	Chinese tunic suit
14	颜色	yánsè	n.	color
15	鲜艳	xiānyàn	adj.	bright (*color*)
16	必须	bìxū	adv.	must
17	正式	zhèngshì	adj.	formal
18	选择	xuǎnzé	v.	to choose
19	专门	zhuānmén	adv.	specialized in
20	陪	péi	v.	to accompany
21	挂	guà	v.	to hang
22	帽子	màozi	n.	cap, hat
23	看上	kàn shàng		to take fancy to
24	打折	dǎ zhé		discount
25	镜子	jìngzi	n.	mirror
26	售货员	shòuhuòyuán	n.	shop assistant
27	皮肤	pífū	n.	skin
28	当地	dāngdì	n.	local place

29	高级	gāojí	adj.	high-ranking
30	不必	búbì	adv.	not necessarily
31	随便	suíbiàn	adj.	casual
32	打扮	dǎbàn	v.	to dress up
33	衣柜	yīguì	n.	wardrobe
34	T恤衫	T-xùshān	n.	T-shirt
35	牛仔裤	niúzǎikù	n.	jeans
36	连衣裙	liányīqún	n.	women's dress

注释 NOTES

① 中山装：Chinese tunic suit is traditional Chinese men's jacket named after Dr. San Yat-sen (孙中山, 1866—1925), who advocated the wearing of the jacket.

② 必须：The negative structure of "必须" is "不必" or "无须"。

词语与句子结构 Words and Sentence Structures

1. 难怪

用"难怪"引导出来的句子一般是对上下文提到情况的解释。

"难怪" introduces a sentence which is an explanation to the previously mentioned situation.

| (1) | 旗袍代表着中国服装。 | 难怪 | 中国人喜欢穿旗袍。 | No wonder Chinese wear Cheongsam. |
| (2) | 我去参加婚礼。 | 难怪 | 你穿得这么正式。 | No wonder you wear so formally. |

2. 挺+Adj.+的

"挺+Adj.+的"是比较口语的表达法，说明事物的状态达到比较高的程度。

This is a colloquial expression, which means the state of things has reached a quite high degree.

| (1) | 这条连衣裙 | 挺 | 合适 | 的。 | This dress is quite suitable. |
| (2) | 她穿旗袍 | 挺 | 漂亮 | 的。 | She is quite beautiful in Cheongsam. |

3. 其中

"其中"的"其"指前一分句提及的事物,"其中"意思是"在之前提及的事物之中"。

In the word "其中", "其" refers to the things mentioned in the previous clause, thus "其中" means "among the previous mentioned things."

(1)	她有几条裙子,	其中	一条是红的。She has a few skirts and one of them is red.
(2)	他有几套衣服,	其中	一套是西装。He has a few suits and one of them is western-style suit.

4. V来V去

"V来V去"表示多次重复同一个动作,后面伴有动作的结果。

"V来V去" indicates that the same action is repeated, and it is followed by a result.

(1)	他们看	来	看	去 ,看上一件唐装。	They looked around here and there and then set eyes on one Tang suit.
(2)	她想	来	想	去,决定去买一条连衣裙。	After thinking for some time, she decided to buy a dress.

5. 不是……,就是……

"不是……,就是……"表示除了提及的两种情况,没有其他的。

The sentence structure indicates that except for the mentioned two situations, there are no others.

(1)	颜色	不是	蓝的,	就是	黑的。	There are only either blue or black color.
(2)	衣柜里	不是	T恤衫,	就是	牛仔裤。	There are only either T-shirts or jeans in the wardrobe.

复合词的构成3(动宾式)
The Formation of Compound Word 3 (the Verb–Object Combination)

有一类复合词,其中前一个语素是动词,后一个语素是动词的宾语,例如"打折、见面"等。这类复合词被称为动宾式复合词。它的动词与其宾语之间可插入一个其他成分,例如:"一次"可插入"见面"构成"见一次面",所以这类复合词也称为离合词。

There is one type of compound words, in which the first morpheme is a verb and the second one is the verb's object, e.g. "打折、见面", etc. These words are called verb-object compound words. Other elements can be inserted between verbs and objects, e.g. "一次" can be inserted into "见面" to form "见一次面". Thus, this type of compound words are also called words with separation-reunion structure.

打+折→ 打折	唱+歌→ 唱歌	跳+舞→ 跳舞	见+面→ 见面

练习 Exercises

1. 课文问答练习　Questions and answers on the text

（一）

(1) 大卫要问什么问题？
Dàwèi yào wèn shénme wèntí?

(2) 小文原来有旗袍吗？
Xiǎowén yuánlái yǒu qípáo ma?

(3) 后来她为什么买了一件？
Hòulái tā wèi shénme mǎi le yí jiàn?

(4) 什么代表着中国服装？
Shénme dàibiǎo zhe Zhōngguó fúzhuāng?

(5) 小文什么时候穿旗袍？
Xiǎowén shénme shíhòu chuān qípáo?

(6) 她为什么平时不穿？
Tā wèi shénme píngshí bù chuān?

(7) 在中国，人们在什么特别的场合穿旗袍？
Zài Zhōngguó, rénmen zài shénme tèbié de chǎnghé chuān qípáo?

(8) 新郎穿什么衣服？
Xīnláng chuān shénme yīfu?

(9) 参加婚礼的女人穿什么衣服？
Cānjiā hūnlǐ de nǚrén chuān shénme yīfu?

(10) 参加婚礼的男人穿什么颜色的衣服？
Cānjiā hūnlǐ de nánrén chuān shénme yánsè de yīfu?

（二）

(1) 大卫下个星期天为什么要穿得比较正式？
Dàwèi xià ge xīngqītiān wèi shénme yào chuān de bǐjiào zhèngshì?

(2) 小文为什么觉得穿唐装不错？
Xiǎowén wèi shénme juéde chuān tángzhuāng bú cuò?

(3) 商店里有什么？为什么东西不太贵？
Shāngdiàn li yǒu shénme? Wèi shénme dōngxi bú tài guì?

(4) 说说中山装的样子。
Shuō shuo zhōngshānzhuāng de yàngzi.

(5) 说 说 唐装 的 样子。
Shuō shuo tángzhuāng de yàngzi.

(6) 大卫穿 上 唐装 怎么样?
Dàwèi chuān shang tángzhuāng zěnmeyàng?

(7) 小文 明天 晚上 要做什么?
Xiǎowén míngtiān wǎnshang yào zuò shénme?

(8) 生日 宴会在哪儿举行?
Shēngrì yànhuì zài nǎr jǔxíng?

(9) 她为 什么不 能 穿 T恤衫 和牛仔裤?
Tā wèi shénme bù néng chuān T-xùshān hé niúzǎikù?

(10) 最后她决定 穿 什么?
Zuìhòu tā juédìng chuān shénme?

2. 用"其中"完成下面的句子
Complete the sentences by using "其中"

> E.g.   新娘要 换几套衣服,其中一套是旗袍。
> …, one of them is Chinese dress.

(1) 他买了三件 T恤衫, _____。
Tā mǎi le sān jiàn T-xùshān,
one of them is red.

(2) 我 喜欢 很多 种 茶, _____。
Wǒ xǐhuan hěn duō zhòng chá,
one of them is jasmine tea.

(3) 这 个大学有很多 外国 学生, _____。
Zhè ge dàxué yǒu hěn duō wàiguó xuésheng,
half of them are Chinese students.

(4) 课文很 长,有六百多个汉字, _____。
Kèwén hěn cháng, yǒu liù bǎi duō ge Hànzì,
thirty of them are new words.

(5) 他有好 几本词典, _____。
Tā yǒu hǎo jǐ běn cídiǎn,
one of them is Chinese dictionary.

(6) 她有 好 几条连衣裙, _____。
Tā yǒu hǎo jǐ tiáo liányīqún,
one of them is a birthday gift from her mother.

3. 用"V来V去"完成下面的句子
Complete the sentences by using "V来V去"

> E.g. <u>看来看去</u>，(看) 他们看上了一件唐装。

（1）_____，(读) 这本书他没读懂。
　　　　　　　　　　　Zhè běn shū tā méi dú dǒng.

（2）_____，(吃) 他还是喜欢吃中餐。
　　　　　　　　　　　Tā háishi xǐhuan chī zhōngcān.

（3）_____，(想) 他决定结婚。
　　　　　　　　　　　Tā juédìng jié hūn.

（4）_____，(说) 你也没说明白。
　　　　　　　　　　　Nǐ yě méi shuō míngbai.

（5）_____，(试) 哪一件旗袍都不合适。
　　　　　　　　　　　Nǎ yí jiàn qípáo dōu bù héshì.

（6）_____，(考虑) 他决定买这套西装。
　　　　　　　　　　　Tā juédìng mǎi zhè tào xīzhuāng.

4. 根据句子的意思，画线连接A栏和B栏相应的句子
Match the sentences in Group A with those in Group B according to the meanings

A
（1）这个商店正在打折，
　　　Zhè ge shāngdiàn zhèngzài dǎ zhé,
（2）他去参加朋友的婚礼，
　　　Tā qù cānjiā péngyou de hūnlǐ,
（3）这是高级西装，
　　　Zhè shì gāojí xīzhuāng,
（4）中山装过时了，
　　　Zhōngshānzhuāng guòshí le,
（5）臭豆腐味道很奇怪，
　　　Chòu dòufu wèidào hěn qíguài,

B
a 难怪价格那么贵。
　 nánguài jiàgé nàme guì.
b 难怪人们不穿了。
　 nánguài rénmen bù chuān le.
c 难怪他穿得这么正式。
　 nánguài tā chuān de zhème zhèngshì.
d 难怪很多人不喜欢。
　 nánguài hěn duō rén bù xǐhuan.
e 难怪价格那么便宜。
　 Nánguài jiàgé nàme piányi.

5. 按照例句完成下面的会话
Complete the dialogues according to the example

> E.g.   A: 他的汉语怎么样？   B: 挺好的。(好)

(1) A: 这件 旗袍怎么样？   B: _____。(漂亮)
    Zhè jiàn qípáo zěnmeyàng?

(2) A: 这条 裙子怎么样？   B: _____。(合适)
    Zhè tiáo qúnzi zěnmeyàng?

(3) A: 今天天气怎么样？   B: _____。(冷)
    Jīntiān tiānqì zěnmeyàng?

(4) A: 你说 汉语 说 得怎么样？ B: _____。(流利)
    Nǐ shuō Hànyǔ shuō de zěnmeyàng?

(5) A: 他开车开得怎么样？   B: _____。(快)
    Tā kāi chē kāi de zěnmeyàng?

(6) A: 你家离学校 远 吗？   B: _____。(远)
    Nǐ jiā lí xuéxiào yuǎn ma?

6. 用下面的汉字填空   Fill in the blanks with the given characters

> (A) 装   合   套   尚   代   上   穿   颜   其   并
>   zhuāng hé   tào shàng dài shàng chuān yán   qí   bìng

旗袍是女式服 1_____，也是中国服装的 2_____ 表，但是现在中国人 3_____ 不每天都 4_____，他们只在特别的场 5_____ 才穿。例如在婚礼 6_____，新娘要换好几 7_____ 衣服，旗袍就是 8_____ 中之一。只要穿上 9_____ 色鲜艳，样子时 10_____ 的旗袍，每个女人都很美。

> (B) 虑   级   式   专   装   适   必   衣   买   随
>   lǜ   jí   shì zhuān zhuāng shì   bì   yī   mǎi suí

人们常常要考 1_____ 穿什么衣服合 2_____。如果去一个高 3_____ 饭店参加婚礼或宴会，4_____ 须穿得比较正 5_____，不能穿得太 6_____ 便。男的可以穿西 7_____ 或中山装，女的穿连 8_____ 裙。这些衣服可以在 9_____ 门卖晚会服装的商店 10_____ 到。

7. 找出同义/近义词　Find out the synonyms

服装　　　　必须　　　　原来　　　　帅　　　　想
fúzhuāng　　bìxū　　　　yuánlái　　　shuài　　xiǎng

好看　　　　考虑　　　　一定　　　　衣服　　本来
hǎokàn　　　kǎolǜ　　　　yídìng　　　yīfu　　　běnlái

8. 认读下面的复合词
Read and recognize the following compound words

打折　　　　打工　　　　请假　　　　请客　　　　散步
dǎ zhé　　　dǎ gōng　　 qǐng jià　　 qǐng kè　　 sàn bù

跑步　　　　开车　　　　开会　　　　结婚　　　　结果
pǎo bù　　　kāi chē　　　kāi huì　　　jié hūn　　　jiē guǒ

见面　　　　帮忙　　　　游泳　　　　挣钱　　　　跳舞
jiàn miàn　　bāng máng　yóu yǒng　　zhèng qián　tiào wǔ

唱歌　　　　睡觉　　　　照相　　　　钓鱼　　　　开玩笑
chàng gē　　shuì jiào　　zhào xiàng　diào yú　　 kāi wánxiào

度假　　　　放假　　　　洗澡　　　　洗车　　　　有意思
dù jià　　　 fàng jià　　　xǐ zǎo　　　 xǐ chē　　　 yǒu yìsi

9. 根据所听到的内容回答问题
Answer the questions according to the recording

(1) 旗袍是什么样的衣服？过去人们什么时候穿旗袍？
(2) 旗袍很漂亮，但是现在人们为什么平时不穿旗袍？
(3) 现在人们什么时候穿旗袍？
(4) 为什么中国人在外国穿旗袍？什么时候穿？
(5) 现在，人们平时更喜欢穿什么？

10. 课堂活动　Classroom activities

（1）你认为旗袍怎么样？
（2）你认为唐装怎么样？
（3）你认为中山装怎么样？
（4）你喜欢T恤衫吗？为什么？
（5）你喜欢牛仔裤吗？为什么？
（6）去大学上课时，学生们穿什么衣服？
（7）中国人参加婚礼时男的穿什么？女的呢？你们国家的人呢？
……

作业　Homework

1. 用所给的词把下面的句子翻译成汉语
Translate the sentences into Chinese by using the given words

(1) He often accompanies his mother to the park.　　　　陪
(2) Chinese tunic suit represents Chinese garment.　　　代表
(3) Those who participate wedding must dress formally.　必须
(4) You don't need to worry. I can help you.　　　　　　不必
(5) Wearing T-shirt is comfortable. That is why many people like it.　难怪

2. 写作练习 (300 个汉字)　Writing exercise (300 characters)

我喜欢/不喜欢穿牛仔裤　I Like/Don't Like Jeans

"福"到家了!
"Fú" dào jiā le!
Happiness has come to the house!

课文 Text

(一)

王先生: 今年的春节是几月几号?
Jīnnián de Chūnjié shì jǐ yuè jǐ hào?

王太太: 让我看看日历,大年三十是二月九号。
Ràng wǒ kàn kan rìlì, dànián sānshí shì èr yuè jiǔ hào.

王先生: 时间过得真快!还有十几天就是春节了。今年
Shíjiān guò de zhēn kuài! Hái yǒu shí jǐ tiān jiù shì Chūnjié le. Jīnnián

是马年吧?
shì mǎ nián ba?

王太太: 你怎么糊里糊涂的?今年是蛇年呀。
Nǐ zěnme húlihútu de? Jīnnián shì shé nián ya.

王先生: 真抱歉,最近我太忙了,忙得什么都忘了。
Zhēn bàoqiàn, zuìjìn wǒ tài máng le, máng de shénme dōu wàng le.

王太太: 我可忘不了,我就是属蛇①的。
Wǒ kě wàng bu liǎo, wǒ jiù shì shǔ shé de.

王先生: 那我们更得好好儿庆祝一下了。今天我们就
Nà wǒmen gèng děi hǎohāor qìngzhù yíxià le. Jīntiān wǒmen jiù

去买过年的东西。
qù mǎi guò nián de dōngxi.

王太太: 我早就写好了单子,你看看。
Wǒ zǎo jiù xiě hǎo le dānzi, nǐ kàn kan.

王先生：鱼、牛肉、羊肉、蔬菜、水果。可是我们不吃羊肉啊。
Yú、niúròu、yángròu、shūcài、shuǐguǒ. Kěshì wǒmen bù chī yángròu a.

王太太：今年你父母来和我们一起过年，他们是最爱吃羊肉的。
Jīnnián nǐ fùmǔ lái hé wǒmen yìqǐ guò nián, tāmen shì zuì ài chī yángròu de.

王先生：你想得真周到！我看还得买几瓶好酒。
Nǐ xiǎng de zhēn zhōudào! Wǒ kàn hái děi mǎi jǐ píng hǎo jiǔ.

王太太：当然，过年怎么能不喝酒呢？
Dāngrán, guò nián zěnme néng bù hē jiǔ ne?

王先生：还得买一个大的"福"字，倒挂在墙上。
Hái děi mǎi yí ge dà de "fú" zì, dào guà zài qiáng shang.

王太太：是啊！希望蛇年"福"到家。
Shì a! Xīwàng shé nián "fú" dào jiā.

王先生：给孩子们准备什么礼物呢？
Gěi háizi men zhǔnbèi shénme lǐwù ne?

王太太：我早想好了，儿子属狗，给他买一个玩具狗。
Wǒ zǎo xiǎng hǎo le, érzi shǔ gǒu, gěi tā mǎi yí ge wánjù gǒu.

王先生：女儿属鼠，给她买一个玩具鼠。
Nǚ'ér shǔ shǔ, gěi tā mǎi yí ge wánjù shǔ.

王太太：压岁钱也得提前准备好，除了咱们的孩子，还要给亲戚朋友的孩子。
Yāsuìqián yě děi tíqián zhǔnbèi hǎo, chúle zánmen de háizi, hái yào gěi qīnqi péngyou de háizi.

王先生：是啊，算一算，估计得准备两千多块钱。
Shì a, suàn yi suàn, gūjì děi zhǔnbèi liǎng qiān duō kuài qián.

王太太：我担心，春节过完了，我们的钱也花完了。
　　　　Wǒ dānxīn, Chūnjié guò wán le, wǒmen de qián yě huā wán le.

王先生：没关系，只要孩子们高兴就行。
　　　　Méi guānxi, zhǐyào háizi men gāoxìng jiù xíng.

（二）

对于中国人来说，春节是中国最大的传统节日。
Duìyú Zhōngguórén lái shuō, Chūnjié shì Zhōngguó zuì dà de chuántǒng jiérì.

春节在阴历的一月一号，因此人们也把春节叫作中国新年。
Chūnjié zài yīnlì de yī yuè yī hào, yīncǐ rénmen yě bǎ Chūnjié jiàozuò Zhōngguó xīnnián.

春节的准备工作节前几个星期就开始了。首先，人们要把
Chūnjié de zhǔnbèi gōngzuò jié qián jǐ ge xīngqī jiù kāishǐ le. Shǒuxiān, rénmen yào bǎ

房子打扫得干干净净的。很多人喜欢在墙上或者门
fángzi dǎsǎo de gān gān jìng jìng de. Hěn duō rén xǐhuan zài qiáng shang huòzhě mén

上倒挂一个"福"字，因为"倒"和"到"同音，"福"字倒了表示
shang dào guà yí ge "fú" zì, yīnwèi "dào" he "dào" tóngyīn, "fú" zì dào le biǎoshì

在新的一年里"幸福到了"。其次，人们要买很多吃的
zài xīn de yìnián li "xìngfú dào le". Qícì, rénmen yào mǎi hěn duō chī de

东西，米、面、肉、蔬菜什么的。当然，父母不会忘记给孩子
dōngxi, mǐ、miàn、ròu、shūcài shénme de. Dāngrán, fùmǔ bú huì wàngjì gěi háizi

买新衣服、新玩具，并且准备好压岁钱。鞭炮也是一定要
mǎi xīn yīfu、xīn wánjù, bìngqiě zhǔnbèi hǎo yāsuìqián. Biānpào yě shì yídìng yào

买的。对于孩子们来说，特别是男孩子，过年时一定要放
mǎi de. Duìyú háizi men lái shuō, tèbié shì nánháizi, guò nián shí yídìng yào fàng

鞭炮。他们知道，鞭炮一响，新年就来到了。
biānpào. Tāmen zhīdào, biānpào yì xiǎng, xīnnián jiù lái dào le.

春节最重要的庆祝活动是除夕之夜全家人一起吃团圆饭。无论人们在哪儿工作,除夕这一天都要回家过年。饭桌上必须有鱼,因为"有鱼"和"有余"同音,表示在新的一年里生活更富有。除了鱼,饭桌上还必须有饺子。对于中国人来说,过年怎么能不吃饺子呢?

王太太觉得,和全家人一起包饺子是一件愉快的事情。虽然包饺子要花不少时间,但是大家一边包,一边聊天儿、开玩笑,特别热闹。今年除夕之夜,他们全家比赛包饺子,看谁包得快、包得好看。结果,当然王太太得了第一。大家包了一百多个饺子,还在其中一个饺子里放了一块糖。最后这个带糖的饺子被他们的儿子吃到了。大家都说,在新的一年里他们的儿子一定会有好运气。

传统的过年方式很有意思,然而年年都一样。于是,有些人就想换一个方式过年,比如过春节的时候去旅游。无论人们怎么过年,用传统的方式还是现代的方式,春节都是人们最喜爱的节日。

"福"到家了！ Happiness has come to the house!

(1)

Mr. Wang: What is the date of Spring Festival this year?

Mrs. Wang: Let me take a look at the calendar. New Year's Eve is on 9th of February.

Mr. Wang: How time flies! There are only more than ten days left. This year is the Year of the Horse, isn't it?

Mrs. Wang: How can you be so muddle-headed? This year is the Year of the Snake!

Mr. Wang: I apologize. I've been so busy recently that I forgot everything.

Mrs. Wang: I cannot and I was born in the Year of Snake.

Mr. Wang: Then we have more reasons to have a good celebration. Let's go shopping for New Year.

Mrs. Wang: I've already made a shopping list. Take a look.

Mr. Wang: Fish, beef, mutton, vegetables and fruits. But we do not eat mutton.

Mrs. Wang: This year your parents will come to spend the New Year with us and they like lamb indeed.

Mr. Wang: You are really thoughtful! I think we need to buy a few bottles of good wine.

Mrs. Wang: Of course! How can the celebration of New Year go without drinking wine?

Mr. Wang: We must also buy a big character "Happiness" and hang it upside down on the wall.

Mrs. Wang: Oh yes, we hope that happiness will arrive at home in the Year of the Snake.

Mr. Wang: What gift shall we give to the kids?

Mrs. Wang: I've decided already. Our son was born in the Year of the Dog. Let's buy him a toy dog.

Mr. Wang: Our daughter was born in the Year of the Rat. So let's buy her a toy mouse.

Mrs. Wang: We must have the New Year's money ready beforehand. In addition to our kids, we'll give it to children of friends and relatives.

Mr. Wang: Oh yes. I've estimated we should prepare over two thousand Yuan.

Mrs. Wang: I'm afraid that after Spring Festival, we will spend up all our money.

Mr. Wang: It does not matter as long as the children are happy.

(2)

Spring Festival is the biggest traditional festival in China. Since it is on the 1st of lunar January, it is also called Chinese New Year. Preparations for Spring Festival begin a few weeks earlier. First of all, people give a thorough cleaning of their houses. A lot of people like to hang Chinese character "happiness" upside down on walls or doors. Because "upside down" (倒) and "arrive" (到) are homonyms in Chinese, thus, "Happiness is upside down." means "Happiness arrives". Secondly, people do a lot of shopping, buying rice, wheat flour, meat and vegetables. Of course, parents will not forget to buy new clothes and new toys for kids and furthermore get the New Year money ready. Buying firecrackers is a must. For children, especially boys, setting off firecrackers during Spring Festival is a must. They know that when firecrackers crack, there comes New Year.

The most important celebrating activity of Spring Festival is that whole family have a reunion dinner on New Year's Eve. No matter where they work, people go home to celebrate Chinese New Year on New Year's Eve. On the dinner table, there is often fish, because "to have fish" (有鱼) and "surplus" (有余) are homonyms in Chinese, which indicate rich life in the new year. In addition to fish, there must be also dumplings on the dinner table. For Chinese, how can Chinese New Year go without dumplings?

Mrs. Wang thinks that making dumplings with family is a pleasant thing to do. Although it takes quite long time to do it, they enjoy making dumplings while chatting and joking, which is very lively. On New Year's Eve this year, the family had a competition of making dumplings to see who could do faster and better. As a result, Mrs. Wang was the champion of course. They put a piece of candy in one of one hundred dumplings. It was their son who ate it. Everybody said that he would have good luck in the new year.

The traditional way of celebrating Chinese New Year is interesting, yet it is the same every year. Some people want to make a change. Therefore people go travelling at the time of Spring Festival. No matter in what way Spring Festival is celebrated, traditional or modern, it is the favorite festival.

新词语 New Words

1	春节	Chūnjié	n.	Spring Festival
2	大年三十	dànián sānshí		Chinese New Year's Eve
3	糊里糊涂	húlihútu		to be muddle-headed, to feel confused
4	蛇	shé	n.	snake
5	抱歉	bàoqiàn	adj.	(to feel) apologetic
6	属	shǔ	v.	to be born in the year of
7	庆祝	qìngzhù	v.	to celebrate
8	过年	guò nián		to spend Chinese New Year
9	周到	zhōudào	adj.	thoughtful
10	福	fú	n.	happiness
11	倒	dào	v.	to turn upside down
12	墙	qiáng	n.	wall
13	压岁钱	yāsuìqián	n.	New Year's money
14	算	suàn	v.	to calculate, to count as
15	估计	gūjì	v.	to estimate
16	块	kuài	m.w.	*unit of Chinese currency*
17	花	huā	v.	to spend (money), to spend time (doing something)
18	因此	yīncǐ	conj.	because of this
	此	cǐ	pron.	this
19	叫作	jiàozuò	v.	to be called as
20	新年	xīnnián	n.	Chinese New Year
21	首先	shǒuxiān	pron.	first
22	同音	tóngyīn	n.	homophone
23	其次	qícì	pron.	secondly

"福"到家了！ Happiness has come to the house!

第4课 Lesson 4

24	并且	bìngqiě	adv.	furthermore
25	鞭炮	biānpào	n.	firecracker
	炮	pào	n.	cannon
26	放	fàng	v.	to set off (firecrackers)
27	响	xiǎng	v.	to make a sound
28	除夕	chúxī	n.	eve
29	夜	yè	n.	night
30	团圆	tuányuán	v.	to have reunion
31	无论	wúlùn	conj.	no matter
32	有余	yǒuyú	v.	to have surplus
33	富有	fùyǒu	adj.	rich
34	包	bāo	v.	to wrap (dumplings)
35	愉快	yúkuài	adj.	pleasant
36	得	dé	v.	to obtain, to get
37	运气	yùnqì	n.	fortune
38	方式	fāngshì	n.	way of doing things
39	然而	rán'ér	adv.	yet, however

 注释 NOTES

① 十二属相: The 12 years in circulation are named after 12 animals: 鼠 mouse, 牛 cow, 虎 tiger, 兔 rabbit, 龙 dragon, 蛇 snake, 马 horse, 羊 sheep, 猴 monkey, 鸡 cock, 狗 dog, 猪 pig.

② 压岁钱: Money given to children as a Chinese New Year gift, which is put in a red envelope.

③ 阴历的一月一号,中国人习惯上称为"正月初一": In China the first of lunar January is also habitually called "正月初一" (zhēngyuè chūyī).

词语与句子结构　*Words and Sentence Structures*

1. "是……的" 句(三)

"是……的" 句可以强调事情发生的时间和地点, 见例句(1); 可以强调事情发生的方式和目的, 如例句(3)(4); 也可以用于对事实进行强调, 见例句(5)(6)。

"是……的" sentence structure emphasizes on the time and place where events happened, e.g. (1)(2), as well to emphasize on in which manner and for what purpose events happened, e.g. (3)(4). And it is also used to emphasize on a fact, e.g. (5)(6).

(1)	他	是	昨天来	的	。	It was yesterday when he came.
(2)	他	是	在上海买	的	。	It was in Shanghai where he bought it.
(3)	他	是	坐飞机去	的	。	He went by plane.
(4)	他	是	来度假	的	。	He came to spend a holiday.
(5)	饺子	是	很好吃	的	。	Dumplings are delicious indeed.
(6)	鱼	是	必须有	的	。	There must be fish indeed.

2. 对于……来说

"对于……来说"常用在句首, 表示从某人或某种情况的角度提出看法。

The phrase is often placed at the beginning of a sentence to express an opinion from someone's viewpoint.

(1)	对于	中国人	来说,	过年一定得吃饺子。
	To Chinese people, eating dumplings at Chinese New year is a must.			
(2)	对于	孩子们	来说,	过年一定得放鞭炮。
	To children, playing firecrackers at Chinese New year is a must.			

3. 首先……, 其次……

"首先……, 其次……" 表示做事的顺序是按照事情的重要程度, 其中 "首先" 引导的句子是首要的事, "其次" 引导的句子是次要的事。

The sentence structure indicates the order of doing things according to the level of their importance, in which "首先" indicates the prior importance and "其次" the secondary importance.

(1)	人们	首先	打扫房子,	其次	买过年的东西。
	First of all, people clean their houses and then they do New Year shopping.				
(2)	他们	首先	给孩子买礼物,	其次	给大人买礼物。
	First of all, they buy gifts for kids and then for adults.				

4. 无论……, 都/也……

"无论……, 都/也……" 表示在任何条件下,结果都不会改变。"无论"引导的分句中用"谁、什么、哪儿、怎么"这样的疑问代词,其后的分句用"都/也……"。

The sentence structure means that despite different conditions, the result will not change. "无论" clause contains interrogative pronouns such as "谁、什么、哪、怎么" and it is followed by a clause with "都/也……" in it.

(1) 无论 孩子们在 哪儿 ,他们 都 回家过年。
No matter where they are, children go home for Chinese New Year.

(2) 无论 春节 怎么 过,它 都 是中国人最喜爱的节日。
No matter how Chinese New Year is celebrated, it is the favorite festival of Chinese people.

(3) 无论 大人 还是 孩子, 都 喜欢吃饺子。
No matter they are adults or children, they all like dumplings.

复合词的构成4(补充式)
The Formation of Compound Word 4 (the Complementary Combination)

有一类复合词,其中前一个语素是动词,后一个语素对动词进行补充说明,常表示动作的结果、方向等,例如"提前、进来"等。这类复合词被称为补充式复合词。

There is one type of compound word, in which the first morpheme is a verb and the second one is a complement to the verb and it often indicates result or direction, etc., e.g. "提前、进来、"etc. These words are called complementary compound words.

| 提+前→ 提前 | 进+来→ 进来 | 得+到→ 得到 |

练习 Exercises

1. 课文问答练习　Questions and answers on the text

(一)

(1) 今年 是马年吗? 今年 是 什么 年?
Jīnnián shì mǎ nián ma? Jīnnián shì shénme nián?

(2) 王 先生 为什么 糊里糊涂的?
Wáng xiānsheng wèi shénme húlihútu de?

(3) 王 太太 属什么?
Wáng tàitai shǔ shénme?

(4) 他们 准备 买 什么 过年 的 东西?
Tāmen zhǔnbèi mǎi shénme guò nián de dōngxi?

(5) 他们并不吃羊肉，为什么买羊肉？
　　Tāmen bìng bù chī yángròu, wèi shénme mǎi yángròu?

(6) "福"字为什么倒挂在墙上？
　　"Fú" zì wèi shénme dào guà zài qiáng shang?

(7) 他们给儿子买什么礼物？为什么？
　　Tāmen gěi érzi mǎi shénme lǐwù? Wèi shénme?

(8) 他们给女儿买什么礼物？为什么？
　　Tāmen gěi nǚ'ér mǎi shénme lǐwù? Wèi shénme?

(9) 他们为什么要准备两千多块钱？
　　Tāmen wèi shénme yào zhǔnbèi liǎng qiān duō kuài qián?

(10) 王太太担心什么？
　　　Wáng tàitai dānxīn shénme?

（二）

(1) 对于中国人来说，春节是什么样的节日？
　　Duìyú Zhōngguórén lái shuō, Chūnjié shì shénme yàng de jiérì?

(2) 为什么春节也叫作中国新年？
　　Wèi shénme Chūnjié yě jiàozuò Zhōngguó xīnnián?

(3) 人们首先做什么？其次呢？
　　Rénmen shǒuxiān zuò shénme? Qícì ne?

(4) 人们为什么把"福"字倒挂在墙上？
　　Rénmen wèi shénme bǎ "fú" zì dào guà zài qiáng shang?

(5) 对于男孩子来说，过年一定得做什么？
　　Duìyú nánháizi lái shuō, guò nián yídìng děi zuò shénme?

(6) 为什么饭桌上一定有鱼？
　　Wèi shénme fànzhuō shang yídìng yǒu yú?

(7) 人们过年必须吃什么？
　　Rénmen guò nián bìxū chī shénme?

(8) 王太太家比赛包饺子，谁得了第一？
　　Wáng tàitia jiā bǐsài bāo jiǎozi, shéi dé le dì yī?

(9) 谁吃到了饺子里的糖？吃到了糖有什么意思？
　　Shéi chī dào le jiǎozi li de táng? Chī dào le táng yǒu shénme yìsi?

(10) 现代 的 过年 方式 是 什么?
   Xiàndài de guò nián fāngshì shì shénme?

2. 用"是……的"改写下面的句子
Rewrite the sentences by using "是……的"

> E.g.　饭桌上必须有鱼。→　饭桌上<u>是</u>必须有鱼<u>的</u>。

(1) 饺子 很 好吃。　　　　　　→
    Jiǎozi hěn hǎo chī.

(2) 人们 过年 要 喝 酒。　　　　→
    Rénmen guònián yào hē jiǔ.

(3) 我们 不 吃 羊 肉。　　　　　→
    Wǒmen bù chī yáng ròu.

(4) 这儿 冬天 非常 冷。　　　　→
    Zhèr dōngtiān fēicháng lěng.

(5) 人们 过 春节 要 花 很 多 钱。　→
    Rénmen guò Chūnjié yào huā hěn duō qián.

(6) 人们 除夕之夜 要 吃 团圆 饭。 →
    Rénmen chúxī zhī yè yào chī tuányuán fàn.

3. 按照例句完成下面的句子
Complete the sentences according to the example

> E.g. 1. 打扫房间　2. 准备吃的东西
>   接待客人时,我首先打扫房间,其次准备吃的东西。

(1) 1. 练习 说　2. 练习 写
       liànxí shuō　　liànxí xiě
    学习外语时,_____。

(2) 1. 办 签证　2. 订 机票
       bàn qiānzhèng　dìng jīpiào
    计划去外国旅行时,_____。

（3）1. 看样子　2. 看价格
　　　kàn yàngzi　　kàn jiàgé
　　买衣服时，_____。

（4）1. 考虑营养　2. 考虑味道
　　　kǎolǜ yíngyǎng　kǎolǜ wèidào
　　我们做饭时，_____。

（5）1. 要意思好　2. 要好听
　　　yào yìsi hǎo　　yào hǎotīng
　　给孩子起名字时，_____。

4. 用"无论……, 都/也……"完成下面的句子
Complete the sentences by using "无论……,都/也……"

> E.g.　无论人们在哪儿,<u>都回家过年</u>。
> …, they go home to celebrate the New Year.

（1）无论 有 没有 钱，　　　_____。
　　 Wúlùn yǒu méiyǒu qián,　　they buy gifts for parents.

（2）无论 什么 传统 节日，　_____。
　　 Wúlùn shénme chuántǒng jiérì,　I like them all.

（3）无论 多么 忙，　　　　　_____。
　　 Wúlùn duōme máng,　　parents will not forget the birthday of their kids.

（4）无论 谁 吃到了那块 糖，　_____。
　　 Wúlùn shéi chī dào le nà kuài táng,　they will have a good luck.

（5）无论 南方人还是北方人，　_____。
　　 Wúlùn nánfāngrén háishi běifāngrén,　they all celebrate Chinese New Year.

（6）无论你怎么做西红柿，　　_____。
　　 Wúlùn nǐ zěnme zuò xīhóngshì,　I don't like it.

5. 根据句子的意思,画线连接A栏和B栏相应的句子
Match the sentences in Group A with those in Group B according to the meanings

A
(1) 对于 中国人 来说,
　　Duìyú Zhōngguórén lái shuō,
(2) 对于 年轻人 来说,
　　Duìyú niánqīng rén lái shuō,
(3) 对于 学生 来说,
　　Duìyú xuésheng lái shuō,
(4) 对于 男孩子来说,
　　Duìyú nánháizi lái shuō,
(5) 对于 外国人来说,
　　Duìyú wàiguó rén lái shuō,

B
a　春节时去旅游更有意思。
　　Chūnjié shí qù lǚyóu gèng yǒu yìsi.
b　春节是最 重要的节日。
　　Chūnjié shì zuì zhòngyào de jiérì.
c　过年 一定要 放 鞭炮。
　　guò nián yídìng yào fàng biānpào.
d　京剧的音乐很奇怪。
　　jīngjù de yīnyuè hěn qíguài.
e　学习是最 重要的事。
　　xuéxí shì zuì zhòngyào de shì.

6. 用下面的汉字填空　Fill in the blanks with the given characters

(A) 传　此　蛇　春　羊　作　圆　历　之　庆
　　chuán　cǐ　shé　chūn　yáng　zuò　yuán　lì　zhī　qìng

中国最大的1_____统节日就是2_____节。春节在中国阴3_____的一月一号,因4_____,人们也把它叫5_____中国新年。今年是6_____年,王太太要好好7_____祝一下。她买了牛肉、8_____肉、鱼什么的。除夕9_____夜,全家人要在一起吃团10_____饭。

(B) 过　次　包　先　新　福　并　幸　于　快
　　guò　cì　bāo　xiān　xīn　fú　bìng　xìng　yú　kuài

1_____年的准备工作很多,首2_____要把房子打扫干净,其3_____要买很多吃的东西,4_____且得给孩子买5_____衣服和礼物。对6_____中国人来说,如果"7_____"字倒挂,新的一年8_____福就会到你家。过年时最愉9_____的事就是大家

一起 10_____ 饺子、吃饺子。

7. 找出同义/近义词　Find out the synonyms

愉快	无论	但是	第一	方法
yúkuài	wúlùn	dànshì	dì yī	fāngfǎ
首先	方式	快乐	不管	然而
shǒuxiān	fāngshì	kuàilè	bùguǎn	rán'ér

8. 认读下面的复合词
Read and recognize the following compound words

看上	看见	碰见	听见	看到
kànshàng	kànjiàn	pèngjiàn	tīngjiàn	kàndào
遇到	打败	打开		
yùdào	dǎbài	dǎkāi		
淹没	起飞	逃走	提前	提高
yānmò	qǐfēi	táozǒu	tíqián	tígāo
感到	感动	推迟	下去	
gǎndào	gǎndòng	tuīchí	xiàqu	
出来	出去	进来	进去	回来
chūlai	chūqu	jìnlai	jìnqu	huílai
回去	上来	上去	下来	
huíqu	shànglai	shàngqu	xiàlai	

9. 根据所听到的内容回答问题
Answer the questions according to the recording

(1) 为什么春节也叫作中国新年?
(2) 除夕之夜，全家人一起做什么?
(3) 为什么过年一定要吃饺子?
(4) 为什么过年时孩子最高兴?
(5) 大一点的孩子最喜欢什么礼物？为什么?

10. 课堂活动　　Classroom activities

说说中国人怎么过春节
Talk about how Chinese celebrate Chinese New Year

作业　Homework

1. 用所给的词把下面的句子翻译成汉语
Translate the sentences into Chinese by using the given words

(1) I estimate that we need 2000 Yuan.　　　　　　估计

(2) Spring Festival is also called Chinese New Year.　叫作

(3) Generally speaking, how do you celebrate your birthday?　庆祝

(4) People spend a lot of money during Spring Festival.　花

(5) No matter where they are, people go back home on New Year's Eve.

无论……,都/也……

2. 写作练习 (400 个汉字)　　Writing exercise (400 characters)

我看中国的春节　My Opinion on Chinese New Year

这个药有效果
Zhè ge yào yǒu xiàoguǒ

This medicine is effective

课文 Text

（一）

小文： 马可,你在中国留学的时候参观过中医医院吗?
Mǎkě, nǐ zài Zhōngguó liú xué de shíhou cānguān guo zhōngyī yīyuàn ma?

马可： 参观过一个很大的中医医院。
Cānguān guo yí ge hěn dà de zhōngyī yīyuàn.

小文： 你觉得它和西医医院有什么不一样?
Nǐ juéde tā hé xīyī yīyuàn yǒu shénme bù yíyàng?

马可： 中医和西医看病的方式完全不同。
Zhōngyī hé xīyī kàn bìng de fāngshì wánquán bùtóng.

小文： 你看过中医吗?
Nǐ kàn guo zhōngyī ma?

马可： 在北京留学的时候看过一次。
Zài Běijīng liú xué de shíhou kàn guo yí cì.

小文： 你得了什么病?
Nǐ dé le shénme bìng?

马可： 我老是头疼、咳嗽,吃了不少西药,还打了针,
Wǒ lǎoshì tóuténg、késou, chī le bùsháo xīyào, hái dǎ le zhēn,

可是没有什么效果。
kěshì méiyǒu shénme xiàoguǒ.

小文： 有时候,中药的效果不错。
Yǒushíhou, zhōngyào de xiàoguǒ búcuò.

马可： 所以,我去看了中医,给我看病的是一位老大夫。
Suǒyǐ, wǒ qù kàn le zhōngyī, gěi wǒ kàn bìng de shì yí wèi lǎo dàifu.

小文: 老大夫说什么?
Lǎo dàifu shuō shénmen?

马可: 他说,我咳嗽很长时间了,最好吃一些中药。
Tā shuō, wǒ késou hěn cháng shíjiān le, zuìhǎo chī yìxiē zhōngyào.

小文: 老大夫给你开了什么中药?
Lǎo dàifu gěi nǐ kāi le shénmen zhōngyào?

马可: 名字我忘了,但是我记得药里的材料很有意思。
Míngzi wǒ wàng le, dànshì wǒ jìde yào li de cáiliào hěn yǒu yìsi.

小文: 是自然的植物吧?一些植物常用来做中药。
Shì zìrán de zhíwù ba? Yìxiē zhíwù cháng yòng lái zuò zhōngyào.

马可: 难怪人们把中药也叫作中草药。你用过
Nánguài rénmen bǎ zhōngyào yě jiàozuò zhōngcǎoyào. Nǐ yòng guo

什么中药吗?
shénme zhōngyào ma?

小文: 有一次,我的腿破了,流血了,我用了一种中药,
Yǒu yí cì, wǒ de tuǐ pò le, liú xiě le, wǒ yòng le yì zhǒng zhōngyào,

血马上就不流了。
xiě mǎshàng jiù bù liú le.

马可: 我吃的中药效果也挺好的。我刚吃了一个
Wǒ chī de zhōngyào xiàoguǒ yě tǐng hǎo de. Wǒ gāng chī le yí ge

星期,病就好多了。
xīngqī, bìng jiù hǎo duō le.

小文: 中药的味道很苦吧?
Zhōngyào de wèidào hěn kǔ ba?

马可: 苦极了。现在我知道什么是"良药苦口"了。
Kǔ jí le. Xiànzài wǒ zhīdào shénme shì "liáng yào kǔ kǒu" le.

(二)

李时珍[②]是中国古代著名的医生之一。他的祖父、父亲都是医生,他从七岁起就开始对医学感兴趣。长大以后,他认真努力地学习,后来成为了一名优秀的医生。他花了近四十年的时间来研究中药,最后写出了一本关于中药的重要著作。在中国,有很多李时珍研究中药的故事。

有一次在旅行的路上,李时珍看见几个人正在喝东西。他问这些人,他们喝的是什么。他们告诉他,那是用一种草做成的汤。李时珍又问,为什么喝这种汤呢?他们说,每天工作很辛苦,很累,喝了这个汤,就不那么累了。李时珍马上把这种草的名字记了下来,后来他把这个汤的名字写进了他的书里。

还有一次,他路过一个村子,看见一个人像喝醉了似的,又唱又跳,又哭又笑,然后就倒在地上,动也不动,跟死了似的。过了很长时间,那个人才醒了过来。李时珍问了村子里的人,才知道那个人喝的酒里面有一种花。

李时珍把花的名字记了下来,可是他从来没有见过这种花。他花了很长时间,终于把这种花找到了。他决定自己先尝一尝。虽然这样做有生命危险,但是只有这样做,他才能知道这种花的作用。后来,他终于了解了这种花,而且把它做成了中药。如果病人做手术时吃这种药,就不会觉得疼了。

为了研究中草药,李时珍去了很多地方找那些可以做成药的植物,还访问了许多大夫、病人和各种各样的普通人。每次访问以后,他都及时把新学到的东西记下来。他当了几十年的大夫,积累了很多经验。后来他写的书也成为关于中药的最重要的著作之一。这本书叫作《本草纲目》③。

(1)

Xiaowen: Mark, did you visit any hospitals of traditional Chinese medicine when you studied in China?

Mark: Yes, I visited a big hospital of traditional Chinese medicine.

Xiaowen: What is the difference between hospitals of traditional Chinese medicine and western hospitals?

Mark: Doctors of traditional Chinese medicine and western doctors have complete different approach to medical treatment.

Xiaowen: Have you ever seen a doctor of traditional Chinese medicine?

Mark: Once when I was studying in Beijing.

Xiaowen: What was wrong with you?

Mark: I had headache and had been coughing all along. I took quite some western medicine and also had an injection but it was not very effective.

Xiaowen: Sometimes, traditional Chinese medicine is quite effective.

Mark: So, I went to see an old doctor of traditional Chinese medicine.

Xiaowen: What did the old doctor say?

Mark: He said that I had been coughing for a long time and I'd better take some Chinese medicine.

Xiaowen: What kind of Chinese medicine did the old doctor prescribe for you?

Mark: I forgot the name but I remember that the materials of the medicine are very interesting.

Xiaowen: They are natural plants, aren't they? Some plants are often used to make traditional Chinese medicine.

Mark: No wonder Chinese medicine is also known as Chinese herbal medicine. Have you ever used any?

Xiaowen: Yes. Once I got a cut in my leg and it was bleeding. I used a Chinese medicine and the bleeding stopped immediately.

Mark: The Chinese medicine I took was quite effective. I used it only for a week and I felt much better.

Xiaowen: Chinese medicine tastes very bitter, doesn't it?

Mark: Terribly bitter. Now I know the meaning of "Good medicine tastes bitter."

(2)

Li Shizhen was one of the famous ancient Chinese doctors. Both his grandfather and his father were doctors. He began to show interest in medicine at the age of seven. He studied seriously with great effort and later he became an excellent doctor. He spent nearly four decades to study and do research on traditional Chinese medicine and finally he wrote an important book about Chinese medicine. About Li Shizhen's study of traditional Chinese medicine, there are a lot of stories.

Once on a trip, Li Shizhen saw several men drinking something. He asked them what they were drinking. They told him that it was soup made of a kind of grass. Then Li Shizhen asked them again that why they drank this soup. They said that they got tired every day because of hard work and after drinking the soup, they wouldn't feel so tired. Li Shizhen immediately wrote down the name of the grass. Later he wrote the name of this soup in his book.

On another occasion, when he was passing through a village, he saw a man singing, dancing, crying and laughing as a drunker and then fell to the ground. He was motionless as if he were dead. After a long time, the man woke up. Li Shizhen asked the villagers and learned that inside the wine he drank there was a kind of flower. Li Shizhen noted down the name of the flower. But he had never seen such a flower. It took him a long time to have finally found it. He decided to taste it by himself first. He knew doing so would endanger his life, but only by trying it himself could he know the effect of the flower. Later he finally got to know this flower and made it into traditional Chinese medicine. If patients took this medicine during surgery, they wouldn't feel pain.

In order to study Chinese herbal medicine, Li Shenzhen went to many places to find plants that could be made into medicine. He visited many doctors and patients as well as different kinds of ordinary people. After each visit, he would promptly note down newly learned things. He worked as a doctor for decades and accumulated a lot of experience. Later the book he wrote became one of the most important books on Chinese medicine. This book is called "*Compendium of Materia Medica*".

新词语 New Words

1	效果	xiàoguǒ	n.	effect
2	参观	cānguān	v.	to visit
3	中医	zhōngyī	n.	traditional Chinese medical science, doctor of traditional Chinese medicine
4	看病	kàn bìng		to treat a patient
5	老是	lǎoshì	adv.	always (often expressing dissatisfaction)
6	咳嗽	késou	v.	to cough

7	西药	xīyào	n.	western medicine
8	打针	dǎ zhēn		to have an injection
9	中药	zhōngyào	n.	Chinese medicine
10	大夫	dàifu	n.	doctor
11	开	kāi	v.	to prescribe (medicine)
12	材料	cáiliào	n.	material
13	植物	zhíwù	n.	plant
14	中草药	zhōngcǎoyào	n.	Chinese herbal medicine
15	腿	tuǐ	n.	leg
16	破	pò	v.	to break, to damage
17	血	xiě	n.	blood
18	著名	zhùmíng	adj.	famous
19	祖父	zǔfù	n.	grandfather
20	医学	yīxué	n.	medical science
21	成为	chéngwéi	v.	to become (somebody)
22	优秀	yōuxiù	adj	outstanding
23	研究	yánjiū	v.	to research
24	著作	zhùzuò	n.	book, publication
25	路过	lùguò	v.	to pass by
26	似的	shìde	part.	*used after nouns, pronouns or verbs to indicate resemblance*
27	哭	kū	v.	to cry
28	醒	xǐng	v.	to wake up
29	生命	shēngmìng	n.	life
30	危险	wēixiǎn	adj./n.	dangerous; danger
31	只有	zhǐyǒu	conj.	only when
32	作用	zuòyòng	n.	function

33	病人	bìngrén	n.	patient
34	手术	shǒushù	n./v.	(*of medical*) operation; to operate
35	访问	fǎngwèn	v.	to visit (*for official purpose*)
36	及时	jíshí	*adv./adj.*	without delay; timely
37	积累	jīlěi	v.	to accumulate

注释 NOTES

① 良药苦口：Good medicine tastes bitter.

② 李时珍：Li Shizhen (1518—1593) was a well known Chinese doctor and the writer of the book named "*Compendium of Materia Medica*".

③《本草纲目》："*Compendium of Materia Medica*" is the most comprehensive writing on Chinese medical science in Chinese history. It was written by Li Shizhen and was completed in 1578 and published in 1596 in Nanjing.

词语与句子结构 Words and Sentence Structures

1. 从……起

"从……起"表示时间或动作的起点。

"从……起" indicates a starting point of time or an action.

| 他 | 从 | 七岁 | 起 | 就开始对医学感兴趣。 | He started to be interested in medical science as early as he was seven years old. |

2. 来（一）

"来"用在动词词组或介词、动词词组之间，表示前一词组是方法、态度等，后一词组是目的。

"来" is placed between verbal or prepositional phrases to indicate that the previous phrase introduces method or attitude, etc., while the phrase after "来" iatroduces the purpose.

| (1) | 他花了四十年时间 | 来 | 研究中药。 | He spent forty years to study Chinese medicine. |
| (2) | 人们用一些植物 | 来 | 做中药。 | People use some plants to make Chinese medicine. |

3. 像/跟……似的

"像/跟……似的"表示跟某种事物或情况相似,中间的成分可以是动词、名词或代词。

"像/跟……似的" structure indicates resemblance. The elements in the middle of the structure can be verbs, nouns or pronouns.

| (1) | 那个人 | 像/跟 | 喝醉了 | 似的。 | That man looked as if he were drunk. |
| (2) | 那个人 | 像/跟 | 死了 | 似的。 | That man looked as if he were dead. |

4. 只有……,才……

"只有……"分句表示唯一的条件,随后的分句里常用"才"表示在前一分句提及的条件下产生的结果。

"只有……" clause indicates an only condition, which is followed by a clause with "才" in it to indicate a result produced under the condition mentioned in the previous clause.

| 只有 | 他自己吃过, | 才 | 知道药的效果。 | Only after trying it by himself could he know the effect of the medicine. |

复合词的构成5(附加式)
The Formation of Compound Word 5 (the Affixation Type)

有一类复合词,其中一个语素是词根,另一个语素或作为前缀附加在前面,例如"老师、第一"等;或作为后缀附加在后面,例如"孩子、空儿"等。这类复合词被称为附加式复合词。下表是构词中部分常见的前缀和后缀:

There is one type of words, in which one morpheme is the root of the word and the other one is eithor attached before it as a prefix, e.g. "老师、第一", etc.; or attached after it as a suffix, e.g. "孩子、空儿", etc. These words are called compound words with affixation. See the following list for some of the commonly used prefix and suffix:

前缀 prefix	例词 examples		后缀 suffix	例词 examples	
老	老师	老板	子①	孩子	桌子
第	第一	第二	儿②	空儿	一会儿

① "子" is pronounced in neutral tone when it is a suffix in a word.

② Except in small number of words, "儿" as a suffix can be omitted, however it is common in many words, especially in Beijing dialect.

练习 Exercises

1. 课文问答练习　Questions and answers on the text

（一）

(1) 马可什么时候参观过中医医院？
   Mǎkě shénme shíhou cānguān guo zhōngyī yīyuàn?

(2) 中医医院和西医医院有什么不一样？
   Zhōngyī yīyuàn hé xīyī yīyuàn yǒu shénme bù yíyàng?

(3) 马可看过中医吗？
   Mǎkě kàn guo zhōngyī ma?

(4) 马可得了什么病？
   Mǎkě dé le shénme bìng?

(5) 西医的办法是什么？效果怎么样？
   Xīyī de bànfǎ shì shénme? Xiàoguǒ zěnmeyàng?

(6) 老大夫开了什么药？
   Lǎo dàifu kāi le shénme yào?

(7) 中药为什么也叫作中草药？
   Zhōngyào wèi shénme yě jiàozuò zhōngcǎoyào?

(8) 马可吃的中药效果怎么样？
   Mǎkě chī de zhōngyào xiàoguǒ zěnmeyàng?

(9) 马可觉得中药的味道怎么样？
   Mǎkě juéde zhōngyào de wèidào zěnmeyàng?

(10) "良药苦口"是什么意思？
   "Liáng yào kǔ kǒu" shì shénme yìsi?

（二）

(1) 李时珍是谁？
   Lǐ Shízhēn shì shéi?

(2) 他是什么时候开始对医学感兴趣的？
   Tā shì shénme shíhou kāishǐ duì yīxué gǎn xìngqù de?

(3) 他花了多长时间来研究中药？
   Tā huā le duō cháng shíjiān lái yánjiū zhōngyào?

(4) 有一次,他看见一些人在喝什么?
　　Yǒu yí cì, tā kànjiàn yìxiē rén zài hē shénme?

(5) 那些人为什么喝那种汤?
　　Nà xiē rén wèi shénme hē nà zhǒng tāng?

(6) 有一个人喝了酒以后做了什么?
　　Yǒu yí ge rén hē le jiǔ yǐhòu zuò le shénme?

(7) 那个人喝的酒里有什么东西?
　　Nà ge rén hē de jiǔ li yǒu shénme dōngxi?

(8) 李时珍为什么要自己尝一下这种花?
　　Lǐ Shízhēn wèi shénme yào zìjǐ cháng yíxià zhè zhǒng huā?

(9) 这种花的作用是什么?
　　Zhè zhǒng huā de zuò yòng shì shénme?

(10) 李时珍写了一本什么书?
　　Lǐ Shízhēn xiě le yì běn shénme shū?

2. 按照例句用"来"造句
Make sentences with "来" according to the example

E.g. 手机,照相　→　人们用手机来照相。

(1) 一些植物,做药　→
　　yìxiē zhíwù, zuò yào

(2) 那种花,做菜　→
　　nà zhǒng huā, zuò cài

(3) 手机,上网　→
　　shǒujī, shàng wǎng

(4) 很多时间,学外语　→
　　hěn duō shíjiān, xué wàiyǔ

(5) 很多钱,看病　→
　　hěn duō qián, kàn bìng

(6) 很多办法,解决环境问题　→
　　hěn duō bànfǎ, jiějué huánjìng wèntí

3. 按照例句完成下面的句子
Complete the sentences according to the example

> E.g. 他又唱又跳,(孩子) <u>像孩子似的</u>。

(1) 又哭又笑,(喝醉了) _____。
   yòu kū yòu xiào, (hē zuì le)

(2) 一天没吃饭,(病了) _____。
   yì tiān méi chī fàn, (bìng le)

(3) 这个孩子说话做事,(大人) _____。
   zhè ge háizi shuō huà zuò shì, (dàrén)

(4) 他们都穿着新衣服,(过节) _____。
   Tāmen dōu chuān zhe xīn yīfu, (guò jié)

(5) 今天天气真热,(夏天) _____。
   Jīntiān tiānqì zhēn rè, (xiàtiān)

(6) 小孩子觉得,雪,(白糖) _____。
   Xiǎo háizi juéde, xuě, (báitáng)

4. 根据句子的意思,画线连接A栏和B栏相应的句子
Match the sentences in Group A with those in Group B according to the meanings

A

(1) 只有尝一尝,
   Zhǐyǒu cháng yi cháng,

(2) 只有吃了这个药,
   Zhǐyǒu chī le zhè ge yào,

(3) 只有学习中医,
   Zhǐyǒu xuéxí zhōngyī,

(4) 只有对它感兴趣,
   Zhǐyǒu duì tā gǎn xìngqù,

(5) 只有懂中药,
   Zhǐyǒu dǒng zhōngyào,

B

a 才能学好它。
   cái néng xué hǎo tā.

b 才能当一个中医。
   cái néng dāng yí ge zhōngyī.

c 病才能好。
   bìng cái néng hǎo.

d 才能了解中药。
   cái néng liǎojiě zhōngyào.

e 才知道味道怎么样。
   cái zhīdào wèidào zěnmeyàng.

5. 按照例句用"从……起"造句
Make sentences with "从……起" according to the example

> E.g. 他,七岁,对医学感兴趣
> 他<u>从</u>七岁<u>起</u>开始对医学感兴趣。

(1) 我,七岁,学习游泳 _____。
  wǒ, qī suì, xuéxí yóu yǒng

(2) 他,十岁,学习滑雪 _____。
  tā, shí suì, xuéxí huá xuě

(3) 学校,明天,放假 _____。
  xuéxiào, míngtiān, fàng jià

(4) 病人,今天,吃中药 _____。
  bìngrén, jīntiān, chī zhōngyào

(5) 他,2012年,学习汉语 _____。
  tā, èr líng yī èr nián, xuéxí Hànyǔ

(6) 他,上大学,研究植物 _____。
  tā, shàng dàxué, yánjiū zhíwù

6. 用下面的汉字填空 Fill in the blanks with the given characters

> (A) 观　全　植　中　西　草　效　开　中　材
>   guān quán zhí zhōng xī cǎo xiào kāi zhōng cái

马可参 1_____ 了一个很老的 2_____ 医医院。中医和 3_____ 医看病的方式完 4_____ 不同。中医给病人 5_____ 的都是用自然 6_____ 料做成的各种 7_____ 药,里面有不同的 8_____ 物,难怪中药也叫中 9_____ 药。中药很苦,但 10_____ 果不错。

(B) 著 祖 来 问 病 样 为 起 累 花
　　zhù zǔ lái wèn bìng yàng wéi qǐ lěi huā

李时珍是一位 1_____ 名的中医。从7岁 2_____ 他就跟 3_____ 父和父亲学习中医，想成 4_____ 一名优秀的医生。他 5_____ 了40年的时间 6_____ 研究中草药。他还访 7_____ 过许许多多医生、8_____ 人和各种各 9_____ 的普通人，积 10_____ 了很多关于中药的知识。

7. 找出同义/近义词　Find out the synonyms

中药	总是	爷爷	旅行	懂
zhōngyào	zhǒngshì	yéye	lǚxíng	dǒng
祖父	明白	旅游	中草药	老是
zǔfù	míngbai	lǚyóu	zhōngcǎoyào	lǎoshì

8. 认读下面的词　Read and recognize the following words

老~	老师	老板	老鼠	老虎	老公	老婆	老外
	lǎoshī	lǎobǎn	lǎoshǔ	lǎohǔ	lǎogōng	lǎopo	lǎowài
第~	第一	第二	第三	第四	第五	第六	第七
	dì yī	dì èr	dì sān	dì sì	dì wǔ	dì liù	dì qī
~子	孩子	儿子	桌子	椅子	筷子	裙子	裤子
	háizi	érzi	zhuōzi	yǐzi	kuàizi	qúnzi	kùzi
~儿	空儿	画儿	事儿	味儿	一点儿	一会儿	一下儿
	kòngr	huàr	shìr	wèir	yìdiǎnr	yíhuìr	yíxiàr
~者	记者	作者	读者	笔者	老者	前者	后者
	jìzhě	zuòzhě	dúzhě	bǐzhě	lǎozhě	qiánzhě	hòuzhě

9. 根据所听到的内容回答问题
Answer the questions according to the recording

(1) 王老师觉得怎么不舒服？
(2) 医生是怎么给王老师看病的？效果怎么样？
(3) 那位老中医怎么样？

(4) 老中医开的药里有什么？
(5) 这个中药的味道怎么样？效果怎么样？

10. 课堂活动　Classroom activities

根据课文，继续下面的会话
Continue the dialogues according to the text

A: 你听说过李时珍吗？
B: 当然听说过，他是中国一位有名的中医。
A: ……

作业　Homework

1. 用所给的词把下面的句子翻译成汉语
Translate the sentences into Chinese by using the given words

(1) It always rains in autumn. 　　　　　　　　　　老是
(2) He wants to become a doctor. 　　　　　　　　成为
(3) This medicine is effective. 　　　　　　　　　　效果
(4) Are you doing research on traditional Chinese medicine? 　研究
(5) Only by tasting it can you know the taste. 　　只有……，才……

2. 写作练习 (300 个汉字)　Writing exercise (300 characters)

李时珍的故事　A Story of Li Shizhen

第6课 Lesson 6

望子成龙
Wàng zǐ chéng lóng
Having a great ambition for one's child

➡ 课文　Text

(一)

林达：我听说，在中国许多父母给孩子请家教，是吗？
Wǒ tīngshuō, zài Zhōngguó xǔduō fùmǔ gěi háizi qǐng jiājiào, shì ma?

大阳：没错，主要是让孩子提高学习成绩，准备考大学。
Méi cuò, zhǔyào shì ràng háizi tígāo xuéxí chéngjì, zhǔnbèi kǎo dàxué.

林达：请一个家教挺贵的，听说一个小时要花几百块。
Qǐng yí ge jiājiào tǐng guì de, tīngshuō yí ge xiǎoshí yào huā jǐ bǎi kuài.

大阳：家教再贵他们也请，因为这关系到孩子的将来。
Jiājiào zài guì tāmen yě qǐng, yīnwèi zhè guānxì dào háizi de jiānglái.

林达：你说的"将来"是什么意思？
Nǐ shuō de "jiānglái" shì shénme yìsi?

大阳：就是考上大学。很多人认为，只有考上大学，
Jiù shì kǎo shàng dàxué. Hěn duō rén rènwéi, zhǐyǒu kǎo shàng dàxué,
才有"将来"。
cái yǒu "jiānglái".

林达：父母给孩子请家教，孩子同意吗？
Fùmǔ gěi háizi qǐng jiājiào, háizi tóngyì ma?

大阳：不同意啊。家教一般周末上课，这样一来，周末
Bù tóngyì a. Jiājiào yìbān zhōumò shàng kè, zhèyàng yì lái, zhōumò
他们就没有自由了。
tāmen jiù méiyǒu zìyóu le.

林达：我觉得父母请家教以前，应该和孩子商量一下。
Wǒ juéde fùmǔ qǐng jiājiào yǐqián, yīnggāi hé háizi shāngliang yíxià.

大阳： 有些父母不和孩子商量，他们认为孩子就应该听父母的。

林达： 但是，如果对学习不感兴趣，是学不好的。

大阳： 我同意你说的。我高中有一个同学，英语考试成绩老是60多分。

林达： 我猜，他肯定对英语不感兴趣。

大阳： 你猜对了，他只喜欢踢足球，他的理想就是当足球运动员。

林达： 当足球运动员是不错，我就是一个足球迷。

大阳： 可是父母、老师和校长都不支持他。

林达： 后来他怎么样了？

大阳： 后来，这个"笨"学生成了优秀的足球运动员。

林达： 太好了！他的理想实现了。我真为他高兴！

(二)

刘太太和刘先生只有一个孩子,叫刘大龙。像所有的中国父母一样,他们也望子成龙,非常重视对孩子的教育,孩子未出生教育就开始了。据说如果孩子在母亲的肚子里时就开始听英语,长大以后学外语就学得好。这样的方法刘太太不管是不是正确,她都试了一下。

大龙三岁时去了英语幼儿园。在那里,孩子们除了做游戏、画画儿、唱歌、跳舞什么的,也学习英语。幼儿园的老师说,大龙聪明活泼,学什么都学得又快又好。不过他对学英语一点儿也不感兴趣。

大龙六岁上了小学,从小学到初中,他各门基础课的成绩都不错,例如数学、音乐、美术、历史、体育等。但是,大龙不喜欢英语课。英语老师很严格,如果他写错了,老师就批评他。大龙最喜欢体育课,特别是踢足球,老师常常表扬鼓励他。所以,只要他有空儿,就去踢足球。

望子成龙 Having a great ambition for one's child

现在大龙高中二年级，明年就要毕业了。为了提高他的英语考试成绩，刘太太给他请了一位家教，教英语。老师很有经验，也很耐心。可是每次上课老师讲得再好，他也听不进去，他想的都是关于足球的事儿。实际上，大龙根本不想考大学，他想当足球运动员。

刘先生和刘太太不同意。他们想来想去也不明白，为什么大龙这么讨厌英语。大龙也一样，他想来想去也不明白，为什么父母一定要他上大学，不让他去踢足球。他在日记里问自己："我不想让父母失望，可是我也不想放弃自己的理想。我应该怎么办？"他不知道答案。

(1)

Linda: I've heard that many parents hire a private tutor for their children. Is that true?

Dayang: Yes, it is mainly to improve children's test scores and prepare them for university entrance exam.

Linda: Hiring a private tutor is quite expensive. I've heard one hour costs several hundred Yuan.

Dayang: Oh yes. But no matter how expensive it is, they are willing to pay. This is very much related to their children's future.

Linda: What do you mean by "future"?

Dayang: Many people think that only if one enters university, one has a "future".

Linda: Do children agree with the idea of having a private tutor?

Dayang: They don't. Private tutors usually teach then. As a result, they don't have freedom at weekends.

Linda: I think parents should discuss it with their children first.

Dayang: Some parents don't discuss matters with their children. They think children should just obey parents.

Linda: But one cannot learn well without being interested.

Dayang: I agree with you. I had a classmate in high school, who always got score of 60 for his English test.

Linda: I guess that he was not interested in English.

Dayang: You are right. He only liked playing football. His ambition was to be a football player.

Linda: Surely it is good to be a football player and I am just a football fan.

Dayang: But none of his parents, teachers and the schoolmaster supported him.

Linda: What happened to him then?

Dayang: Later this "stupid" student became an excellent football player.

Linda: Great! His ambition was realized. I am really happy for him!

(2)

Mrs. Liu and Mr. Liu have only one child, whose name is Liu Dalong (big dragon). Like all the Chinese parents, they have great ambition for their son. They think education is very important and they started it before the child was born. It is said that if the child begins listening to English before he is born, the child will be good at learning foreign languages after growing up. Regardless of the method being correct or not, Mrs. Liu had a try.

Dalong went to an English kindergarten when he was three years old. There, in addition to playing games, painting, singing and dancing, kids also learn English. The kindergarten teacher said that Dalong was lively and smart and he was fast and good at learning everything. However he was not at all interested in learning English.

Dalong went to primary school at the age of six. From primary school to middle school, he had good test scores in all basic courses such as mathematics, music, painting, history, sports and so on. But Dalong didn't like English course. The English teacher was very strict, and if he wrote anything wrong, the teacher would criticize him. Dalong's favorite subject was physical training, particularly football. The teacher often praised him and encouraged him. So, he went to play football whenever he had time.

Dalong is now at grade two in high school and next year he will graduate. In order to improve his test score of English, Mrs. Liu has hired a private tutor. The tutor is very experienced and patient. But no matter how well the tutor teaches, Dalong learns nothing. All in his mind is about football. In fact, Dalong doesn't want to go to university but to be a football player.

Mr. Liu and Mrs. Liu do not give consent to this idea. They have thought for long and cannot understand why Dalong hates English so much. Similarly Dalong has thought for long and cannot understand why his parents insist that he must go to college instead of letting him be a football player. He wrote in his diary: "I do not want to let my parents down, and I do not want to give up my ambition either. What can I do?" He has no solution.

新词语 New Words

1	家教	jiājiào	n.	private turor
2	成绩	chéngjì	n.	(of test) result, score
3	考	kǎo	v.	to take a test
4	将来	jiānglái	n.	future
5	同意	tóngyì	v.	to agree, to consent
6	自由	zìyóu	adj./n.	free; freedom
7	商量	shāngliang	v.	to discuss
8	高中	gāozhōng	n.	high school
9	分	fēn	n.	(of test result) score
10	肯定	kěndìng	adv./adj.	certainly; certain
11	理想	lǐxiǎng	n.	ambition, ideal

12	运动员	yùndòngyuán	n.	sportsman
13	校长	xiàozhǎng	n.	schoolmaster
14	支持	zhīchí	v.	to support
15	笨	bèn	adj.	stupid
16	重视	zhòngshì	v.	to attach importance to
17	教育	jiàoyù	n./v.	education; to educate
18	未	wèi	adv.	not yet
19	出生	chūshēng	v.	to be born
20	正确	zhèngquè	adj.	correct
21	幼儿园	yòu'éryuán	n.	kindergarten
	幼儿	yòu'ér	n.	young child
22	活泼	huópō	adj.	lively
23	初中	chūzhōng	n.	middle school
	初	chū	n.	beginning
24	门	mén	m.w.	*measure word for subjects at school*
25	基础	jīchǔ	n.	basis, foundation
26	数学	shùxué	n.	mathematics
27	美术	měishù	n.	arts, painting
28	批评	pīpíng	v.	to criticize
29	表扬	biǎoyáng	v.	to praise
30	鼓励	gǔlì	v.	to encourage
31	年级	niánjí	n.	grade (at school)
32	毕业	bì yè		to graduate
33	耐心	nàixīn	adj./n.	patient; patience
34	实际上	shíjì shang		in fact
35	日记	rìjì	n.	diary

36	失望	shīwàng	*v./adj.*	to lose hope; disappointed
37	放弃	fàngqì	*v.*	to give up
38	答案	dá'àn	*n.*	answer, solution

词语与句子结构 *Words and Sentence Structures*

1. 再……也……

"再……也……"表示不论程度多深,结果都不变。

"再……也……" structure indicates that no matter how the degree is, there comes the same result anyway.

| (1) | 家教 | 再 | 贵,我 | 也 | 要请。 | I'll hire a private tutor despite the high cost. |
| (2) | 老师讲得 | 再 | 好,他 | 也 | 听不进去。 | He cannot learn anything despite the good lecture. |

2. A 关系到 B

"A 关系到 B"说明 A(前者)和 B(后者)有联系,其中 A 非常重要,以至于对 B 有很大的影响。

In "A 关系到 B" sentence structure, A (the former) and B (the latter) are related, in which A is so important that it affects B to a great extent.

| (1) | 学英语 | 关系到 | 孩子的将来。 | Learning English (is so important that it) influences the future of the child. |
| (2) | 这个药 | 关系到 | 病人的生命。 | This medicine (is so important that it) affects the life of the patient. |

3. 这样一来,……

"这样一来"后面的句子说明由前句提及的事件所产生的结果。

"这样一来" is followed by a sentence which indicates the result of the event mentioned previously.

(1)	(周末老师来教英语)	这样一来,	他就不能玩儿了。
	(The teacher comes to teach English at the weekend.) As a result, he will not have fun.
(2)	(英语成绩提高了)	这样一来,	他就有可能考上大学了。
	(English test score is improved.) As a result, he may pass the entrance exam.

4. "就"表示强调

"就"位于动词之前可表示对强调、加强肯定。"就"字重读。

"就", which is placed before a verb, may stress on the verbal action. It is pronounced with a stress.

(1)	他	就	想当足球运动员。	He just wants to be a football player.
(2)	孩子	就	应该听父母的。	Children should just obey their parents.

5. "是"表示强调

在谓语(形容词、名词或动词)之前可以用"是"强调情况是确实的。"是"字重读。

"是" is placed before predicate (adjectives, nouns or verbs) of a sentence to make confirmation, in which "是" is pronounced with a stress.

(1)	他不感兴趣	是	学不好。	He will certainly not learn well if he is not interested.
(2)	当足球运动员	是	不错。	Surely it is good to be a football player.

词组的构成1 (联合词组)
The Formation of Phrases 1 (the Coordinative Phrase)

汉语中词与词按照一定的语法关系组合成词组。两个或两个以上的同类词性的词(名词、代词、动词、形容词)可以组合成联合词组。词和词之间可以直接组合,也可以用连词或顿号连接,表示并列、选择、递进等关系,例如"活泼聪明""唱歌、跳舞""老师或校长""研究并解决"等。

Phrases are formed by grammatically related words. Two or more words with the same part of speech (nouns and nouns, pronouns and pronouns, verbs and verbs, adjectives and adjectives) can be combined into coordinative phrases. These words can be combined directly, and can also be connected by conjunctions or pause mark indicating coordinative, alternative or progressive meanings, e.g. "活泼聪明""唱歌、跳舞""老师或校长""研究并解决", etc.

N+N	老师+校长→老师校长	老师和校长(老师、校长),老师或校长
Adj.+Adj.	活泼+聪明→活泼聪明	活泼和聪明(活泼、聪明),活泼或聪明,又活泼又聪明
V+V	唱歌+跳舞→唱歌跳舞	唱歌和跳舞(唱歌、跳舞),唱歌或跳舞,又唱歌又跳舞
Pron.+Pron.	你+我→你我①	你和我(你、我),你或我

① Except "你我", other personal pronouns are formed into phrases by linking word "和". It is wrong to say "他我".

望子成龙 Having a great ambition for one's child

> **练习** *Exercises*

1. 课文问答练习 Questions and answers on the text

（一）

（1）为什么许多父母给孩子请家教？
Wèi shénme xǔduō fùmǔ gěi háizi qǐng jiājiào?

（2）请家教一小时多少钱？
Qǐng jiājiào yì xiǎoshí duōshao qián?

（3）父母认为什么是孩子的"将来"？
Fùmǔ rènwéi shénme shì háizi de "jiānglái"?

（4）孩子为什么不同意请家教？
Háizi wèi shénme bù tóngyì qǐng jiājiào?

（5）为什么有些父母不和孩子商量？
Wèi shénme yǒuxiē fùmǔ bù hé háizi shāngliang?

（6）那个同学的英语成绩怎么样？为什么？
Nà ge tóngxué de Yīngyǔ chéngjì zěnmeyàng? Wèi shénme?

（7）那个同学的理想是什么？
Nà ge tóngxué de lǐxiǎng shì shénme?

（8）林达觉得当足球运动员怎么样？
Líndá juéde dāng zúqiú yùndòngyuán zěnmeyàng?

（9）父母、老师、校长支持他吗？
Fùmǔ、lǎoshī、xiàozhǎng zhīchí tā ma?

（10）林达为什么为他高兴？
Líndá wèi shénme wèi tā gāoxìng?

（二）

（1）刘先生和刘太太对孩子有什么希望？
Liú xiānsheng hé Liú tàitai duì háizi yǒu shénme xīwàng?

（2）大龙是什么时候开始"学"外语的？
Dàlóng shì shénme shíhou kāishǐ "xué" wàiyǔ de?

（3）大龙在幼儿园做什么？
Dàlóng zài yòu'éryuán zuò shénme?

(4) 老师说大龙是一个什么样的孩子?
Lǎoshī shuō Dàlóng shì yí ge shénme yàng de háizi?

(5) 大龙从小学到初中有什么课?他的成绩怎么样?
Dàlóng cóng xiǎoxué dào chūzhōng yǒu shénme kè? Tā de chéngjì zěnmeyàng?

(6) 英语老师怎么样?
Yīngyǔ lǎoshī zěnmeyàng?

(7) 大龙最喜欢什么课?为什么?
Dàlóng zuì xǐhuan shénme kè? Wèi shénme?

(8) 大龙什么时候高中毕业?
Dàlóng shénme shíhou gāozhōng bì yè?

(9) 刘太太为什么给他请了家教?老师怎么样?
Liú tàitai wèi shénme gěi tā qǐng le jiājiào? Lǎoshī zěnmeyàng?

(10) 大龙的烦恼是什么?
Dàlóng de fánnǎo shì shénme?

2. 按照例句造句并朗读
Make sentences according to the example and read aloud

E.g. 他不知道。   他是不知道。(是)

(1) 踢足球有意思。 _____。(是)
Tī zúqiú yǒu yìsi.

(2) 父母不同意。 _____。(就)
Fùmǔ bù tóngyì.

(3) 学习英语很重要。 _____。(是)
Xuéxí Yīngyǔ hěn zhòngyào.

(4) 幼儿园在学校旁边。 _____。(就)
Yòu'éryuán zài xuéxiào pángbiān.

(5) 这个教育方法不正确。 _____。(是)
Zhè ge jiàoyù fāngfǎ bú zhèngquè.

(6) 孩子应该听父母的。 _____。(就)
Háizi yīnggāi tīng fùmǔ de.

3. 按照例句改写下面的句子
Rewrite the sentences according to the example

> E.g. 家教很贵。　　　（请）　家教再贵我也要请。
> 　　老师讲得很好。（听）　老师讲得再好我也不想听。

（1）汉字很难。　　　　（学）　_____。
　　Hànzì hěn nán.

（2）词典很贵。　　　　（买）　_____。
　　Cídiǎn hěn guì.

（3）这个中药很苦。　　（吃）　_____。
　　Zhè ge zhōngyào hěn kǔ.

（4）这个考试很难。　　（考）　_____。
　　Zhè ge kǎoshì hěn nán.

（5）这门课很有意思。　（学）　_____。
　　Zhè mén kè hěn yǒu yìsi.

（6）这条裙子很漂亮。　（买）　_____。
　　Zhè tiáo qúnzi hěn piàoliang.

4. 根据句子的意思，画线连接A栏和B栏相应的句子
Match the sentences in Group A with those in Group B according to the meanings

A　　　　　　　　　　　　　　　　B

（1）他的英语成绩提高了，　　a　这样一来，他学得越来越好了。
　　Tā de Yīngyǔ chéngjì tígāo le,　　　zhèyàng yì lái, tā xué de yuè lái yuè hǎo le.

（2）他对这门课感兴趣了，　　b　这样一来，很多女人都穿旗袍了。
　　Tā duì zhè mén kè gǎn xìngqù le,　　zhèyàng yì lái, hěn duō nǚrén dōu chuān qípáo le.

（3）穿旗袍使人漂亮，　　　　c　这样一来，学生学习更努力了。
　　Chuān qípáo shǐ rén piàoliang,　　　zhèyàng yì lái, xuésheng xuéxí gèng nǔlì le.

（4）周末他得学习数学，　　　d　这样一来，就可能考上大学了。
　　Zhōumò tā děi xuéxí shùxué,　　　　zhèyàng yì lái, jiù kěnéng kǎo shàng dàxué le.

（5）老师常常鼓励学生，　　　e　这样一来，他就没时间踢足球了。
　　Lǎoshī chángcháng gǔlì xuésheng,　　zhèyàng yì lái, tā jiù méi shíjiān tī zúqiú le.

5. 根据例句做会话　Make dialogues according to the example

> E.g. 学习英语，找一个好工作。
> → A：学习英语很重要吗？
> 　　B：很重要，学习英语关系到找一个好工作。

（1）英语 成绩，考 大学
　　　Yīngyǔ chéngjì, kǎo dàxué

（2）上 大学，孩子的将来
　　　shàng dàxué, háizi de jiānglái

（3）这件事，实现我的理想
　　　zhè jiàn shì, shíxiàn wǒ de lǐxiǎng

（4）运动，身体 健康
　　　yùndòng, shēntǐ jiànkāng

（5）这个手术，病人的 生命
　　　zhè ge shǒushù, bìngrén de shēngmìng

（6）保护森林，保护地球的 环境
　　　bǎohù sēnlín, bǎohù dìqiú de huánjìng

6. 用下面的汉字填空　Fill in the blanks with the given characters

（A）	成	门	量	幼	家	将	由	同	育	一
	chéng	mén	liàng	yòu	jiā	jiāng	yóu	tóng	yù	yī

父母们都望子1_____龙，他们用各种教2_____方法使孩子聪明。在3_____儿园孩子就要学习一4_____外语，据说，这样孩子5_____来外语好。一些父母不和孩子商6_____，不管孩子是不是7_____意，就自己请一位8_____教周末来上课。这样9_____来，孩子们的自10_____时间就少了。

（B）	高	上	数	考	理	毕	育	绩	秀	实
	gāo	shàng	shù	kǎo	lǐ	bì	yù	jì	xiù	shí

大龙现在1_____中二年级，很快就要2_____业了。父母让他3_____大学，因此他要提高成4_____。大龙的历史课和5_____学课都不错，体6_____课的成绩是优7_____。但是他可能考不8_____大学，因为英语不好。9_____际上，他不想上大学，他的10_____想是当足球运动员。

7. 找出同义词/近义词　Find out the synonyms

肯定	表扬	基础	正确	有空儿
kěndìng	biǎoyáng	jīchǔ	zhèngquè	yǒu kòngr
有时间	对	一定	鼓励	基本
yǒu shíjiān	duì	yídìng	gǔlì	jīběn

8. 用所给的词语填空　Fill in the blanks with the given words

篮球网球	跳舞唱歌	活泼聪明	汉语英语	高,大	我,他
lánqiú wǎngqiú	tiào wǔ chàng gē	huópō cōngming	Hànyǔ Yīngyǔ	gāo, dà	wǒ, tā

（1）他是一个_____的孩子。
（2）他_____说得都很好。
（3）_____他打得都不错。
（4）他长得又_____又_____。
（5）_____和_____都不是学生。
（6）他对_____都感兴趣。

9. 根据所听到的回答问题
Answer the questions according to the recording

(1) 孩子上学以后，父母最关心什么？
(2) 父母怎么提高孩子的学习成绩？
(3) 孩子们为什么不喜欢家教？
(4) 父母认为上高中的孩子应该做什么？
(5) 孩子们希望父母做什么？

10. 课堂活动　Classroom activities

比较你的高中和大龙的高中
Compare Dalong's high school with your high school

	大龙的高中	你的高中
学校有什么课？ 你最喜欢哪门课？为什么？ 你最不喜欢哪门课？为什么？		

(续表)

	大龙的高中	你的高中
老师严格吗？		
学生们都准备考大学吗？		
上大学的考试很难吗？		
英语成绩很重要吗？		
父母一定让孩子考大学吗？		
父母给孩子请家教吗？		
其他		

作业 Homework

1. 用所给的词把下面的句子翻译成汉语
Translate the sentences into Chinese by using the given words

(1) Her parents don't approve her marriage with that man.　　同意

(2) How do you educate your children?　　教育

(3) When do you graduate?　　毕业

(4) I want to discuss this matter with you.　　商量

(5) Don't criticize him.　　批评

(6) If you encourage kids, they learn better.　　鼓励

2. 写作练习 (400 个汉字)　　Writing exercise (400 characters)

续写课文 Continue to write

大龙不想让父母失望，可是他不想放弃自己的理想……

第7课 Lesson 7

我的大学生活
Wǒ de dàxué shēnghuó
My university life

课文 Text

(一)

小文： 马可，你在北京留过学，当时你住在哪儿？
　　　Mǎkě, nǐ zài Běijīng liú guo xué, dāngshí nǐ zhù zài nǎr?

马可： 我住在留学生宿舍楼，里面住的都是外国人。
　　　Wǒ zhù zài liúxuéshēng sùshè lóu, lǐmian zhù de dōu shì wàiguó rén.

小文： 你们宿舍的条件怎么样？
　　　Nǐmen sùshè de tiáojiàn zěnmeyàng?

马可： 不错，两个人一个房间，学校提供床、书桌和柜子。
　　　Búcuò, liǎng ge rén yí ge fángjiān, xuéxiào tígōng chuáng、shūzhuō hé guìzi.

小文： 你适应那个环境吗？
　　　Nǐ shìyìng nà ge huánjìng ma?

马可： 开始有点儿不适应，特别是天气热的时候。
　　　Kāishǐ yǒu diǎnr bú shìyìng, tèbié shì tiānqì rè de shíhou.

小文： 宿舍里应该有空调吧？
　　　Sùshè li yīnggāi yǒu kōngtiáo ba?

马可： 有是有，但有时候会停电，不过，幸亏我们都有扇子。
　　　Yǒu shì yǒu, dàn yǒushíhou huì tíng diàn, búguò, xìngkuī wǒmen dōu yǒu shànzi.

小文： 你去过中国学生宿舍吗？
　　　Nǐ qù guo Zhōngguó xuéshēng sùshè ma?

马可: 去过。他们四个人住一个房间,挺挤的。
Qù guo. Tāmen sì ge rén zhù yí ge fángjiān, tǐng jǐ de.

小文: 那是本科生。硕士研究生两个人住一间,
Nà shì běnkē shēng. Shuòshì yánjiūshēng liǎng ge rén zhù yì jiān,

博士生一个人住一间。
bóshì shēng yí ge rén zhù yì jiān.

马可: 那我们留学生都是研究生了。
Nà wǒmen liúxuéshēng dōu shì yánjiūshēng le.

小文: 与你们相比,他们宿舍的条件是差一些。
Yǔ nǐmen xiāng bǐ, tāmen sùshè de tiáojiàn shì chà yìxiē.

马可: 差是差一些,但是对于我来说,和他们住在一起
Chà shì chà yìxiē, dànshì duìyú wǒ lái shuō, hé tāmen zhù zài yìqǐ

更有意思。
gèng yǒu yìsi.

小文: 是啊,留学生是去学汉语的,应该和中国学生
Shì a, liú xuéshēng shì qù xué Hànyǔ de, yīnggāi hé Zhōngguó xuésheng

多交流。
duō jiāoliú.

马可: 所以我常和他们一起去酒吧"交流"。
Suǒyǐ wǒ cháng hé tāmen yìqǐ qù jiǔbā "jiāoliú".

小文: 你通过喝酒、聊天儿了解了不少中国文化吧?
Nǐ tōngguò hē jiǔ、liáo tiānr liǎojiě le bù shǎo Zhōngguó wénhuà ba?

马可: 是啊,我还练习了口语。你没听说过吗?喝得越
Shì a, wǒ hái liànxí le kǒuyǔ. Nǐ méi tīngshuō guo ma? Hē de yuè

多,说得越多。
duō, shuō de yuè duō.

小文: 你们聊什么?
Nǐmén liáo shénme?

马可: 我忘了，但是他们常对我说的一个句子，我记住了。
Wǒ wàng le, dànshì tāmen cháng duì wǒ shuō de yí ge jùzi, wǒ jìzhù le.

小文: 什么句子？
Shénme jùzi?

马可: 有朋自远方来，不亦乐乎？①
Yǒu péng zì yuǎnfāng lái, bù yì lè hū?

(二)

李老师：
今天，我们请刘小文同学来简单介绍一下中国
Jīntiān, wǒmen qǐng Liú Xiǎowén tóngxué lái jiǎndān jièshào yíxià Zhōngguó
大学生的学习和生活。大家鼓掌欢迎。
dàxuéshēng de xuéxí he shēnghuó. Dàjiā gǔ zhǎng huānyíng.

刘小文：
大家好！很高兴有机会来给大家介绍一下中国
Dàjiā hǎo! Hěn gāoxìng yǒu jīhuì lái gěi dàjiā jièshào yíxià Zhōngguó
大学生的学习和生活情况。
dàxuéshēng de xuéxí hé shēnghuó qíngkuàng.
可以说，中国的大学差不多都有校园，有的校园
Kěyǐ shuō, Zhōngguó de dàxué chàbuduō dōu yǒu xiàoyuán, yǒude xiàoyuán
就像花园一样，有小山或小湖。不过学生宿舍不如
jiù xiàng huāyuán yíyàng, yǒu xiǎo shān huò xiǎo hú. Búguò xuéshēng sùshè bùrú
校园那么漂亮，住的条件不太好。通常本科生四个人
xiàoyuán nàme piàoliang, zhù de tiáojiàn bú tài hǎo. Tōngcháng běnkē shēng sì ge rén
住一个宿舍，硕士研究生两个人住一间，博士生一个人
zhù yí ge sùshè, shuòshì yánjiūshēng liǎng ge rén zhù yì jiān, bóshì shēng yí ge rén
住一间。与欧洲的大学相比，中国大学对学生生活的
zhù yì jiān. Yǔ Ōuzhōu de dàxué xiāngbǐ, Zhōngguó dàxué duì xuéshēng shēnghuó de
管理比较严格，例如，学校规定，晚上十一点以前学生要
guǎnlǐ bǐjiào yángé, lìrú, xuéxiào guīdìng, wǎnshang shí yī diǎn yǐqián xuéshēng yào
按时回到宿舍。这样做一方面是为了学生的安全，另一
ànshí huí dào sùshè. Zhèyàng zuò yì fāngmiàn shì wèile xuéshēng de ānquán, lìng yì

方面也是为了让学生晚上好好儿休息,保证第二天正常上课。

在中国的大学,通常本科生学习四年,学满学分并通过考试才可以毕业。如果考上硕士,再学两年或者三年。如果硕士毕业以后考上博士,再学三年或者四年。学生必须在规定的时间内毕业。当然,如果有特别的原因,学生可以推迟毕业。一般来说,学生们对学习的态度都很认真,也很努力。很多人周末也不休息,却去图书馆看书。考试前,学生们常常"加班",谁都想考一个好成绩。所以几乎所有的学生都能顺利毕业,拿到毕业证书。

从2005年以后,大学有了新的规定,大学生可以结婚了。但是在大学里结婚并不普遍。一是学习很忙,学生们没有时间结婚;二是学生们在经济上没有能力;三是多数父母反对孩子上大学时结婚。当然,很多学生上大学时会谈恋爱,大多数人都有男朋友或者女朋友。

我的大学生活 My University life

大学的学费通常是由父母来付,大学越好,学费越高。
Dàxué de xuéfèi tōngcháng shì yóu fùmǔ lái fù, dàxué yuè hǎo, xuéfèi yuè gāo.

近年来,学费和生活费越来越高,很多学生只好周末
Jìn nián lái, xuéfèi hé shēnghuó fèi yuè lái yuè gāo, hěn duō xuéshēng zhǐhǎo zhōumò

打工来付生活费。有的学生连暑假、寒假也得打工。
dǎ gōng lái fù shēnghuó fèi. Yǒude xuéshēng lián shǔjià、hánjià yě děi dǎ gōng.

好,今天我就介绍到这儿。谢谢大家!
Hǎo, jīntiān wǒ jiù jièshào dào zhèr. Xièxie dàjiā!

(1)

Xiaowen: Mark, you studied in Beijing and where did you stay at that time?

Mark: I stayed in the dormitory building for foreign students, all of us are foreigners.

Xiaowen: How is the condition of your dormitory?

Mark: Two people share one room and the school provides bed, desk and cupboard.

Xiaowen: Did you adapt yourself to the living environment?

Mark: At the beginning I didn't, especially the hot weather.

Xiaowen: There should be air-conditioner in the dormitory.

Mark: Yes, there is indeed, but sometimes there was power-cut. Fortunately everyone had a fan.

Xiaowen: Did you ever visit Chinese students' dormitories?

Mark: I did. Four of them share one room, rather crowded.

Xiaowen: For undergraduates, yes. For graduate students, two share one room and doctorate students have their own rooms.

Mark: Then all of foreign students are graduate students.

Xiaowen: Compared with your dormitories, their dormitories are in poorer conditions.

Mark: Surely yes, but to me living with them is more interesting.

Xiaowen: Oh yes. Foreign students go to China to study Chinese and they should communicate with local students more often.

Mark: So, we often went to "communicate" in the bar.

Xiaowen: By drinking and chatting you must have learnt quite a lot of Chinese culture.

Mark: Yes, and I practised spoken Chinese, too. Haven't you heard that the more one drinks, the more one talks?

Xiaowen: What did you chat about?

Mark: I forgot. But I remember a sentence which they often said to me.

Xiaowen: What sentence?

Mark: Isn't it pleasant to have friends coming from afar?

(2)
Teacher Li:

Today, we ask our classmate Liu Xiaowen to tell us briefly about studies and life of Chinese college students. Let's welcome her with applause.

Liu Xiaowen:

Hello, everybody! I am happy to have this opportunity to talk about studies and life of Chinese college students.

It can be said that almost all the universities in China have campus and some look like gardens with a hill or a lake. However, student dormitories are not as beautiful as campus and living conditions are not very good. Usually for undergraduates, four students share one room, for graduate students, two share one room and doctorate students have their own rooms. Compared with European universities, Chinese universities have more strict rules to supervise students' life on campus. For example, schools stipulate that students must be back to their dormitories before 23:00. It is because that on the one hand this regulation ensures the safety of students; on the other hand it makes students to have a good rest at night so as to ensure normal studies the next day.

Usually undergraduate studies take four years in universities in China and students graduate after they obtain all the credits and pass all the exams. If they are admitted to study for master's degree, they will study for additional two or three years. If students are admitted to study for Ph.D. after the master degree, they will study for additional three or four years. Students must graduate within the scheduled time. Of course, students can postpone the graduation due to special reasons. Generally speaking,

我的大学生活 My University life

students' attitude to studies is serious and they study very hard. Many of them do not take rest over weekends but go to libraries to read. Before exams, students often "work overtime" because everyone wants to get good result. Therefore, almost all the students can graduate successfully and obtain the graduation certificate.

From 2005 onwards, universities have a new regulation, which permits students to get married. However, getting married in university is not common. First, students are too busy with their studies. Secondly they are economically incapable to do so. Thirdly, the majority of parents oppose a marriage in college. Of course, a lot of students in universities can fall in love and most of them have boyfriends or girlfriends.

University tuition is usually paid by parents. The better universities are, the higher the tuition is. In recent years, tuition and living expenses are getting higher and higher so that many students have to do part-time work at weekends to pay the cost of living. Some students even work part time during summer and winter holidays.

All right, that is all for my talk today. Thank you!

新词语 New Words

1	条件	tiáojiàn	n.	condition
2	提供	tígōng	v.	to provide
3	适应	shìyìng	v.	to adapt
4	空调	kōngtiáo	n.	air conditioner
5	扇子	shànzi	n.	fan (*traditional Chinese fan*)
6	挤	jǐ	adj.	crowded
7	本科	běnkē	n.	undergraduate
8	硕士	shuòshì	n.	master (*academic degree*)
9	研究生	yánjiūshēng	n.	graduate student
10	博士	bóshì	n.	doctor (*academic degree*)
11	与	yǔ	prep.	and
12	相	xiāng	adv.	each other

13	差	chà	adj.	poor, bad
14	通过	tōngguò	prep. / v.	by means of; to pass (exam)
15	鼓掌	gǔ zhǎng		to clap hands, to applaud
16	情况	qíngkuàng	n.	situation, information
17	校园	xiàoyuán	n.	campus
18	不如	bùrú	v.	to be not as good as
19	通常	tōngcháng	adv.	usually
20	管理	guǎnlǐ	v.	to administrate, to manage
21	规定	guīdìng	v./n.	to regulate; regulation
22	按时	ànshí	adv.	on schedule, in time
23	安全	ānquán	adj.	safe
24	保证	bǎozhèng	v.	to ensure
25	学分	xuéfēn	n.	credit
26	内	nèi	n.	inside
27	推迟	tuīchí	v.	to postpone
28	态度	tàidù	n.	attitude
29	顺利	shùnlì	adj.	successfully, smoothly
30	证书	zhèngshū	n.	certificate
31	普遍	pǔbiàn	adj.	common, universal
32	反对	fǎnduì	v.	to oppose
33	谈	tán	v.	to talk about
34	费	fèi	n.	fee
35	打工	dǎ gōng		to do part time work
36	寒假	hánjià	n.	winter holiday

注释 NOTES

① 有朋自远方来，不亦乐乎？: This is one of the sayings of Confucius, which means "Isn't it pleasant to have friends coming from afar?"

词语与句子结构 Words and Sentence Structures

1. V/Adj.是V/Adj., ……

"是"前后有相同的动词、形容词或名词以表示确认，后一分句常有"但是/可是/不过/就是"等表示转折的词语。这个句子结构说明姑且承认某种事实，但仍有其他情况。

Verbs, nouns and adjectives can be repeated with "是" in between to indicate confirmation and the sentence is followed by "但是/可是/不过/就是" clause to imply some degree of reservation. The structure indicates that although it is admitted that the fact is true, there are other circumstances.

(1)	空调 有 是 有 ，但有时会停电。	Surely there is air-conditioner, but sometimes power cut occurred.
(2)	条件 差 是 差 ，但是没关系。	Surely the condition is poor, but it doesn't matter.

2. (A) 与B相比, ……

"(A) 与B相比, ……"这个比较句式的前一分句说明A与B进行比较(A常省略)，后一分句说明比较的结果。

In this comparative sentence, the former clause indicates that A is compared with B, in which "A" is often omitted. The following clause indicates the result of the comparison.

(那所大学) 与 这所大学 相比， 那所大学更有名。
Compared with this university, that one is more famous.

3. (A)越……, (B)越……

在" (A)越……, (B)越……"句式中，前一个"越"表示情况的变化，后一个"越"表示因前一个变化引起的另一个变化。

In the structure " (A)越……, (B)越……", the first "越" indicates the change of a situation, while the second "越" indicates the change of another situation because of the first one.

(1)	喝得 越 多,说得 越 多。	The more one drinks, the more one talks.
(2)	大学 越 好,学费 越 高。	The better the university is, the more expensive the tuition is.

4. 来（二）

"来"习惯上用在动词前面，表示某人要做某件事。

"来" can be placed before a verb to idiomatically indicate that someone is going to do something.

| (1) | 请她 | 来 | 介绍一下。 | Ask her to give an introduction. |
| (2) | 学费是父母 | 来 | 付。 | Parents will pay tuition. |

5. A 不如/没有 B ……

在比较句中，"不如"和"没有"都表示否定，说明比较句中的A不如B的程度，而B处于有利情况，如例句(1)；如果B处于不利情况，则用"没有"，如例句(2)。

As a negative form in comparative sentences "不如" and "没有" are used interchangeably to indicate that A is not at the same degree as B, while B is in a favorable situation, e.g. (1). However, "没有" can also be used in the case where B is in an unfavorable situation, e.g.(2).

	A		B
(1)	学生宿舍	不如/没有	校园那么漂亮。
	Students' dormitories are not as beautiful as the campus.		
(2)	这个大学的学费	没有	那个大学的贵。
	The tuition of this university is not as expensive as that university.		

词组的构成2（偏正词组）
The Formation of Phrases 2 (the Endocentric Phrase)

在词组的构成中，第一个词修饰限制第二个词，组合成偏正词组，其中第二个词是语义重点，例如"学生宿舍、简单介绍"等；词和词之间也可用"的"或"地"连接，例如"古老的大学、高兴地说"等。

In the formation of phrases, the first word modifies and restricts the second one and they are combined to form an endocentric phrase, in which the second word is the semantic focus, e.g. "学生宿舍、简单介绍", etc. The words in the phrase can also be linked by "的"or"地", e.g. "古老的大学、高兴地说",etc.

学生+宿舍→ 学生宿舍	简单+介绍→ 简单介绍
你+家→ 你家	四个+人→ 四个人
很+严格→ 很严格	优秀+教师→优秀教师
古老+大学→ 古老的大学	高兴+说→ 高兴地说

练习 Exercises

1. 课文问答练习　Questions and answers on the text

（一）

（1）马可在北京留学时住在哪儿？
　　　Mǎkě zài Běijīng liú xué shí zhù zài nǎr?

（2）他的宿舍条件怎么样？
　　　Tā de sùshè tiáojiàn zěnmeyàng?

（3）他对什么不适应？
　　　Tā duì shénme bù shìyìng?

（4）宿舍里有空调为什么还那么热？
　　　Sùshè li yǒu kōngtiáo wèi shénme hái nàme rè?

（5）本科生几个人住一个宿舍？
　　　Běnkē shēng jǐ ge rén zhù yí ge sùshè?

（6）硕士生几个人住一个宿舍？博士生呢？
　　　Shuòshì shēng jǐ ge rén zhù yí ge sùshè? Bóshì shēng ne?

（7）中国学生的宿舍条件怎么样？
　　　Zhōngguó xuéshēng de sùshè tiáojiàn zěnmeyàng?

（8）马可为什么愿意住在中国学生宿舍？
　　　Mǎkě wèi shénme yuànyì zhù zài Zhōngguó xuéshēng sùshè?

（9）马可去哪儿和中国学生交流？
　　　Mǎkě qù nǎr hé Zhōngguó xuéshēng jiāoliú?

（10）中国学生常对马可说什么？
　　　Zhōngguó xuéshēng cháng duì Mǎkě shuō shénme?

（二）

（1）中国大学的校园怎么样？
　　　Zhōngguó dàxué de xiàoyuán zěnmeyàng?

（2）中国大学的学生宿舍怎么样？
　　　Zhōngguó dàxué de xuéshēng sùshè zěnmeyàng?

（3）中国大学对学生生活有什么规定？
　　　Zhōngguó dàxué duì xuéshēng shēnghuó yǒu shénme guīdìng?

(4) 为什么有这个规定?
Wèi shénme yǒu zhè ge guīdìng?

(5) 本科生学习几年?
Běnkē shēng xuéxí jǐ nián?

(6) 硕士生呢?博士生呢?
Shuòshì shēng ne? Bóshì shēng ne?

(7) 有特别的原因不能按时毕业,他们怎么办?
Yǒu tèbié de yuányīn bù néng ànshí bì yè, tāmen zěnme bàn?

(8) 学生们的学习态度怎么样?
Xuéshēng men de xuéxí tàidù zěnmeyàng?

(9) 谁来付学费?
Shéi lái fù xuéfèi?

(10) 为什么大学生结婚不普遍?
Wèi shénme dàxuéshēng jié hūn bù pǔbiàn?

2. 按照例句造句　Make sentences according to the example

> E.g. 这个学校,那个学校,好　(不如)
> 这个学校不如/没有那个学校好。
> 这个学校,那个学校,差　(没有)
> 这个学校没有那个学校那么差。

(1) 这个校园,那个校园,漂亮　　　　　　　　(不如)
Zhè ge xiàoyuán, nà ge xiàoyuán, piàoliang

_____。

(2) 这个学校的学费,那个学校的,贵　　　　　(没有)
Zhè ge xuéxiào de xuéfèi, nà ge xuéxiào de, guì

_____。

(3) 这个房间的空调,那个房间的,好　　　　　(不如)
Zhè ge fángjiān de kōngtiáo, nà ge fángjiān de, hǎo

_____。

我的大学生活 My University life

（4）本科生宿舍,硕士生宿舍,条件好　　　　　　　　（不如）
　　　Běnkē shēng sùshè, shuòshì shēng sùshè, tiáojiàn hǎo

（5）英语老师,汉语老师,严格　　　　　　　　　　　（不如）
　　　Yīngyǔ lǎoshī, Hànyǔ lǎoshī, yángé

　　　_____。

（6）李太太,李先生,忙　　　　　　　　　　　　　　（没有）
　　　Lǐ tàitai, Lǐ xiānsheng, máng

　　　_____。

3. 按照例句改写下面的句子
Rewrite the sentences according to the example

> E.g. 硕士生比本科生结婚的人多。
> 　　　与本科生相比,硕士生结婚的人比较多。

（1）女生宿舍比男生宿舍大。
　　　Nǚshēng sùshè bǐ nánshēng sùshè dà.

（2）留学生宿舍比中国学生宿舍条件好。
　　　Liúxuéshēng sùshè bǐ Zhōngguó xuéshēng sùshè tiáojiàn hǎo.

（3）北京大学比广州大学学费更贵。
　　　Běijīng Dàxué bǐ Guǎngzhōu Dàxué xuéfèi gèng guì.

（4）大学的数学课比中学的数学课有意思。
　　　Dàxué de shùxué kè bǐ zhōngxué de shùxué kè yǒu yìsi.

（5）欧洲大学生比中国大学生学习时间长。
　　　Ōuzhōu dàxuéshēng bǐ Zhōngguó dàxuéshēng xuéxí shíjiān cháng.

（6）这所大学的校园比那所大学的校园漂亮。
　　　Zhè suǒ dàxué de xiàoyuán bǐ nà suǒ dàxué de xiàoyuán piàoliang.

4. 根据句子的意思，画线连接A栏和B栏相应的句子
Match the sentences in Group A with those in Group B according to the meanings

A

(1) 学校 越好，
Xuéxiào yuè hǎo,

(2) 空调 越大，
kōngtiáo yuè dà,

(3) 学生 越感兴趣，
Xuéshēng yuè gǎn xìngqù,

(4) 老师越严格，
Lǎoshī yuè yángé,

(5) 他喝得越多，
Tā hē de yuè duō,

B

a 说得越流利。
shuō de yuè liúlì.

b 学生 越努力。
xuéshēng yuè nǔlì.

c 学费越高。
xuéfèi yuè gāo.

d 房间里越凉快。
fángjiān li yuè liángkuài.

e 学得越快，学得越好。
xué de yuè kuài, xué de yuè hǎo.

5. 根据例句完成下面的会话
Complete the dialogues according to the example

> E.g. A：谁付学费？（父母） B：父母来付学费。

(1) A：今天 晚上 谁 做饭？（我） B：_____。
Jīntiān wǎnshang shéi zuò fàn?

(2) A：谁 给 学生 考试？（老师） B：_____。
Shéi gěi xuéshēng kǎoshì?

(3) A：谁 给 校长 打 电话？（你） B：_____。
Shéi gěi xiàozhǎng dǎ diànhuà?

(4) A：谁 写 申请信？（学生自己） B：_____。
Shéi xiě shēnqǐng xìn?

(5) A：谁 给病人 打 针？（医生） B：_____。
Shéi gěi bìngrén dǎ zhēn?

(6) A：请 谁介绍 中国 的大学？（一位中国学生）
Qǐng shéi jièshào Zhōngguó de dàxué?

B：_____。

6. 用下面的汉字填空　Fill in the blanks with the given characters

（A）	园	与	理	条	安	规	按	供	证	相
	yuán	yǔ	lǐ	tiáo	ān	guī	àn	gōng	zhèng	xiāng

这个大学校 1_____ 很漂亮，学习 2_____ 件很好，也给学生提 3_____ 宿舍。学校对学生的管 4_____ 很严格，有很多 5_____ 定，例如，学生得 6_____ 时回学校。这样是为了 7_____ 全，也为了保 8_____ 他们更好地上课。9_____ 别的一些大学 10_____ 比，这个大学非常严格。

（B）	本	费	通	博	毕	分	常	士	工	内
	běn	fèi	tōng	bó	bì	fēn	cháng	shì	gōng	nèi

在这个大学，1_____ 科生学习四年，2 学_____ 都学满了，考试都 3_____ 过了，就可以 4_____ 业了。如果考上硕 5_____ ，再学两年，考上 6_____ 士，再学四年。通 7_____ 学生们住在学校 8_____ 。但是为了付生活 9_____ ，他们也得出去打 10_____ 。

7. 找出同义词/近义词　Find out the synonyms

与	内	适应	差	谈
yǔ	nèi	shìyìng	chà	tán
说	坏	里	和	习惯
shuō	huài	lǐ	hé	xíguàn

8. 用所给的词语填空　Fill in the blanks with the given words

生活费	宿舍楼	简单介绍	特别，原因	高兴，说	研究生
shēnghuó fèi	sùshè lóu	jiǎndān jièshào	tèbié, yuányīn	gāoxìng, shuō	yánjiūshēng

（1）_____在校园里。

(2) 他正在大学读_____。
(3) 他_____地_____："你好！"
(4) 我来_____一下我的大学。
(5) 学生有_____的_____，可以推迟毕业。
(6) 现在，_____越来越高。

9. 根据所听到的内容回答问题
Answer the questions according to the recording

(1) 这所大学怎么样？
(2) 学生宿舍的条件怎么样？
(3) 小王什么时候毕业？
(4) 她为什么不打算考研究生？
(5) 她毕业以后打算做什么？

10. 课堂活动　Classroom activities

比较你的大学和中国大学(课文里提到的)

Compare your university with the Chinese university (mentioned in the text)

	一个中国大学	你的大学
有一个漂亮的校园吗？		
有学生宿舍吗？在哪儿？		
几个人住一个宿舍？		
本科生学习几年？		
硕士生学习几年？		
博士生学习几年？		
不能按时毕业怎么办？		
晚上11点以前要回宿舍吗？		
学生们通常努力学习吗？		
学生们常常"加班"吗？		

(续表)

	一个中国大学	你的大学
学生们上大学时结婚吗？		
父母同意孩子上大学时结婚吗？		
有学费吗？学费贵吗？		
谁付学费？		
学生们打工吗？		

作业 Homework

1. 用所给的词把下面的句子翻译成汉语
Translate the sentences into Chinese by using the given words

(1) He's improved his listening ability by watching Chinese films.　　通过

(2) Did you pass the exam?　　通过

(3) Students must hand in their homework in time.　　按时

(4) Many college students work part time during winter vacation.　　打工

(5) Does this university provide dormitory to teachers?　　提供

2. 写作练习 (300 个汉字)　Writing exercise (300 characters)

讲演稿：我的大学　　A Speech: My University

第8课 Lesson 8

互联网 上 的爱情故事
Hùliánwǎng shang de àiqíng gùshi

Love story on internet

课文 Text

（一）

小文： 这是你的笔记本电脑吗？真 好看！
　　　Zhè shì nǐ de bǐjìběn diànnǎo ma? Zhēn hǎo kàn!

大阳： 你看看，确实不错。我 上 个星期 刚刚 买的，在
　　　Nǐ kàn kan, quèshí bú cuò. Wǒ shàng ge xīngqī gānggāng mǎi de, zài

　　　网 上买的。
　　　wǎng shang mǎi de.

小文： 现在很多 网站 都 卖电脑。网 上 卖的比商店 卖
　　　Xiànzài hěn duō wǎngzhàn dōu mài diànnǎo. Wǎng shang mài de bǐ shāngdiàn mài

　　　的便宜 吗？
　　　de piányi ma?

大阳： 对，比商店便宜，并且不用 花 时间 去 逛 商店了。
　　　Duì, bǐ shāngdiàn piányi, bìngqiě búyòng huā shíjiān qù guàng shāngdiàn le.

小文： 上 个星期 我为了买一本书，逛了好几个书店也
　　　Shàng ge xīngqī wǒ wèile mǎi yì běn shū, guàng le hǎojǐ ge shūdiàn yě

　　　没买着。
　　　méi mǎi zháo.

大阳： 在 网 上几分钟就能 找 到你想 要的书。
　　　Zài wǎng shang jǐ fēnzhōng jiù néng zhǎo dào nǐ xiǎng yào de shū.

小文： 是啊，在网 上 购物非常 省 时间。你在 网 上
　　　Shì a, zài wǎng shang gòu wù fēicháng shěng shíjiān. Nǐ zài wǎng shang

还买过什么？
hái mǎi guo shénme?

大阳: 买电脑之前，我买过衣服、书，还买过一块手表呢。
Mǎi diànnǎo zhīqián, wǒ mǎi guo yīfu、shū, hái mǎi guo yí kuài shǒubiǎo ne.

小文: 在网上购物安全不安全？
Zài wǎng shang gòu wù ānquán bu ānquán?

大阳: 要看什么网站。我只在自己信任的网站购物。
Yào kàn shénme wǎngzhàn. Wǒ zhǐ zài zìjǐ xìnrèn de wǎngzhàn gòu wù.

小文: 在网上你怎么付账？
Zài wǎng shang nǐ zěnme fù zhàng?

大阳: 我用信用卡，当然，你也可以用网上银行。
Wǒ yòng xìnyòngkǎ, dāngrán, nǐ yě kěyi yòng wǎng shàng yínháng.

小文: 可是，我听说在网上用信用卡付账不安全。
Kěshì, wǒ tīngshuō zài wǎng shang yòng xìnyòngkǎ fù zhàng bù ānquán.

大阳: 信用卡都有密码，是比较安全的。
Xìnyòngkǎ dōu yǒu mìmǎ, shì bǐjiào ānquán de.

小文: 安全就好。东西买了之后，你去取还是网站送来？
Ānquán jiù hǎo. Dōngxi mǎi le zhīhòu, nǐ qù qǔ háishi wǎngzhàn sòng lai?

大阳: 网站会把东西送来或者寄来，并且免费。
Wǎngzhàn huì bǎ dōngxi sòng lai huòzhě jì lai, bìngqiě miǎnfèi.

小文: 看来，网上购物的好处是不少，又省时间又省钱。
Kànlái, wǎng shang gòu wù de hǎochù shì bù shǎo, yòu shěng shíjiān yòu shěng qián.

大阳: 不过，我也要提醒你，网站有时候也出错。
Búguò, wǒ yě yào tíxǐng nǐ, wǎngzhàn yǒushíhou yě chū cuò.

小文: 出什么错?
Chū shénme cuò?

大阳: 有一次我在网上买了一条牛仔裤。一天之后
Yǒu yí cì wǒ zài wǎng shang mǎi le yì tiáo niúzǎi kù. Yì tiān zhīhòu

他们送来了一个盒子。
tāmen sòng lai le yí ge hézi.

小文: 牛仔裤怎么样?
Niúzǎi kù zěnme yàng?

大阳: 我打开盒子,里面有两条牛仔裤!
Wǒ dǎ kāi hézi, lǐmian yǒu liǎng tiáo niúzǎi kù!

小文: 那不错啊!你能把这个网站推荐给我吗?
Nà búcuò a! Nǐ néng bǎ zhè ge wǎngzhàn tuījiàn gěi wǒ ma?

我也想试试。
Wǒ yě xiǎng shì shi.

(二)

现在,人们的生活离不开互联网。从日常生活的
Xiànzài, rénmen de shēnghuó lí bu kāi hùliánwǎng. Cóng rìcháng shēnghuó de

购物、看新闻、听音乐、看天气预报,到买房子、买车、订飞机
gòu wù, kàn xīnwén, tīng yīnyuè, kàn tiānqì yùbào, dào mǎi fángzi, mǎi chē, dìng fēijī

票,我们都可以在网上进行。许多年轻人甚至在网
piào, wǒmen dōu kěyǐ zài wǎng shang jìnxíng. Xǔduō niánqīng rén shènzhì zài wǎng

上找到了自己爱的人。
shang zhǎo dào le zìjǐ ài de rén.

王丽和她的丈夫就是通过互联网认识的。王丽是一
Wáng Lì hé tā de zhàngfu jiù shì tōngguò hùliánwǎng rènshi de. Wáng Lì shì yí

个害羞的人,一和陌生人说话就紧张。别人给她介绍
ge hàixiū de rén, yì hé mòshēng rén shuōhuà jiù jǐnzhāng. Biérén gěi tā jièshào

了好几个男朋友,都不行。后来王丽发现在网上聊天儿
le hǎo jǐ ge nánpéngyou, dōu bù xíng. Hòulái Wáng Lì fāxiàn zài wǎng shang liáo tiānr

互联网上的爱情故事 Love story on internet

比较轻松,因为看不见人,所以她不太紧张。有一次,她在聊天网站上看到一个英语名字"Good man(好男人)"。她一看到这个名字就笑了,因为她在网上的名字是"Bad girl(坏女孩儿)"。于是,"好男人"和"坏女孩儿"开始在网上聊天儿,他们谈爱好、谈生活、谈工作,几乎什么都谈。慢慢地,他们的感情越来越深,谁也离不开谁了。

经过几个月的网上恋爱之后,"好男人"要求和王丽见面,但是王丽没有同意。她怕一见面她就紧张。另外,她知道,在网上大家都会用假名。她想,这个"好男人"真是一个好人吗?万一他是一个坏男人呢?如果真是那样,她一定会很伤心的。她爱现在这个网上的"好男人",她不想破坏这个美好的印象。

于是,他们继续网恋。又经过了几个月的网恋之后,"好男人"在网上向王丽求婚,问王丽愿意不愿意和他结婚。王丽非常想答应他。可是结婚是大事,他们还没有见过面呢。两个人不见面怎么能结婚呢?看来,不见面不

行了。在一个星期天早上，王丽终于看见了生活中的
xíng le. Zài yí ge xīngqītiān zǎoshang, Wáng Lì zhōngyú kànjiàn le shēnghuó zhōng de

"好男人"。幸运的是，他和她想象的一样好。
"hǎo nánrén".   Xìngyùn de shì, tā hé tā xiǎngxiàng de yíyàng hǎo.

现在，"好男人"和"坏女孩儿"幸福地生活在一起。
Xiànzài, "hǎo nánrén" hé "huài nǚháir" xìngfú de shēnghuó zài yìqǐ.

朋友们都说，没有互联网就没有他们的爱情故事。感谢
Péngyǒu men dōu shuō, méiyǒu hùliánwǎng jiù méiyǒu tāmen de àiqíng gùshì. Gǎnxiè

互联网让他们相遇、相知与相爱。
hùliánwǎng ràng tāmen xiāng yù、xiāngzhī yǔ xiāng ài.

(1)

Xiaowen: Is this your laptop? It's so nice!

Dayang: Take a look. It's fantastic indeed! I just bought it last week. I did it online.

Xiaowen: Many websites are now selling computers. Is online sale cheaper than in stores?

Dayang: Yes, it is cheaper and you don't need to spend time wandering about in stores.

Xiaowen: Last week I went to several bookstores but could not get the book I need.

Dayang: On Internet you will find out the book you want in a few minutes.

Xiaowen: Yes, shopping online saves a lot of time. What else have you brought online?

Dayang: Before buying this laptop, I had also brought clothes and books and a watch as well.

Xiaowen: Is online shopping safe?

Dayang: It depends on the website. I only purchase from the website I trust.

Xiaowen: How do you pay the bill online?

Dayang: I use my credit card. Of course, you can also use online banking.

Xiaowen: But I heard paying bills with credit cards online is not very safe.

Dayang: All credit cards have pin codes. It's quite safe.

Xiaowen:	That's fine. After shopping online, do you go to collect it or it is delivered?
Dayang:	They send it or post it and it is free of charge.
Xiaowen:	It seems that there are a lot of benefits in online shopping. It saves time and money.
Dayang:	However, I'd like to remind you that websites can make mistakes.
Xiaowen:	What mistake?
Dayang:	Once I ordered a pair of jeans from a website. One day later they sent me a box.
Xiaowen:	How was the jeans?
Dayang:	When I opened the box, there were two pairs of jeans inside!
Xiaowen:	It is not bad. Can you recommend this website to me? I want to have a try.

(2)

Nowadays, people cannot live without internet. From the daily life of shopping, watching news, listening to music, watching weather forecast to buying a house or a car and booking plane ticket, we do all these on Internet. Many young people have even found their true love from Internet.

Wang Li and her husband just met via internet. Wang Li is a shy person and she gets nervous whenever talking to strangers. She was introduced to date with several boys but with no success. Later, Wang Li found online chat quite relaxing, because she did not see people, so she was not very nervous. On one occasion, she saw an English name "Good man" in a chat site. She couldn't help laughing when she saw the name, because her online name is "Bad girl". Then a "Good man" and a "Bad girl" started chatting online. They talked about hobbies and life as well as work, almost everything. Slowly, their feelings for each other got deeper and deeper and they couldn't live without each other.

After a few months of online love, "Good man" asked to meet Wang Li, but Wang Li did not agree. She was afraid that she would be nervous in the meeting. In addition, she knew that everyone would use pseudo name on Internet. She thought: "Is this 'Good man' really a good person? What if he is in case a bad man?" If that is the case, she will be very sad. She loved this online "Good man" and she didn't want to destroy her good impression.

So they continued to be in love online. After a few more months of online love, "Good man" proposed to Wang Li and he asked if Wang Li was willing to marry him. Wang Li wanted to accept his proposal very much. However, getting married was a serious matter. So far they had not seen each other yet. How could they get married without seeing each other? It seemed it would not do without the meeting. On a Sunday morning, Wang Li finally saw the real "Good man". Fortunately, the man was as good as she had imagined.

Now, the "Good man" and the "Bad girl" live happily together. Their friends say that without Internet their love story wouldn't exist. Thanks to Internet, they got to know, to understand and fall in love with each other.

新词语 New Words

1	互联网	hùliánwǎng	n.	internet
2	笔记本	bǐjìběn	n.	notebook
3	确实	quèshí	adv.	indeed
4	刚刚	gānggāng	adv.	just now
5	逛	guàng	v.	to wander about (*in shop, park, street, city, etc.*)
6	购物	gòu wù		to do shopping
7	省	shěng	v.	to save (*time, money, etc.*)
8	之前	zhīqián	n.	before
9	块	kuài	m.w.	*measure word for objects in the shape of cubes*
10	手表	shǒubiǎo	n.	watch
11	信任	xìnrèn	v.	to trust
12	付账	fù zhàng		to pay a bill
13	信用卡	xìnyòngkǎ	n.	credit card
14	密码	mìmǎ	n.	pin code

15	之后	zhīhòu	n.	after
16	寄	jì	v.	to post
17	免费	miǎn fèi		to be free of charge
18	提醒	tíxǐng	v.	to remind
19	推荐	tuījiàn	v.	to recommend
20	日常	rìcháng	adj.	daily
21	预报	yùbào	n./v.	forecast; to forecast
22	进行	jìnxíng	v.	to conduct, to carry on
23	甚至	shènzhì	adv.	even
24	害羞	hàixiū	adj.	shy
25	陌生	mòshēng	adj.	strange
26	紧张	jǐnzhāng	adj.	nervous
27	轻松	qīngsōng	adj.	relaxed
28	感情	gǎnqíng	n.	emotional feeling
29	经过	jīngguò	v.	to undergo
30	要求	yāoqiú	v./n.	to demand; demand
31	假	jiǎ	adj.	fake
32	万一	wànyī	adv.	in case
33	伤心	shāngxīn	adj.	sad
34	求婚	qiú hūn		to propose marriage
35	愿意	yuànyì	aux.v.	to be willing
36	答应	dāyìng	v.	to agree
37	幸运	xìngyùn	adj.	lucky
38	感谢	gǎnxiè	v.	to thank

词语与句子结构　Words and Sentence Structures

1. "……之前"与"……之后"

"之前"与"之后"的前面可以是表示时间或时段的词语,见例句(1)(2),或表示动作的词语,见例句(3)(4),表示在某个时间或动作的前面或后面。

"之前"and"之后", which are preceded by words indicating time, e.g. (1)(2), or by words indicating actions, e.g. (3)(4), means to be before or after some time or some actions.

(1)	一天	之前	,他们送来了一个盒子。	One day ago, they sent over a big box.
(2)	一天	之后	,他们送来了一个盒子。	One day later, they sent over a big box.
(3)	买电脑	之前	,他还买过衣服。	Before buying the laptop, he had also bought clothes.
(4)	买了电脑	之后	,他又买了别的东西。	After buying the laptop, he has bought other things.

2. A 离不开 B

"A 离不开 B"表示在 A 与 B 的关系中,B 非常重要,A 依靠 B。

"A 离不开 B" indicates that in the A and B relation, B is so important that A depends on it.

| (1) | 她 | 离不开 | 他。 | She cannot do without him. |
| (2) | 人们 | 离不开 | 互联网。 | People cannot do without Internet. |

3. 双重否定　Double negation

在一个句子里用两次否定的形式来强调肯定。否定词"不"或"没有"可同时出现在一个句子里,构成"不……不……""没有……没有……""不……没有……""没有……不……"等双重否定的格式。

Double negation is used in a sentence to emphasize on the affirmation. Negation words "不"or"没有" can appear consecutively to form structures of double negation, such as "不……不……""没有……没有……""不……没有……""没有……不……", etc.

(1)	不	见面	不	行。	It will not do without seeing each other.
(2)	没有	互联网,就	没有	他们的爱情。	Their love would not exist without Internet.
(3)	不	工作 就	没有	钱。	One has no money without going to work.
(4)	没有	密码 就	不	能用信用卡。	One cannot use credit card without pin code.

4. 表示强调方式的小结　A brief summary of emphatic expressions

(1)	疑问代词	Using interrogative pronouns
	谁也离不开谁。	They cannot separate from each other.
	他们不见面怎么结婚呢？	He cannot get married without meeting each other.
(2)	"是……的"	Using "是……的"
	信用卡是比较安全的。	Credit card is really quite safe.
(3)	"连……也/都"	Using "连……也/都"
	他连尝也/都没尝过奶酪。	He hasn't even tasted cheese.
(4)	双重否定	Using double negation
	没有互联网，就没有他们的爱情。	Their love story wouldn't exist without Internet.
(5)	"是"	Using "是"
	网上购物的好处是不少。	Online shopping does have advantages.
(6)	"就"	Using "就"
	他们就是在网上认识的。	They just met online.

词组的构成3（动宾词组）
The Formation of Phrases 3 (the Verb-Object Phrase)

在词组的构成中，词与词可以组合成动宾词组，第一个词是动词，第二个词是动词的宾语。例如"看新闻、听音乐"等。

In the formation of phrases, words can be combined to form a verb-object phrase, in which the first word is a verb and the second one is the verb's object, e.g. "看新闻、听音乐", etc.

看＋新闻→ 看新闻	听＋音乐→ 听音乐

练习　Exercises

1. 课文问答练习　Questions and answers on the text

（一）

（1）大阳 的 笔记本 电脑 是 在 哪儿 买 的？
　　　Dàyáng de bǐjìběn diànnǎo shì zài nǎr mǎi de?

（2）大阳 的 笔记本 电脑 是 什么 时候 买 的？
　　　Dàyáng de bǐjìběn diànnǎo shì shénme shíhou mǎi de?

（3）网上卖的东西比商店卖的便宜吗？
Wǎng shang mài de dōngxi bǐ shāngdiàn mài de piányi ma?

（4）除了电脑，大阳在网上还买过什么东西？
Chúle diànnǎo, Dàyáng zài wǎng shang hái mǎi guo shénme dōngxi?

（5）在网上购物安全吗？
Zài wǎng shang gòu wù ānquán ma?

（6）在网上购物怎么付账？
Zài wǎng shang gòu wù zěnme fù zhàng?

（7）为什么用信用卡比较安全？
Wèi shénme yòng xìnyòngkǎ bǐjiào ānquán?

（8）网站把东西送来还是自己去取？
Wǎngzhàn bǎ dōngxi sòng lai, háishi zìjǐ qù qǔ?

（9）在网上购物有什么好处？
Zài wǎng shang gòu wù yǒu shénme hǎochù?

（10）网站出了什么错？
Wǎngzhàn chū le shénme cuò?

（二）

（1）现在，人们在网上可以干什么？
Xiànzài, rénmen zài wǎng shang kěyǐ gàn shénme?

（2）王丽和她丈夫是在哪儿认识的？
Wáng Lì hé tā zhàngfu shì zài nǎr rènshi de?

（3）王丽是一个什么样的人？
Wáng Lì shì yí ge shénme yàng de rén?

（4）王丽在网上聊天儿为什么不紧张？
Wáng Lì zài wǎng shang liáo tiānr wèi shénme bù jǐnzhāng?

（5）她在网上的名字是什么？
Tā zài wǎng shang de míngzi shì shénme?

（6）她在网上的男朋友叫什么名字？
Tā zài wǎng shang de nánpéngyou jiào shénme míngzi?

（7）在网上大家的名字都是真的吗？
Zài wǎng shang dàjiā de míngzi dōu shì zhēn de ma?

（8）她为什么不想和"好男人"见面？
　　　Tā wèi shénme bù xiǎng hé "hǎo nánrén" jiàn miàn?

（9）她为什么终于和"好男人"见面了？
　　　Tā wèi shénme zhōngyú hé "hǎo nánrén" jiàn miàn le?

（10）现在他们生活得怎么样？
　　　Xiànzài tāmen shēnghuó de zěnmeyàng?

2. 按照例句造句　Make sentences according to the example

> E.g. 见面，结婚
> <u>他们不见面就不能结婚</u>。(不，不)
> 互联网，爱情故事
> <u>没有互联网就没有这个爱情故事</u>。(没有，没有)

（1）爱情，幸福　　　　　　　　　　(没有，没有)
　　　àiqíng, xìngfú

_____

（2）毕业，结婚　　　　　　　　　　(不，不)
　　　bì yè, jié hūn

_____

（3）信任，是朋友　　　　　　　　　(没有，不)
　　　xìnrèn, shì péngyou

_____

（4）密码，用信用卡　　　　　　　　(没有，不)
　　　mìmǎ, yòng xìnyòngkǎ

_____

（5）信用卡，在网上付账　　　　　　(没有，不)
　　　xìnyòngkǎ, zài wǎng shang fù zhàng

_____

（6）大家的帮助，做完这个工作　　　(没有，不)
　　　dàjiā de bāngzhù, zuò wán zhè ge gōngzuò

_____

3. 用所给的词填空　Fill in the blanks with the given words

连	谁	是	就	的	也	是	哪
lián	shéi	shì	jiù	de	yě	shì	nǎ

(1) 他＿＿＿绿茶＿＿＿没有喝过。
　　Tā　　　　lǜchá　　　méiyǒu hē guo.

(2) 我只懂一点儿，＿＿＿是专家啊？
　　Wǒ zhǐ dǒng yìdiǎnr,　　shì zhuānjiā a?

(3) 使用信用卡＿＿＿要密码＿＿＿。
　　Shǐyòng xìnyòngkǎ,　　yào mìmǎ.

(4) 现代社会＿＿＿没有手机？
　　Xiàndài shèhuì,　　méiyǒu shǒujī?

(5) 他＿＿＿是她爱的那个人。
　　Tā　　shì tā ài de nà ge rén.

(6) 网上购物＿＿＿有很多好处。
　　Wǎng shàng gòu wù　　yǒu hěn duō hǎochù.

4. 按照例句回答问题
Answer the questions according to the example

> E.g. A: 他们什么时候送来？
> 　　B: 一天之后。(one day later)

(1) 你们什么时候结婚？　　＿＿＿＿＿。(one year later)
　　Nǐmen shénmen shíhou jié hūn?

(2) 你们什么时候付账？　　＿＿＿＿＿。(one week later)
　　Nǐmen shénmen shíhou fù zhàng?

(3) 你们什么时候回来？　　＿＿＿＿＿。(after June)
　　Nǐmen shénmen shíhou huílai?

(4) 你们什么时候考试？　　＿＿＿＿＿。(after we finish Lesson 5)
　　Nǐmen shénmen shíhou kǎoshì?

（5）你们 什么 时候 毕业？　　　　＿＿＿＿＿＿。(three years later)
　　　Nǐmen shénmen shíhou bì yè?

（6）你们 什么 时候 去旅行？　　　＿＿＿＿＿＿。(one month later)
　　　Nǐmen shénmen shíhou qù lǚxíng?

5. 根据句子的意思，画线连接A栏和B栏相应的句子
Match the sentences in Group A with those in Group B according to the meanings

A　　　　　　　　　　　　　　　B

（1）孩子　　　　　　　　　　　a　离不开饺子。
　　　Háizi　　　　　　　　　　　　 lí bu kāi jiǎozi.

（2）现代 生活　　　　　　　　b　离不开 阳光 和水。
　　　Xiàndài shēnghuó　　　　　　 lí bu kāi yángguāng hé shuǐ.

（3）中国人 过春节，　　　　　c　离不开医院。
　　　Zhōngguórén guò Chūnjié,　　　lí bu kāi yīyuàn.

（4）人的 生命，　　　　　　　d　离不开电脑。
　　　Rén de shēngmìng,　　　　　　 lí bu kāi diànnǎo.

（5）他 常常 生病，　　　　　　e　离不开妈妈。
　　　Tā chángcháng shēng bìng,　　　lí bu kāi māma.

6. 用下面的汉字填空　Fill in the blanks with the given characters

(A)	互	羞	购	恋	紧	预	离	松	甚	幸
	hù	xiū	gòu	liàn	jǐn	yù	lí	sōng	shèn	xìng

人们在1＿＿＿联网上看天气2＿＿＿报、看新闻、听音乐、3＿＿＿物，日常生活已经4＿＿＿不开网了。年轻人5＿＿＿至在网上进行6＿＿＿爱。对于一些害7＿＿＿的人来说，在网上不8＿＿＿张，可以比较轻9＿＿＿地聊天儿，要是10＿＿＿运的话，还能找到真爱。

（B） 省　安　账　且　之　密　逛　信　醒　免
　　　shěng　ān　zhàng　qiě　zhī　mì　guàng　xìn　xǐng　miǎn

网上购物可以1_____不少时间，不必2_____很多商店，并3_____还可以得到4_____费送来的东西。购物5_____后要在网上付6_____，得用银行卡或7_____用卡。因为卡上都有8_____码，所以比较9_____全。但是也要提10_____大家，最好使用自己信任的网站。

7. 找出反义词　Find out the antonyms

之前　　　拒绝　　　好处　　　陌生　　　安全
zhīqián　　jùjué　　hǎochù　　mòshēng　ānquán

坏处　　　熟悉　　　之后　　　危险　　　答应
huàichù　　shúxī　　zhīhòu　　wēixiǎn　dāyìng

8. 用下面的词语来填空　Fill in the blanks with the given phrases

认识朋友　　　订，飞机票　　　省　时间　　　信任，网站
rènshi péngyou　dìng, fēijī piào　shěng shíjiān　xìnrèn, wǎngzhàn

逛　商店　　　用　信用卡
guàng shāngdiàn　yòng xìnyòngkǎ

(1) _____是网上购物的好处。
(2) 他特别喜欢_____。
(3) _____需要密码。
(4) 人们在网上聊天儿是为了_____。
(5) 他只在自己_____的_____上买东西。
(6) 我_____的_____是去北京的。

9. 根据所听到的内容回答问题
Answer the questions according to the recording

(1) 人们可以在网上做什么？
(2) 为什么有人喜欢在网上谈恋爱？

(3) 人们在网上谈恋爱都是认真的吗？
(4) 为什么在网恋中人们用假名字？
(5) 网恋的人为什么不见面？

10. 课堂活动　Classroom activities

说说网上购物的好处和问题

Talk about advantages and disadvantages of online shopping

好处	问题
(1)	(1)
(2)	(2)
(3)	(3)
(4)	(4)

作业　Homework

1. 用所给的词把下面的句子翻译成汉语
Translate the sentences into Chinese by using the given words

(1) I've just bought a laptop.　　　　　　　　　　　　刚刚
(2) After being in love for a year, they got married.　　经过
(3) Online shopping saves both time and money.　　　　省
(4) Some people even hold a wedding on Internet.　　　甚至
(5) In case you forget your pin code, you can ask your bank.　万一

2. 写作练习 (400个汉字)　Writing exercise (400 characters)

我看互联网　My Opinion on Internet

第9课 Lesson 9

找一个适合自己的工作
Zhǎo yí ge shìhé zìjǐ de gōngzuò

Find a job that suits you

课文 Text

（一）

林达： 我们快要毕业了，你对找工作有什么打算？
Wǒmen kuài yào bì yè le, nǐ duì zhǎo gōngzuò yǒu shénme dǎsuàn?

大阳： 这是一个"很好"的问题，但是很难回答。
Zhè shì yí ge "hěn hǎo" de wèntí, dànshì hěn nán huídá.

林达： 是啊，现在找工作竞争极其厉害。
Shì a, xiànzài zhǎo gōngzuò jìngzhēng jíqí lìhài.

大阳： 有的公司招聘一个人，有十几个人来应聘。
Yǒude gōngsī zhāopìn yí ge rén, yǒu shí jǐ ge rén lái yìngpìn.

林达： 我看，你英语说得那么流利，回中国当个导游吧。
Wǒ kàn, nǐ Yīngyǔ shuō de nàme liúlì, huí Zhōngguó dāng ge dǎoyóu ba.

大阳： 我对这个工作不太感兴趣。
Wǒ duì zhè ge gōngzuò bú tài gǎn xìngqù.

林达： 那就当个记者，怎么样？
Nà jiù dāng ge jìzhě, zěnmeyàng?

大阳： 那个工作有意思是有意思，但是收入比较低。
Nà ge gōngzuò yǒu yìsi shì yǒu yìsi, dànshì shōurù bǐjiào dī.

林达： 现在什么职业收入比较高呢？
Xiànzài shénme zhíyè shōurù bǐjiào gāo ne?

大阳： 律师的收入比较高，可惜我不是学法律的。
Lǜshī de shōurù bǐjiào gāo, kěxī wǒ bú shì xué fǎlǜ de.

林达： 在我看来，自己喜欢的工作就是好工作。
Zài wǒ kàn lái, zìjǐ xǐhuan de gōngzuò jiù shì hǎo gōngzuò.

大阳： 另外，也要考虑工作是否适合自己。

林达： 我同意你说的，每个人都有自己的优点和缺点。

大阳： 你认为我的优点是什么？

林达： 我觉得你很热情，总是愿意和别人交流、帮助别人。

大阳： 谢谢。那我的缺点是什么？

林达： 这个……算了吧，我不说了。

大阳： 你快说吧！

林达： 你的缺点是……

大阳： 到底是什么？请你快说啊！

林达： 你的"缺点"是，你的脾气太急了！

(二)

虽然大阳还没有毕业，但是他已经在考虑找工作的问题了。首先，他要想清楚自己到底喜欢什么样的工作。其次，要考虑这样的工作是否好找。还有，工作的收入也是不能不考虑的。

今年夏天，他就要开始毕业之前的实习了。为了找一个合适的实习公司，他认真地写了一份简历。大阳认为，在二十一世纪的现代社会，计算机技术是工作中不可缺少的。不管你做什么工作，都离不开计算机技术。另外，在他看来，会说汉语也是一个长处。随着中国经济的高速发展，不少公司开始和中国做生意了，需要会说汉语的人。所以，大阳在简历中特别提到，自己的长处是计算机技术比较好，而且会说汉语。他把简历发到了十几个公司。最后，一个广告公司通知他，让他去那儿实习两个月。

这是一个大广告公司，工作很忙，大阳经常加班。几个星期之后，大阳对公司的工作有了一些了解。于是，老板给了大阳一个任务，让他用汉语设计一个广告，内容是在中国市场卖雨伞。这个广告要在电视节目中间出现，因此时间只有一分钟。这是大阳的第一个工作，他一定要努力，只能成功，不能失败！

最后，在大阳自己的努力和同事们的帮助下，他
Zuìhòu, zài Dàyáng zìjǐ de nǔlì hé tóngshìmen de bāngzhù xià, tā
完成了这个广告设计。广告非常成功！实习结束的
wánchéng le zhè ge guǎnggào shèjì. Guǎnggào fēicháng chénggōng! Shíxí jiéshù de
时候，老板对他说："欢迎你毕业之后来我们公司工作。"
shíhou, lǎobǎn duì tā shuō: "Huānyíng nǐ bì yè zhīhòu lái wǒmen gōngsī gōngzuò."

(1)

Linda: We are about to graduate, do you have any plans about looking for a job?

Dayang: This is a good question, but it is really difficult to answer.

Linda: Now the competition for a job is extremely furious.

Dayang: Some company recuits one person, more than ten would come for the vacancy.

Linda: I think you can go back to China to work as a tour guide with your fluent English.

Dayang: I am not very interested in that job.

Linda: Then how about working as a journalist?

Dayang: This job is by all means interesting, but the pay is quite low.

Linda: Nowadays what kind of job is well paid?

Dayang: The pay for lawyer is quite high, but unfortunately I'm not specialized in law.

Linda: In my opinion, the job you like is a good job.

Dayang: In addition, you need also consider if the work suits you.

Linda: I agree with you. Everyone has his own strong points and shortcomings.

Dayang: What is my strong point, do you think?

Linda: I think you are very enthusiastic and always willing to communicate with others and help them.

Dayang: Thank you. What about my shortcoming?

Linda: Ah..., forget about it. I don't want to mention it.

Dayang: Please say it right now!

Linda: Your shortcoming is ....

Dayang: What is it after all? Say it, please.

Linda: Your "shortcoming" is that you have a hot temper.

(2)

    Dayang has not graduated yet, but he has started to think of looking for a job. First, he has to think clearly what kind of job he really likes. Then, he needs to consider if it is easy to find such a job. Furthermore, he has also to think whether the pay is good.

    This summer, he would begin an internship before his graduation. In order to find a suitable internship unit, he seriously prepared a résumé. Dayang thinks that in the modern society of the 21st century, computer technology is indispensable. No matter what you do, you cannot do it without computer technology. In addition, he believes it is an advantage for those who can speak Chinese. Along with the rapid development of Chinese economy, quite a few companies have started trade with China and they need people who can speak Chinese. Therefore, in his resume, Dayang particularly mentioned that his advantage is that he has good computer skill and speaks Chinese. He circulated his resume to a dozen of companies. Finally, an Ad company informed him and offered him two-month internship.

    It is a big advertising company and Dayang was very busy and often worked overtime. Several weeks later, Dayang knew better about the work. The boss gave Dayang a task asking him to design an advertisement in Chinese to promote the sale of umbrella in Chinese market. Because this advertisement was to be shown on TV program, so it could only last one minute. As it was his first work, Dayang must make great effort. He must succeed and could not fail.

    Finally, with his own effort as well as the help of his colleagues, Dayang completed the advertisement design, which was very successful. At the end of the internship, the boss said to him: "You are welcome to join the company after your graduation".

新词语 New Words

1	适合	shìhé	v.	to suit
2	竞争	jìngzhēng	v.	to compete
3	极其	jíqí	adv.	extremely
4	招聘	zhāopìn	v.	to recruit
5	应聘	yìngpìn	v.	to come for vacancy
6	导游	dǎoyóu	n.	tour guide
7	记者	jìzhě	n.	journalist
8	收入	shōurù	n.	income
9	低	dī	adj.	low
10	职业	zhíyè	n.	profession
11	律师	lǜshī	n.	lawyer
12	可惜	kěxī	adj.	unfortunately
13	法律	fǎlǜ	n.	law
14	是否	shìfǒu	adv.	whether or not
15	优点	yōudiǎn	n.	merit, strong point
16	缺点	quēdiǎn	n.	demerit, weak point
17	到底	dàodǐ	adv.	ever, after all
18	脾气	píqì	n.	temper
19	实习	shíxí	v.	to practise internship
20	份	fèn	m.w.	*measure word for document*
21	简历	jiǎnlì	n.	curriculum vitae, résumé
22	世纪	shìjì	n.	century
23	计算机	jìsuànjī	n.	computer
24	缺少	quēshǎo	v.	to lack, to be short of
25	长处	chángchù	n.	advantage
26	随着	suízhe	prep.	along with, following

27	经济	jīngjì	n.	economy
28	生意	shēngyi	n.	business
29	广告	guǎnggào	n.	advertisement
30	通知	tōngzhī	v./n.	to inform; notice
31	任务	rènwù	n.	task
32	设计	shèjì	v./n.	to design; design
33	内容	nèiróng	n.	content
34	雨伞	yǔsǎn	n.	umbrella
35	节目	jiémù	n.	program
36	成功	chénggōng	v./adj.	to succeed; successful
37	失败	shībài	v./adj.	to fail; failed
38	完成	wánchéng	v.	to complete

词语与句子结构 Words and Sentence Structures

1. 插入语 Insertion

插入语，如"在我看来，……"，在句子中是一个特殊的成分，它与句中其他成分(主语、谓语、宾语等)没有结构上的关系。插入语可出现在句首或句中，表达各种不同的意思。下表是一些常用的插入语。

An insertion is a special element of a sentence, e.g. "在我看来，……". It is not structurally related to any other parts (subject, verb, object, etc.) of the sentence. It often appears at the beginning or in the middle of the sentence to express various meanings. See the following chart for some of commonly used insertion.

			Functions of insertion
(1)	在我看来，	自己喜欢的工作就是好工作。	subjective point of view
(2)	幸运的是，	她找到了一个好男人。	explanation
(3)	一般来说，	中国人的姓是一个汉字。	general statement
(3)	据说，	中国人的姓有几千个。	source of information
(4)	你看，	我昨天刚买的电脑。	to call attention
(5)	女孩儿名字里常有"小"字，	比如说，"小文""小美"等。	illustration

2. 是否

"是否"可以放在动词或形容词之前,表示选择。与"V+不V, Adj.+不Adj. (喝不喝咖啡,好不好)"这样的句式相比,"是否"常用于书面语,不常用在日常口语里。

"是否" can be placed before verbs or adjectives to indicate alternatives. Compared with structures of "V+不V, Adj.+不Adj." e.g. 喝不喝咖啡,好不好, which also indicates alternatives, "是否" is more frequently used in written language than in everyday spoken language.

(1)	工作	是否	适合自己很重要。	Whether you like the job or not is important.
(2)	收入	是否	高也要考虑。	Whether the income is high or not should be considered.

3. 随着……,……

"随着……,……"表示事物的发展,其后的分句所提及的是由此发展引出的结果。"随着"之后的结构常是由"N+的+V"构成的定中短语,例如"随着经济的发展"等。

"随着……,……" indicates the development of things, and the consequences mentioned in the following clause. What after "随着" is usually attributive structure of "N+的+V", e.g. "随着经济的发展", etc.

随着 中国经济的发展,不少公司开始和中国做生意了。
As Chinese economy develops, many companies have started doing business with China.

4. 在……下,……

"在……下"介词短语表示某种条件或情况,其后的句子表示在此条件或情况下产生的结果。"在……下"短语中,中间多是由"N/pron.+的+V"构成的定中短语,例如"他的努力""老师的帮助"等。

"在……下" prepositional phrase indicates certain conditions or situations and it is followed by a sentence indicating a result due to the conditions or situations mentioned before. In "在……下", there is usually attributive structure of "N/pron.+的+V" phrase, e.g. "他的努力""老师的帮助", etc.

(1)	在	大阳的努力	下,	广告设计出来了。	With Dayang's effort, the design was completed.
(2)	在	同事的帮助	下,	他成功了。	With the help of the colleagues, he succeeded.

词组的构成 4（补充词组）
The Formation of Phrases 4 (the Complementary Phrase)

在词组的构成中，词与词可以组合成补充词组，其中第一个词是动词或形容词，第二个词是补充说明成分，例如"想清楚""高一些"等。一些补充词组需用"得"来连接动词、形容词和补充成分，例如"说得流利""高得很"等。

In the formation of phrases, words can be combined to form complementary and explanatory phrase, in which the first word is a verb or an adjective and the second one is complementary element, e.g. "想清楚""高一些",etc. In some complementary phrases, "得" is needed to link the verb or adjective with the complementary element, e.g. "说得流利""高得很",etc.

想+清楚→ 想清楚	说+得+流利→ 说得流利
高+一些→ 高一些	高+得很→ 高得很

练习 Exercises

1. 课文问答练习 Questions and answers on the text

（一）

（1）林达和大阳已经毕业了吗？
　　　Líndá hé Dàyáng yǐjīng bì yè le ma?

（2）现在找工作容易吗？
　　　Xiànzài zhǎo gōngzuò róngyì ma?

（3）林达为什么认为大阳可以当导游？
　　　Líndá wèi shénme rènwéi Dàyáng kěyǐ dāng dǎoyóu?

（4）大阳觉得导游这个工作怎么样？
　　　Dàyáng juéde dǎoyóu zhè ge gōngzuò zěnmeyàng?

（5）大阳觉得记者这个工作怎么样？
　　　Dàyáng juéde jìzhě zhè ge gōngzuò zěnmeyàng?

（6）什么工作的收入比较高？
　　　Shénme gōngzuò de shōurù bǐjiào gāo?

（7）大阳为什么不能做这个工作？
　　　Dàyáng wèi shénme bù néng zuò zhè ge gōngzuò?

（8）林达认为什么是好工作？
　　　Líndá rènwéi shénme shì hǎo gōngzuò?

（9）大阳认为找工作时要考虑什么？
　　　Dàyáng rènwéi zhǎo gōngzuò shí yào kǎolǜ shénme?

（10）林达认为大阳的优点是什么？"缺点"是什么？
　　　Líndá rènwéi Dàyáng de yōudiǎn shì shénme? "Quēdiǎn" shì shénme?

（二）

（1）大阳找工作时考虑了什么？
　　　Dàyáng zhǎo gōngzuò shí kǎolǜ le shénme?

（2）在二十一世纪，什么技术不可缺少？
　　　Zài èr shí yī shìjì, shénme jìshù bù kě quēshǎo?

（3）为什么不少公司需要会说汉语的人？
　　　Wèi shénme bù shǎo gōngsī xūyào huì shuō Hànyǔ de rén?

（4）大阳发了多少份简历？
　　　Dàyáng fā le duōshao fèn jiǎnlì?

（5）他最后到哪儿实习了？
　　　Tā zuìhòu dào nǎr shíxí le?

（6）老板给大阳的任务是什么？
　　　Lǎobǎn gěi Dàyáng de rènwù shì shénme?

（7）广告的内容是什么？
　　　Guǎnggào de nèiróng shì shénme?

（8）为什么只有一分钟？
　　　Wèi shénme zhǐ yǒu yì fēnzhōng?

（9）大阳设计的广告怎么样？
　　　Dàyáng shèjì de guǎnggào zěnmeyàng?

（10）实习结束之后，老板对大阳说了什么？
　　　Shíxí jiéshù zhīhòu, lǎobǎn duì Dàyáng shuō le shénme?

2. 按照例句回答下面的问题
Answer the following questions according to the example

> E.g. A：你认为这本书怎么样？
> 　　 B：在我看来，这本书非常好。

(1) 你认为什么是好工作?
　　Nǐ rènwéi shénme shì hǎo gōngzuò?

(2) 你认为中国的经济怎么样?
　　Nǐ rènwéi Zhōngguó de jīngjì zěnmeyàng?

(3) 你认为工作的收入重要吗?
　　Nǐ rènwéi gōngzuò de shōurù zhòngyào ma?

(4) 你认为导游这个工作怎么样?
　　Nǐ rènwéi dǎoyóu zhè ge gōngzuò zěnmeyàng?

(5) 你认为律师这个工作怎么样?
　　Nǐ rènwéi lǜshī zhè ge gōngzuò zěnmeyàng?

(6) 你认为网恋怎么样?
　　Nǐ rènwéi wǎngliàn zěnmeyàng?

3. 按照例句改写下面的句子
Rewrite the sentences according to the example

> E.g. 你<u>喜欢不喜欢</u>这个工作? → 你是否喜欢这个工作?

(1) 他工作<u>努力不努力</u>? → _____?
　　Tā gōngzuò nǔlì bu nǔlì?

(2) 你<u>愿意不愿意</u>和他结婚? → _____?
　　Nǐ yuànyì bu yuànyì hé tā jié hūn?

(3) 你们公司<u>需要不需要</u>律师? → _____?
　　Nǐ men gōngsī xūyào bu xūyào lǜshī?

(4) 我们<u>通知不通知</u>他? → _____?
　　Wǒ men tōngzhī bu tōngzhī tā?

(5) 你的实习<u>顺利不顺利</u>? → _____?
　　Nǐ de shíxí shùnlì bu shùnlì?

(6) 他<u>是不是</u>在电视上卖雨伞? → _____?
　　Tā shì bu shì zài diànshì shang mài yǔsǎn?

4. 根据例句造句　Make sentences according to the example

> E.g.　老师帮助他，他终于学会了游泳。
> → 在老师的帮助下，他终于学会了游泳。

（1）他很努力，他成功了。　　　　　→ _____。
　　　Tā hěn nǔlì, tā chénggōng le.

（2）他很努力，他通过了考试。　　　→ _____。
　　　Tā hěn nǔlì, tā tōngguò le kǎoshì.

（3）大家帮助他，他完成了这个设计。→ _____。
　　　Dàjiā bāngzhù tā, tā wánchéng le zhè ge shèjì.

（4）老师鼓励他，他学得更好了。　　→ _____。
　　　Lǎoshī gǔlì tā, tā xué de gèng hǎo le.

（5）他自己很努力，写出了一份好简历。→ _____。
　　　Tā zìjǐ hěn nǔlì, xiě chū le yí fèn hǎo jiǎnlì.

（6）大家支持他，他更有信心了。　　→ _____。
　　　Dàjiā zhīchí tā, tā gèng yǒu xìnxīn le.

5. 用所给的词语填空
Fill in the blanks with the given words and phrases

一般来说	据说	在我看来	比如说	对于	幸运的是
yìbān láishuō	jù shuō	zài wǒ kànlái	bǐ rú shuō	duìyú	xìngyùn de shì

（1）_____，他的信用卡没有丢。
　　　　　　　　　tā de xìnyòngkǎ méiyǒu diū.

（2）_____，网上购物有很多好处。
　　　　　　　　　wǎng shang gòu wù yǒu hěn duō hǎochù.

（3）_____，《百家姓》里有几百个姓。
　　　　　　　　　《Bǎi Jiā Xìng》li yǒu jǐ bǎi ge xìng.

（4）_____网恋的人来说，不必天天见面。
　　　　　　　　wǎngliàn de rén lái shuō, bú bì tiān tiān jiàn miàn.

（5）_____，学生们毕业之前都要去实习。
　　　　　　　　xuéshēng men bì yè zhīqián dōu yào qù shíxí.

（6）人们在网上做很多事儿，_____看新闻、听音乐等等。
　　　Rénmen zài wǎng shang zuò hěn duō shìr,　kàn xīnwén、tīng yīnyuè děng děng.

6. 根据句子的意思，画线连接A栏和B栏相应的句子
Match the sentences in Group A with those in Group B according to the meanings

A
(1) 随着经济的发展，
　　Suízhe jīngjì de fāzhǎn,
(2) 随着夏天的到来，
　　Suízhe xiàtiān de dàolái,
(3) 随着文化的交流，
　　Suízhe wénhuà de jiāoliú,
(4) 随着收入的提高
　　Suízhe shōurù de tígāo
(5) 随着互联网的出现，
　　Suízhe hùliánwǎng de chūxiàn,

B
a 这里的外国游客多了起来。
　　zhèli de wàiguó yóukè duō le qǐlai.
b 人们能更好地互相理解了。
　　rénmen néng gèng hǎo de hùxiāng lǐjiě le.
c 我们的生活水平提高了。
　　wǒmen de shēnghuó shuǐpíng tígāo le.
d 我们的生活更方便了。
　　wǒmen de shēnghuó gèng fāngbiàn le.
e 人们有钱去旅游了。
　　rénmen yǒu qián qù lǚyóu le.

7. 用下面的汉字填空　Fill in the blanks with the given characters

(A)	收	合	职	自	否	在	优	确	导	气
	shōu	hé	zhí	zì	fǒu	zài	yōu	què	dǎo	qì

1_____入高的工作是2_____一定是好工作呢？这个问题3_____实很难回答。4_____我看来，好工作得是5_____己喜欢的并且适6_____自己的。如果你的7_____点是爱帮助别人，8_____游是一个不错的9_____业。如果你脾10_____好，当老师比较合适。

找一个适合自己的工作 Find a job that suits you

(B)	历	缺	术	广	成	律	公	生	世	长
	lì	quē	shù	guǎng	chéng	lǜ	gōng	shēng	shì	cháng

找工作之前得写一份简1_____，然后发给不同的2_____司。在21 3_____纪，计算机技4_____很重要。不论是做5_____告设计，还是做6_____意、当导游、当7_____师，这个技术都不可8_____少。如果你的9_____处是计算机技术好，你就10_____功了一半。

8. 找出反义词　Find out the antonyms

缺少	成功	长处	优点	结束
quēshǎo	chénggōng	chángchù	yōudiǎn	jiéshù
缺点	有余	开始	失败	短处
quēdiǎn	yǒuyú	kāishǐ	shībài	duǎnchù

9. 用下面的词语来填空　Fill in the blanks with the given phrases

找到	说对	写完	想　清楚	高一些	厉害, 很
zhǎo dào	shuō duì	xiě wán	xiǎng qīngchu	gāo yìxiē	lìhài, hěn

(1) 你得_____你喜欢什么样的工作。
(2) 他已经_____了一份简历。
(3) 他在广告公司_____了一个工作。
(4) 律师的收入比医生的_____。
(5) 你_____了，我就是老板。
(6) 现在竞争_____得_____。

10. 根据所听到的内容回答问题
Answer the questions according to the recording

(1) 找工作时首先要做什么？
(2) 在简历里应该写什么？
(3) 为什么会说汉语也是长处？

(4) 对于有些人来说，什么是好工作？

(5) 对于另外一些人来说，什么是好工作？怎样做才能成功？

11. 课堂活动　Classroom activities

你对这些职业有什么看法？What do you think of these professions?

	在我看来，这个职业不错，因为……	在我看来，这个职业不太好，因为……
导游		
记者		
律师		
老师		
医生		
家教		
售货员		
出租车司机		
公共汽车司机		
公司老板		
其他		

作业 Homework

1. 用所给的词把下面的句子翻译成汉语
Translate the sentences into Chinese by using the given words

(1) It's difficult to answer this question.　　　　　　　　回答

(2) This job doesn't suit you.　　　　　　　　　　　　　适合

(3) Who designed this advertisement?　　　　　　　　　设计

(4) He failed twice, but finally he succeeded.　　　　　　失败/成功

(5) There is lack of water in this country.　　　　　　　　缺少

2. 写作练习 (400 个汉字)　Writing exercise (400 characters)

我对"好工作"的看法　My Opinion on "Good Job"

第10课 Lesson 10

住在城里还是住在郊区？
Zhù zài chéng li háishi zhù zài jiāoqū?

Living in the city or in the suburbs?

➡ 课文　Text

（一）

林达： 大阳，明天你怎么又要搬家？现在这个公寓不好吗？
　　　Dàyáng, míngtiān nǐ zěnme yòu yào bānjiā? Xiànzài zhè ge gōngyù bù hǎo ma?

大阳： 不太好。卧室朝北比较冷，也比较暗。
　　　Bú tài hǎo. Wòshì cháo běi bǐjiào lěng, yě bǐjiào àn.

林达： 要是朝南当然好。不过你的公寓离大学很近。
　　　Yàoshi cháo nán dāngrán hǎo. Búguò nǐ de gōngyù lí dàxué hěn jìn.

大阳： 近是近，但是租金比较贵。
　　　Jìn shì jìn, dànshì zūjīn bǐjiào guì.

林达： 是啊，租金一天比一天贵。新租的房子在哪儿？
　　　Shì a, zūjīn yì tiān bǐ yì tiān guì. Xīn zhū de fángzi zài nǎr?

大阳： 在郊区，租金比城里的房子便宜一些。
　　　Zài jiāoqū, zūjīn bǐ chéng li de fángzi piányi yìxiē.

林达： 房子怎么样？
　　　Fángzi zěnmeyàng?

大阳： 一个卧室，一个小客厅，都朝南，
　　　Yí ge wòshì, yí ge xiǎo kètīng, dōu cháo nán,

　　　房间比现在的亮得多。
　　　fángjiān bǐ xiànzài de liàng de duō.

林达： 住在有阳光的房间里，心情也会好得多。
　　　Zhù zài yǒu yángguāng de fángjiān li, xīnqíng yě huì hǎo de duō.

大阳： 不过，房子在四层，没有电梯。
　　　Búguò, fángzi zài sì céng, méiyǒu diàntī.

林达: 那明天 搬东西 要把咱们 累死了。
Nà míngtiān bān dōngxi yào bǎ zánmen lèi sǐ le.

大阳: 大家得辛苦了。要是我能买
Dàjiā děi xīnkǔ le. Yàoshi wǒ néng mǎi

一个小公寓,就不用老搬家了。
yí ge xiǎo gōngyù, jiù búyòng lǎo bān jiā le.

林达: 你别做梦了,我们学生哪有钱买房子?
Nǐ bié zuò mèng le, wǒmen xuésheng nǎ yǒu qián mǎi fángzi?

大阳: 我毕业以后,一定要找一个工资高的工作。
Wǒ bì yè yǐhòu, yídìng yào zhǎo yí ge gōngzī gāo de gōngzuò.

林达: 然后你挣很多钱,就能买房子了。
Ránhòu nǐ zhèng hěn duō qián, jiù néng mǎi fángzi le.

大阳: 对,在城里买一个房子!太好了!
Duì, zài chéng li mǎi yí ge fángzi! Tài hǎo le!

林达: 等一等,你别激动,冷静一下,那只是一个梦想。
Děng yi děng, nǐ bié jīdòng, lěngjìng yíxià, nà zhǐ shì yí ge mèngxiǎng.

大阳: 即使是一个梦想,也让我高兴。
Jíshǐ shì yí ge mèngxiǎng, yě ràng wǒ gāoxìng.

林达: 以后再高兴吧。现在先 商量 一下明天 帮你
Yǐhòu zài gāoxìng ba. Xiànzài xiān shāngliang yíxià míngtiān bāng nǐ

搬家的事儿吧。
bān jiā de shìr ba.

(二)

现代城市的人口一年比一年多，在一些大城市，人口已经达到上千万了。每个人都需要一个住的地方，于是，城市里的公寓大楼越来越多，越来越高。但是，房子的增长比不上人口的增长。现在，城市里已经没有地方了，住房只好向郊区发展。

王丽和张大山刚参加工作时，由于买不起①房子，就租了一个公寓。现在他们已经工作了好几年了，存了一部分钱，就开始考虑买房子了。首先，他们必须决定住在城里还是住在郊区。

张大山认为，以他们现在的经济能力，只能买一个40平方米的公寓。不过，他们只有两个人，40平方米也够了。住在城里交通方便，从家到工作的地方距离不远，减少了上班路上的时间。生活也比较方便，住的地方周围有商店、饭馆儿、理发店、电影院、加油站等等。

但是，王丽的看法和丈夫的不同。在她看来，现在住40平方米的公寓没问题，但是将来他们有了孩子，40平方米的公寓就不够了。如果买郊区的房子，花相同的钱，能买80平方米的公寓，比城里的房子大一倍，而且还能剩下一些钱买新家具。王丽已经看上了一套公寓，房间全部都朝南，又亮又暖和，正好符合她的要求。虽然周围没有商店、饭馆儿什么的，但是有公园、有树、有花。王丽觉得，环境漂亮很重要。周围还有一个体育馆，在那儿可以打乒乓球、羽毛球什么的。交通也很方便，有火车直接开往市中心，十分钟一趟。王丽对丈夫说，即使离上班的地方远一点，她也想住在郊区。

究竟在哪儿买房子呢？这是一件大事，他们得好好儿商量商量了。

(1)

Linda: Dayang, you move house again tomorrow? Isn't this apartment good?

Dayang: Not very good. The bedroom faces to the north and it is quite cold and dark.

Linda: It would be better if it faces to the south, of course. But the apartment is very close to the university.

Dayang: Surely it is but the rent is quite expensive.

Linda: Oh yes, rent increases day by day. Where is the newly rent apartment?

Dayang: It is in the suburbs and the rent is somewhat cheaper than in the city.

Linda: How is the apartment?

Dayang: One bedroom and a small sitting-room and all face to the south. It is much brighter than now.

Linda: The feeling is much better when living in a room with sunshine.

Dayang: But the apartment is on the fourth floor and there is no lift.

Linda: Well then it will be very tiring to do the moving tomorrow.

Dayang: We have to work hard then. If I can buy a small apartment, I don't need to keep on moving house.

Linda: Don't be dreaming. How can we students have money to buy an apartment?

Dayang: After I graduate I will find a highly paid job.

Linda: Then you make a lot of money and then you will be able to buy a house.

Dayang: Yes, I will buy a house in town! Great!

Linda: Wait, don't be excited and calm down. It is only a dream.

Dayang: Even if it is a dream, it makes me happy anyway.

Linda: Feel happy later. Now let's discuss how to help you do house moving tomorrow.

(2)

In modern cities, population increases year after year, and in some big cities, population has already reached tens of millions. Everyone needs a place to live in, so there are more and more apartment buildings and they get higher and higher. However, the increase of the houses does not catch up with the growth of the population. There is no more space in the city and the housing construction has to be extended to suburban areas.

At the time when Wang Li and Zhang Dashan just started to work, they couldn't afford buying a house, so that they rented a flat. Now they have been on job for several years and have some deposit available and they begin to think of purchasing an apartment. First of all, they must make a decision whether they live in the city or in the suburbs.

Zhang Dashan believes that with their financial capacity, they can only purchase an apartment of 40 square meters. However, they are just two of them and 40 square meters are sufficient. Transportation is convenient when one lives in the city. Less time is required for going to work as distance between home and work place is not far. Daily living can be convenient as residential area is surrounded by shops, restaurants, barber's shop, cinema, petrol station and so on and so forth.

However, Wang Li holds different opinion from her husband. She thinks that an apartment of 40 square meters is all right now but it will be not enough when they have a child in the future. If they buy an apartment in the suburbs, they can afford one with 80 square meters, which doubles the size of an apartment in town. They can save some money for new furniture as well. Wang Li has already found an apartment with all rooms facing to the south. They are warm and bright, which fit her criteria. Although there are no shops and restaurants around, there are parks with trees and flowers. Wang Li thinks that it is important to have a beautiful environment. In addition, there is also a stadium around, where ping-pang and badminton can be played. Public transportation is convenient with trains going to the city center directly in the interval of every ten minutes. Wang Li said to her husband that she prefers to live in the outskirts even though it is a bit further away from the work place.

Where exactly would they purchase a house? This is an important matter. They need to have a more serious discussion about it.

新词语 New Words

1	郊区	jiāoqū	n.	suburbs
2	搬家	bān jiā		to move house
3	公寓	gōngyù	n.	apartment
4	朝	cháo	prep./v.	towards; to face (direction)
5	暗	àn	adj.	dark
6	租金	zūjīn	n.	rent
7	心情	xīnqíng	n.	mood
8	做梦	zuò mèng		to dream
9	工资	gōngzī	n.	salary
10	激动	jīdòng	adj.	exciting, excited
11	冷静	lěngjìng	adj.	calm
12	梦想	mèngxiǎng	n./v.	dream; to dream of
13	即使	jíshǐ	conj.	even if
14	人口	rénkǒu	n.	population
15	达到	dádào	v.	to reach (to certain amount)
16	增长	zēngzhǎng	v.	to increase
17	住房	zhùfáng	n.	housing
18	由于	yóuyú	conj.	because
19	存	cún	v.	to save (money), to store
20	部分	bùfèn	n.	part
21	以	yǐ	prep.	with, according to
22	平方	píngfāng	m.w.	square (meter)
23	距离	jùlí	n.	distance
24	减少	jiǎnshǎo	v.	to reduce
25	周围	zhōuwéi	n.	surrounding

26	理发	lǐ fà		to have a hair cut
27	加油站	jiāyóuzhàn	n.	petrol station
28	看法	kànfǎ	n.	opinion
29	相同	xiāngtóng	adj.	the same
30	倍	bèi	m.w.	times
31	家具	jiājù	n.	furniture
32	全部	quánbù	n.	entire
33	符合	fúhé	v.	to accord with
34	乒乓球	pīngpāngqiú	n.	table tennis
35	羽毛球	yǔmáoqiú	n.	badminton
36	直接	zhíjiē	adj.	direct
37	趟	tàng	m.w.	*measure word for a trip*
38	究竟	jiūjìng	adv.	(to find out) exactly

注释 NOTES

① 买不起：(One) cannot afford. "V+不起" means to have no money to do it.

词语与句子结构 Words and Sentence Structures

1. 朝、向、往

"朝、向、往"之后带有"东、上、前、左"等方位词来表示动作的方向，例如"朝/向/往东走"。"朝"也表示朝向，例如"房间朝南"。"往"可以放在动词"开、飞"等后面表示车辆、飞机、船等的行驶方向，例如"火车开往市中心"。

"朝、向、往" can be followed by location words such as "东、上、前、左"etc. to indicate to which direction the action moves, e.g. "朝/向/往东走". However, "朝" also means to face a certain direction, e.g. "房间朝南". "往" can be placed after verbs such as "开、飞" to indicate the direction of vichcles, plane or ship, e.g. "火车开往市中心".

(1)	你	朝/向/往	北走。	You go north.
(2)	这个房间	朝	南。	This room faces to the south.
(3)	火车开	往	市中心。	The train is bound for city center.

2. 一天比一天

"一天比一天"表示比较,说明随着时间的推进,程度差别越来越大。"年、星期、小时、分钟"等也可用于这个结构。

The structure "一天比一天" indicates comparison, which means that certain situations intensify when the time passes by. "年、星期、小时、分钟",etc. can also be used in this structure.

(1)	房价	一天比一天	高。	Housing price gets higer day by day.
(2)	人口	一年比一年	多。	Population gets bigger year by year.

3. 即使……,也……

"即使……,"分句往往表示某种假设的情况,"也……"分句表示由此产生的结果不受假设情况的影响。

The clause with "即使" is likely to indicate a supposed situation and the clause with "也" indicates that a result comes out regardless the supposed situation.

(1) 即使 这只是一个梦想,我 也 很激动。
Even though this is only a dream, I am still very excited.
(2) 即使 离工作的地方远,我 也 想住在郊区。
Even though it is far away from the work place, I still want to live in the suburbs.

4. A 比不上 B

"A 比不上 B"表示在比较中前者(A)不如后者(B)。

The structure "A 比不上 B" means that in comparison, A is not at the same level as B.

(1)	房子的增长	比不上	人口的增长。	The increase of housing is not as fast as that of population.
(2)	工资的增长	比不上	房价的增长。	The increase of salary is not as fast as that of housing price.

5. 究竟

"究竟"用在特殊疑问句中,表示追究,问句中有"哪、谁、什么、什么时候"等疑问代词。

The word "究竟" means "to find out exactly" and it is used in special interrogative sentences, in which there are interrogative pronouns such as "哪、谁、什么、什么 时候", etc.

(1)	我们	究竟	在哪儿买房子？	Where exactly shall we buy a house?
(2)	我们	究竟	什么时候买房子？	When exactly shall we buy a house?

6. 比较句小结　A brief summary of comparative sentence

(1) A 比 B……	
他比我高。	He is taller than me.
他比我高一点。	He is a bit taller than me.
他比我高得多。	He is a much taller than me.
他比我更高。	He is even taller than me.
(2) A 跟/和/像 B 一样……	
他跟/和/像我一样高。	He is as tall as me.
(3) A 最……	
他最高。	He is the tallest.
(4) A 没有/不如 B ……；A 比不上 B	
学生宿舍不如/没有校园那么漂亮。	Students' dormitories are not as beautiful as the campus.
这所大学比不上那所大学。	This university is not as prestigious as that one.
(5) 越来越……；越……，越……	
学费越来越贵。	Tuition is getting more and more expensive.
大学越好，学费越贵。	The better the university is, the more expensive the tuition is.
(6) 与 B 相比，A……	
与这所大学相比，那所大学更有名。	Compared with this university, that one is more famous.

词组的构成 5（主谓词组）
The Formation of Phrases 5 (the Subject-Verb Phrase)

　　在词组的构成中，两个词可以组合成主谓词组。第一个词相当于"主语"；第二个相当于是"谓语"，陈述"主语"。例如"交通方便""环境漂亮"等。

　　In the formation of phrases, two words are combined to form a subject-predicate phrase, in which the first word is the equal of "subject" and the second one is the equal of "predicate" which describes the subject, e.g. "交通方便" "环境漂亮", etc.

| 交通+方便→ 交通方便 | 环境+漂亮→ 环境漂亮 |
| 人口+少→人口少 | 租金+贵→租金贵 |

练习 Exercises

1. 课文问答练习　Questions and answers on the text

（一）

(1) 大阳 明天 要干 什么？
Dàyáng míngtiān yào gàn shénme?

(2) 为 什么 卧室比较 冷, 比较暗？
Wèi shénme wòwhì bǐjiào lěng, bǐjiào àn?

(3) 这个 公寓的租金怎么样？
Zhè ge gōngyù de zūjīn zěnmeyàng?

(4) 大阳 新租的房子在哪儿？
Dàyáng xīn zū de fángzi zài nǎr?

(5) 有几个房间？
Yǒu jǐ ge fángjiān?

(6) 房间 为什么很 亮？
Fángjiān wèi shénme hěn liàng?

(7) 为 什么 明天 他们 要累死了？
Wèi shénme míngtiān tāmen yào lèi sǐ le?

(8) 学生 们 为什么不买 房子？
Xuésheng men wèi shénme bù mǎi fángzi?

(9) 大阳毕业之后找 什么 样的工作？
Dàyáng bì yè zhīhòu zhǎo shénme yàng de gōngzuò?

(10) 他的 梦想 是什么？
Tā de mèngxiǎng shì shénme?

（二）

(1) 一些大城市有多少人口？
Yìxiē dà chéngshì yǒu duōshao rénkǒu?

(2) 为什么住房向郊区发展？
Wèi shénme zhùfáng xiàng jiāoqū fāzhǎn?

(3) 王丽和张大山刚参加工作时为什么不买房子？
Wáng Lì hé Zhāng Dàshān gāng cānjiā gōngzuò shí wèi shénme bù mǎi fángzi?

(4) 现在他们为什么要买房子了？
Xiànzài tāmen wèi shénme yào mǎi fángzi le?

(5) 张大山认为40平方米的公寓怎么样？
Zhāng Dàshān rènwéi sìshí píngfāng mǐ de gōngyù zěnmeyàng?

(6) 他认为住在城里交通怎么样？生活怎么样？
Tā rènwéi zhù zài chéng li jiāotōng zěnmeyàng? Shēnghuó zěnmeyàng?

(7) 在王丽看来，40平方米的公寓怎么样？
Zài Wáng Lì kàn lái, sìshí píngfāng mǐ de gōngyù zěnmeyàng?

(8) 王丽看上了一个什么样的房子？
Wáng Lì kàn shàng le yí ge shénme yàng de fángzi?

(9) 房子周围的环境怎么样？
Fángzi zhōuwéi de huánjìng zěnmeyàng?

(10) 那里的交通怎么样？
Nàli de jiāotōng zěnmeyàng?

2. 用"朝、向、往"填空　　Fill in the blanks with "朝、向、往"

(1) 飞_____北京的飞机六点起飞。
Fēi　　　Běijīng de fēijī liù diǎn qǐfēi.

(2) 这个房子_____北，没有阳光。
Zhè ge fángzi　　　běi, méiyǒu yángguāng.

(3) 要是你去银行，就_____左拐。
Yàoshi nǐ qù yínháng, jiù　　　zuǒ guǎi.

(4) 他做得很好，我们都要_____他学习。
Tā zuò de hěn hǎo, wǒmen dōu yào　　　tā xuéxí.

(5) 这 辆 火车 开＿＿＿上海。
　　 Zhè liàng huǒchē kāi　　　Shànghǎi.

(6) 这 个体育馆＿＿＿南 还是＿＿＿北？
　　 Zhè ge tǐyùguǎn　　　nán háishi　　　běi?

3. 根据例句改写下面的句子
Rewrite the sentences according to the example

> E.g. 他的汉语水平越来越高了。(一天比一天)
> → 他的汉语水平一天比一天高了。

(1) 人 口 越来越多了。(一年比一年)　　→ ＿＿＿＿＿＿＿＿＿＿＿。
　　 Rénkǒu yuè lái yuè duō le.

(2) 房 价越来越贵了。(一天比一天)　　→ ＿＿＿＿＿＿＿＿＿＿＿。
　　 Fáng jià yuè lái yuè guì le.

(3) 他身体越来越好了。(一天比一天)　　→ ＿＿＿＿＿＿＿＿＿＿＿。
　　 Tā shēntǐ yuè lái yuè hǎo le.

(4) 工资 越来 越高了。(一年比一年)　　→ ＿＿＿＿＿＿＿＿＿＿＿。
　　 Gōngzī yuè lái yuè gāo le.

(5) 天气越来越 暖和了。(一天比一天)　　→ ＿＿＿＿＿＿＿＿＿＿＿。
　　 Tiānqì yuè lái yuè nuǎnhuo le.

(6) 爷爷越来越老了。(一年比一年)　　→ ＿＿＿＿＿＿＿＿＿＿＿。
　　 Yéye yuè lái yuè lǎo le.

4. 按照例句完成下面的句子
Complete the sentences according to the example

> E.g. 工资的增长，比不上房价的增长。
> …, not as fast as the increase of housing price.

(1) 这套公寓 ＿＿＿＿＿＿＿＿＿＿＿。
　　 Zhè tào gōngyù　　　 not as good as that one.

(2) 市中心的环境 ＿＿＿＿＿＿＿＿＿＿。
　　Shì zhōngxīn de huánjìng　　not as good as the environment of the suburbs.

(3) 这个城市的住房条件 ＿＿＿＿＿＿＿＿＿＿。
　　Zhè ge chéngshì de zhùfáng tiáojiàn　not as good as the housing condition of that city.

(4) 导游的工资 ＿＿＿＿＿＿＿＿＿＿。
　　Dǎoyóu de gōngzī　　not as high as the salary of lawyers.

(5) 王先生的工作能力 ＿＿＿＿＿＿＿＿＿＿。
　　Wáng xiānsheng de gōngzuò nénglì　not as good as the ability of Mr.Li.

(6) 这个广告的设计 ＿＿＿＿＿＿＿＿＿＿。
　　Zhè ge guǎnggào de shèjì　not as good as the design of that advertisment.

5. 根据句子的意思，画线连接A栏和B栏相应的句子
Match the sentences in Group A with those in Group B according to the meanings

A

(1) 即使郊区没有火车，
　　Jíshǐ jiāoqū méiyǒu huǒchē,

(2) 即使市中心生活方便，
　　Jíshǐ shì zhōngxīn shēnghuó fāngbiàn,

(3) 即使房子不朝南，
　　Jíshǐ fángzi bù cháo nán,

(4) 即使房子比郊区的小一倍，
　　Jíshǐ fángzi bǐ jiāoqū de xiǎo yí bèi,

(5) 即使从家到公司的距离不近，
　　Jíshǐ cóng jiā dào gōngsī de jùlí bú jìn,

B

a 他也非常喜欢。
　 tā yě fēicháng xǐhuan.

b 他也要住在城里。
　 tā yě yào zhù zài chéng li.

c 我也走路上班。
　 wǒ yě zǒu lù shàng bān.

d 我也不喜欢住在那里。
　 wǒ yě bù xǐhuan zhù zài nàli.

e 我也愿意住在郊区。
　 wǒ yě yuànyì zhù zài jiāoqū.

6. 用下面的汉字填空　Fill in the blanks with the given characters

(A)	由	公	朝	暗	梦	起	平	情	阳	搬
	yóu	gōng	cháo	àn	mèng	qǐ	píng	qíng	yáng	bān

他1＿＿＿于没有钱，租不2＿＿＿大房子，就租了个小3＿＿＿寓。这个公寓大概有三十4＿＿＿方米，两个房间，都5＿＿＿北，没有6＿＿＿光，房间里比较7＿＿＿。有时候，他的心8＿＿＿不太

好，想快点9＿＿＿＿家，离开这里。他的10＿＿＿＿想是住在朝南的房子里。

（B）	口	即	展	住	倍	围	增	价	往	同
	kǒu	jí	zhǎn	zhù	bèi	wéi	zēng	jià	wǎng	tóng

城市的人1＿＿＿＿一年比一年2＿＿＿＿长得快，城里的3＿＿＿＿房不够了，就往郊区发4＿＿＿＿。其实，郊区周5＿＿＿＿的环境比较好，房6＿＿＿＿便宜多了，花相7＿＿＿＿的钱，房子比城里大一8＿＿＿＿。交通也方便，有开9＿＿＿＿城里的火车。所以，10＿＿＿＿使离城里远也没关系。

7. 找出反义词　　Find out the antonyms

暗	多	新	远	冷
àn	duō	xīn	yuǎn	lěng
热	亮	近	少	旧
rè	liàng	jìn	shǎo	jiù

8. 用下面的词语来填空　　Fill in the blanks with the given words

交通 方便　　人口 少　　工资 低　　房租 贵
jiāotōng fāngbiàn　　rénkǒu shǎo　　gōngzī dī　　fángzū guì
房间 冷　　环境 漂亮
fángjiān lěng　　huánjìng piàoliang

(1) 郊区＿＿＿＿＿＿＿。
(2) 新房子＿＿＿＿＿＿＿。
(3) 朝北的房子＿＿＿＿＿＿＿。
(4) 他们＿＿＿＿＿＿＿，买不起房子。
(5) ＿＿＿＿＿＿＿有好处，也有坏处。
(6) ＿＿＿＿＿＿＿可以减少上班的时间。

9. 根据所听到的内容回答问题
Answer the questions according to the recording

(1) 现在城市里房价怎么样？
(2) 为什么很多人把家搬到郊区去？
(3) 喜欢郊区的人认为住在那里有什么好处？
(4) 从郊区到市中心的交通怎么样？
(5) 为什么从郊区到城里的交通比较快？

10. 课堂活动　Classroom activities

(1) 说说你梦想中的房子 Talk about your ideal house
　① 朝南　　　② 有阳光　　③ 很大　　　④ 很高
　⑤ 在市中心　⑥ 在郊区　　⑦ 在海边　　⑧ 在森林边
　⑨ 有漂亮的家具⑩ 周围有商店　⑪ 周围有……　⑫ 其他

(2) 你觉得住在哪儿好？郊区还是城里？为什么？
What is a better place to live? In the suburbs or in town? Why?

	住在城里	住在郊区
①		
②		
③		

作业　Homework

1. 用所给的词把下面的句子翻译成汉语
Translate the sentences into Chinese by using the given words

(1) We are going to move house next month.　　　　　　　　　搬家
(2) The population of this city has reached the number of 5 million.　达到
(3) Because of high housing price in town, many people live in the suburbs.　由于
(4) In order to reduce air pollution, we should ride bicycles.　　　减少

(5) They cannot decide now where exactly they buy a house. 究竟

(6) His application meets the criteria of this university. 符合

2. 写作练习 (400 个汉字)　Writing exercise (400 characters)

你想住在城里还是郊区？
Do You Want to Live in Town or in the Suburbs?

第11课 Lesson 11

世外桃源①在哪儿？
Shìwài - táoyuán zài nǎr?
Where is Shangri-La?

→ 课文 Text

（一）

大卫： 你看上去很累，怎么了？
Nǐ kàn shangqu hěn lèi, zěnme le?

小文： 我觉得压力特别大。
Wǒ juéde yālì tèbié dà.

大卫： 是学习上的压力吗？
Shì xuéxí shang de yālì ma?

小文： 不是，是经济上的。
Bú shì, shì jīngjì shang de.

大卫： 你是不是"经济危机"了？
Nǐ shì bu shì "jīngjì wēijī" le?

小文： 可不是嘛。又得付学费，又得付房租，我快受
Kě bú shì ma. Yòu děi fù xuéfèi, yòu děi fù fángzū, wǒ kuài shòu

不了了。
bù liǎo le.

大卫： 你不是正在打工吗？听说工作不错，工资也不
Nǐ bú shì zhèngzài dǎ gōng ma? Tīngshuō gōngzuò búcuò, gōngzī yě bú

错吧？
cuò ba?

小文： 工资一般，但工作责任大，稍微粗心一点儿都不
Gōngzī yìbān, dàn gōngzuò zérèn dà, shāowēi cūxīn yìdiǎnr dōu bù

行。我快紧张死了。
xíng. Wǒ kuài jǐnzhāng sǐ le.

大卫： 你别太紧张了。你不是粗心的人，工作上不会
Nǐ bié tài jǐnzhāng le. Nǐ bú shì cūxīn de rén, gōngzuò shang bú huì

有事的。
yǒu shì de.

小文： 我很怕丢掉这份工作，如果没有收入，我怎么
Wǒ hěn pà diū diào zhè fèn gōngzuò, rúguǒ méiyǒu shōurù, wǒ zěnme

付房租呢？
fù fángzū ne?

大卫： 你应该放松一下。周末我们请几个朋友一起去
Nǐ yīnggāi fàngsōng yíxià. Zhōumò wǒmen qǐng jǐ ge péngyou yìqǐ qù

划船吧。
huá chuán ba.

小文： 去哪儿划船？
Qù nǎr huá chuán?

大卫： 你还记得那条河吗？在一个森林旁边。
Nǐ hái jìde nà tiáo hé ma? Zài yí ge sēnlín pángbiān.

小文： 记得。河边还有桃树呢，就像"世外桃源"。
Jìde. Hé biān hái yǒu táo shù ne, jiù xiàng "shìwài-táoyuán".

大卫： "世外桃源"是什么意思？
"Shìwài-táoyuán" shì shénme yìsi?

小文： 就是又美丽又安静的地方，在那儿可以让人忘掉
Jiù shì yòu měilì yòu ānjìng de dìfang, zài nàr kěyǐ ràng rén wàngdiào

烦恼。
fánnǎo.

大卫： 那你更应该去了。在那儿你就忘掉压力了。
Nà nǐ gèng yīnggāi qù le. Zài nàr nǐ jiù wàngdiào yālì le.

小文： 好吧，划完船我请客，昨天我刚发了一点儿奖金。
Hǎo ba, huá wán chuán wǒ qǐng kè, zuótiān wǒ gāng fā le yìdiǎnr jiǎngjīn.

大卫： 我看，你节约一点儿吧。不要忘了，你有"经济危机"呢。

小文： 我想暂时忘掉这个"经济危机"。

（二）

中国古代有一个人以打鱼为生。一天，他在河上划船，划着划着，忽然看到河上有一座桥，河的两边有很多桃树。棵棵树上都开满了桃花，有白色的、粉色的、红色的，朵朵都非常美丽。他在这条河上划了很多年的船，却从来没有见过这个地方。他非常吃惊，继续往前划。

又划了一会儿，他的眼前出现了一座山，山脚下有一个小山洞。于是他下了船，进了山洞。山洞的入口很窄，只能一个人通过。他走着走着，突然山洞变宽了。山洞外面是一个大村子，里面有美丽的湖和小山，一座座房子整齐地排列在山脚下。

村子里的人看见了他，也非常吃惊，因为他是第一个从山洞外面来的人。这里六七百年来从来没有发生过战争，男女老少都十分幸福快乐。他把这个地方叫作"世外桃源"。他要离开时，村民们对他说，千万不要把这里的情况告诉别人。

回到家以后，他很得意，把这件事告诉了朋友。朋友不相信，他马上带着朋友去那个"世外桃源"。奇怪的是，他们走着走着就迷路了。后来又有人听到了这个消息，也试着去找这个"世外桃源"。但是除了那个打鱼的人，再也没有人见过那个地方。有人怀疑是否真的有这个"世外桃源"，但也有人相信世界上真的有一个这样的地方。直到今天，很多人仍然在不断地找"世外桃源"。

其实，真正的"世外桃源"也许就在我们身边。你家的后院、你家附近的公园都可以是你自己的"世外桃源"。总之，"世外桃源"是一个让自己忘掉烦恼、让自己的精神得到休息的地方。

(1)

David: You look tired. What is the matter?

Xiaowen: I feel very much stressed.

David: Is the stress about studies?

Xiaowen: No, it is about "economics".

David: Are you having "economic crisis"?

Xiaowen: Yes. I have to pay tuition fee as well as house rent, I am about to break down.

David: You're working part time now, aren't you? I've heard it's a nice job. The salary is good, isn't it?

Xiaowen: The salary is so so but I have a big responsibility in the work and it will not allow any carelessness. I am terribly nervous.

David: Don't be so nervous. You are not a careless person and you'll be fine with your job.

Xiaowen: I'm afraid of losing this job. How can I pay the rent without any income?

David: You should relax a bit. Let's ask a few friends to go boating together this weekend.

Xiaowen: Where to?

David: Do you still remember the river? It is beside a forest.

Xiaowen: Yes. There are peach trees by the river and it is just like "Shangri-La."

David: What does "Shangri-La" mean?

Xiaowen: It refers to a beautiful and peaceful place, where you forget troubles.

David: Then you really should go. You will forget your stress there.

Xiaowen: All right, let's go. I'll pay a meal for you after the rowing. I just got some bonus yesterday.

David: I think you'd better make a saving. Don't forget you have "economic crisis".

Xiaowen: I would like to forget the "economic crisis" for the time being.

(2)

In ancient China, there was a man who did fishing for a living. One day, he was boating on a river. As he was rowing the boat, he suddenly saw a bridge on the river and many peach trees on both sides of the river. Every tree was full of flowers. Some were white, some were pink and some were red and all of them were very beautiful. He had been rowing on the river for many years, but had never seen this place. He was very surprised and he continued to row forward.

A moment later, a mountain appeared in front of his eyes. At the foot of the mountain there was a small cave. So this man got off the boat and went into the cave. The entrance of the cave was so narrow that only one person could pass through. He walked for a while and suddenly the cave broadened. Outside the cave there was a big village, which had a beautiful lake and a hill. Houses after houses were neatly lined up at the foot of the mountain.

The villagers were very surprised to see him, too, because he was the first one to come from outside of the cave. In six or seven centuries this place had never experienced war and all men, women and children were happy. He gave this place a name "Shangri-La". When he was leaving, the villagers said that he should never tell others about this place.

After coming back home, he was very proud of his experience and told the story to a friend. The friend didn't believe it. Then he immediately took the friend to this "Shangri-La". Strangely, as they were heading to the place they got lost. Later someone heard the news and tried to get to this "Shangri-La". But except the fisher man, no one else had ever seen that place. Some people really doubt about the existence of this "Shangri-La", but some people do believe that there is really such a place in the world. Until today, some people still try to find this "Shangri-La".

In fact, real "Shangri-La" can be just around us. The backyard of your house and your neighborhood park can be your own "Shangri-La". In short, it is a place in which one forgets about troubles and one's spirit can rest.

新词语 New Words

1	世外桃源	shìwài-táoyuán		Shangri-La
2	压力	yālì	n.	pressure
3	危机	wēijī	n.	crisis
4	房租	fángzū	n.	rent

5	责任	zérèn	n.	responsibility
6	稍微	shāowēi	adv.	slightly
7	粗心	cūxīn	adj.	careless
8	掉	diào	v.	to fall
9	放松	fàngsōng	v.	to relax
10	划船	huá chuán		to row a boat
11	桃	táo	n.	peach
12	奖金	jiǎngjīn	n.	bonus
13	节约	jiéyuē	v.	to make a saving
14	暂时	zànshí	n.	for the time being
15	为生	wéishēng	v.	to make a living
16	桥	qiáo	n.	bridge
17	粉	fěn	adj.	pink
18	朵	duǒ	m.w.	measure word for flowers, cloud
19	吃惊	chī jīng		to surprise
20	山脚	shānjiǎo	n.	the foot of a mountain
	脚	jiǎo	n.	foot
21	入口	rùkǒu	n.	entrance
22	整齐	zhěngqí	adj.	tidy
23	排列	páiliè	v.	to line up
24	千万	qiānwàn	adv.	be sure to, must
25	得意	déyì	adj.	to feel pleased
26	迷路	mí lù		to get lost
27	消息	xiāoxi	n.	news, information
28	怀疑	huáiyí	v.	to suspect, to doubt
29	直到	zhídào	v.	until

30	仍然	réngrán	*adv.*	still
31	真正	zhēnzhèng	*adj.*	real, genuine
32	身边	shēnbiān	*n.*	at/by one's side
33	后院	hòuyuàn	*n.*	backyard
34	总之	zǒngzhī	*conj.*	in summary
35	精神	jīngshen	*n.*	spirit
36	得到	dédào	*v.*	to obtain

注释 NOTES

① 世外桃源: It is a land of peace away from the turmoil of the world. See the text for the story where the name "世外桃源" comes from.

词语与句子结构 *Words and Sentence Structures*

1. 量词重叠 Reduplication of measure words

量词可以重叠,表示"每一个"或"全部"的意思,例如"一棵棵",量词之前的"一"有时可省略。习惯上,谓语部分有"都"字,特别是形容词作谓语时,如例句(1)。

Measure words can be reduplicated to mean "every" or "all", e.g. "一棵棵", in which the number "一" before measure words can be omitted some times. Idiomatically "都" is placed before the predicate of the sentence, especially when adjectives function as the predicate, e.g. (1).

(1)	朵朵 桃花都非常美丽。	Every peach flower is very beautiful.
(2)	棵棵 桃树(都)开满了美丽的桃花。	Every peach tree is full of beautiful flowers.
(3)	座座 房子(都)整齐地排列在山脚下。	All the houses are neatly lined up at the foot of the mountain.

2. 划着划着

"V+着"可以重叠,表示动作在进行中,后一分句常有"突然/忽然/就"等词语来说明在动作的进程中突然或不知不觉就出现了意想不到的情况。见例句(1)(2)。如果"V+着"结构中的动词带宾语(或是离合动词)时,宾语放在"V着V着"之后,见例句(3)。

"V+着" is duplicated in the structure "划着划着" to indicate that the action is in the progress, while the following clause often has "突然/忽然/就" to indicate that the progress leads to an involuntary result suddenly or without one's noticing, e.g.(1)(2). If the verb is followed by an object (or the verb itself is a seperation-reunion structure), the object is placed after "着", e.g. (3).

(1)	他	划着划着，	突然看到一座桥。	While he was rowing, he suddenly saw a bridge.
(2)	他	走着走着，	就迷路了。	While he was walking, he got lost without noticing it.
(3)	他	划着划着船，	突然看到一座桥。	While he was rowing a boat, he suddenly saw a bridge.

3. "V+着" 表示动作在不同阶段的小结　　A brief summary of "V+着", which expresses different aspects of verbal movements

(1)	"V+着" 表示动作状态的持续。 例：她穿着长长的裙子。	"V+着" indicates a continuous state resulting from an action. e.g. She is wearing a long skirt.
(2)	"在+地点词语+V+着" 表示动作的状态在某一地点的持续。 例：医生在旁边站着。	"在+location word+V+着" indicates a continuous state resulting from an action in a certain place. e.g. The doctor is standing beside.
(3)	"V₁+着+V₂" 表示两个动作同时进行，其中第一个是伴随动作。 例：他笑着说"你好"。	"V₁+着+V₂" indicates two actions occur hand in hand, in which "V₁" is the companion action of "V₂". e.g. He said "Hello" with a smile.
(4)	"正V+着呢" 表示动作在某一时刻正在进行。 例：他正打着电话呢。	"正V+着呢" indicates an action is going on at a certain moment. e.g. He is now making a phone call.
(5)	"V+着+V+着" 表示动作的进程，其中出现了意想不到的情况。 例：他走着走着就迷路了。	"V+着+V+着" indicates an ongoing action. During the process, an involuntary result occurs. e.g. While he was walking, he got lost without noticing it.

4. 总之

插入语"总之"位于句首，表示其后的句子是对之前所叙述内容的总结。

The insertion "总之" is placed at the beginning of a sentence to introduce a summary about what is mentioned before.

总之，	那是一个美丽的地方。	In short, that is a beautiful place.

词组的构成6 (数量词组)
The Formation of Phrases 6 (the Numeral-Measure Word Phrase)

在词组的构成中,有一类是名量词或动量词与数词组合构成的数量词组,例如"一条""一次"等。

In the formation of phrases, nominal measure words or verbal measure words and numerals are combined to form numeral-measure word phrases, e.g. "一条""一次", etc.

| 一+条→ 一条(河) | 一+次→ 一次(旅行) |

练习 Exercises

1. 课文问答练习 Questions and answers on the text

(一)

(1) 小文 为什么看 上去很累?
Xiǎowén wèi shénme kàn shangqu hěn lèi?

(2) 她有什么压力?
Tā yǒu shénme yālì?

(3) 她的"经济危机"是什么?
Tā de "jīngjì wēijī" shì shénme?

(4) 她的工资 怎么样?
Tā de gōngzī zěnmeyàng?

(5) 她为 什么紧张?
Tā wèi shénme jǐnzhāng?

(6) 她为 什么怕丢掉 工作?
Tā wèi shénme pà diū diào gōngzuò?

(7) 大卫提出了什么建议?
Dàwèi tí chū le shénme jiànyì?

(8) 划 船的地方 怎么样?
Huá chuán de dìfang zěnmeyàng?

(9) "世外桃源"是一个什么 样的 地方?
"Shìwài-táoyuán" shì yí ge shénme yàng de dìfang?

(10) 大卫为什么让小文节约一点儿?
Dàwèi wèi shénme ràng Xiǎowén jiéyuē yìdiǎnr?

(二)

(1) 那个人以什么为生?
Nà ge rén yǐ shénme wéishēng?

(2) 他划着划着船,突然看到了什么?
Tā huá zhe huá zhe chuán, tūrán kàn dào le shénme?

(3) 山洞在哪儿? 山洞的那边是什么?
Shāndòng zài nǎr? Shāndòng de nàbian shì shénme?

(4) 村民们看到他为什么吃惊?
Cūnmín men kàn dào tā wèi shénme chī jīng?

(5) 村民们的生活怎么样?
Cūnmín men de shēnghuó zěnmeyàng?

(6) 他把那个地方叫什么?
Tā bǎ nà ge dìfang jiào shénme?

(7) 后来他为什么没找到"世外桃源"?
Hòulái tā wèi shénme méi zhǎo dào "shìwài-táoyuán"?

(8) 每个人都相信有"世外桃源"吗?
Měi ge rén dōu xiāngxìn yǒu "shìwài-táoyuán" ma?

(9) 我们身边有"世外桃源"吗? 在哪儿?
Wǒmen shēnbiān yǒu "shìwài-táoyuán" ma? Zài nǎr?

(10) 人们为什么喜欢"世外桃源"?
Rénmen wèi shénme xǐhuan "shìwài-táoyuán"?

2. 按照例句造句　Make sentences according to the example

> E.g. 划,看见了一座桥
> → 他划着划着,突然/就看见了一座桥。

(1) 走,迷路了　　　　　　　→ _____。
　　 zǒu, mí lù le

（2）说，笑起来了　　　　　→ _____。
　　　shuō, xiào qilai le

（3）听，哭起来了　　　　　→ _____。
　　　tīng, kū qilai le

（4）唱，停下来了　　　　　→ _____。
　　　chàng, tíng xialai le

（5）哭，笑起来了　　　　　→ _____。
　　　kū,　xiào qilai le

（6）看书，睡着了　　　　　→ _____。
　　　kàn shū, shuì zháo le

3. 用所给的词和"着"把下面的句子翻译成汉语
Translating the sentences in to Chinese by using the given words and "着"

（1）The doctor is standing and the king is sitting.　　　　　　（站，坐）
（2）A painting is hanging on the wall.　　　　　　　　　　　（挂）
（3）As he was walking, he suddenly saw a tiger.　　　　　　（走，看见）
（4）Every day she goes to work wearing a skirt.　　　　　　（上班，穿）
（5）The teacher always said "Hello" with a smile.　　　　　（说，笑）
（6）He cannot answer the phone as he is now taking a shower.　（洗澡）

4. 用所给量词的重叠形式填空
Use duplicated form of the measure words to fill in the blanks

棵	朵	件	座	张	个
kē	duǒ	jiàn	zuò	zhāng	gè

（1）山　上　有　很　多　桃树，　　_____树　上　都　开满了美丽的桃花。
　　　Shān shang yǒu hěn duō táo shù,　　shù shang dōu kāi mǎn le měilì de táo huā.

（2）饭店里有不少　餐桌，　　　　　_____桌子　上　都　摆满了饭菜。
　　　Fàndiàn li yǒu bù shǎo cānzhuō,　　zhuōzi shang dōu bǎi mǎn le fàncài.

（3）树　上　有　很　多桃花，　　　_____都那么美丽。
　　　Shù shang yǒu hěn duō táo huā,　　dōu nàme měilì.

(4) 在这个 商店 里，＿＿＿＿衣服都 那么 漂亮。
　　 Zài zhè ge shāngdiàn li,　　　yīfu dōu nàme piàoliang.

(5) 幼儿园 里有很 多孩子，＿＿＿＿都十分可爱。
　　 Yòu'éryuán li yǒu hěn duō háizi,　 dōu shífēn kě'ài.

(6) 城 里有很多大楼，＿＿＿＿都又高 又 漂亮。
　　 Chéng li yǒu hěn duō dà lóu,　　 dōu yòu gāo yòu piàoliang.

5. 根据句子的意思,画线连接A栏和B栏相应的句子
Match the sentences in Group A with those in Group B according to the meanings

A　　　　　　　　　　　　　　　　B

(1) 那里有河,有桥,有树,有花,　　a 总之,他在经济上压力很大。
　　 Nàli yǒu hé, yǒu qiáo, yǒu shù, yǒu huā,　　zǒngzhī, tā zài jīngjì shang yāli hěn dà.

(2) 春天 风大,夏天太热,秋天下雨, b 总之,每天很 忙。
　　 Chūntiān fēng dà, xiàtiān tài rè, qiūtiān xià yǔ,　zǒngzhī, měi tiān hěn máng.

(3) 他得上 课、考试、打工等,　　c 总之,天气不好。
　　 Tā děi shàng kè、kǎo shì、dǎ gōng děng,　　zǒngzhī, tiānqì bù hǎo.

(4) 他得付房租、学费和生活 费,　　d 总之,他是一个好 男人。
　　 Tā děi fù fángzū、xuéfèi hé shēnghuó fèi,　zǒngzhī, tā shì yí ge hǎo nánrén.

(5) 他是好父亲、好丈夫、好儿子,　　e 总之,那是一个美丽的地方。
　　 Tā shì hǎo fùqin、hǎo zhàngfu、hǎo érzi,　zǒngzhī, nà shì yí ge měilì de dìfang.

6. 用下面的汉字填空　Fill in the blanks with the given characters

(A)	压	租	掉	时	上	入	危	公	粗	约
	yā	zū	diào	shí	shàng	rù	wēi	gōng	cū	yuē

最近他的 1＿＿＿＿力很大,是经济 2＿＿＿＿的。他因为 3＿＿＿＿心,把一个好工作丢 4＿＿＿＿了。现在他没了收 5＿＿＿＿,用什么来付房 6＿＿＿＿呢?朋友说,"经济 7＿＿＿＿机"没关系,只是暂 8＿＿＿＿的。不过他应该节 9＿＿＿＿一点儿,租便宜点儿的 10＿＿＿＿寓。

世外桃源在哪儿？ Where is Shangri-La?

(B)	以	村	除	息	划	怀	战	得	少	直
	yǐ	cūn	chú	xī	huá	huái	zhàn	dé	shǎo	zhí

有一个人 1_____ 打鱼为生。一天他 2_____ 船时发现了一个 3_____ 子。那里从来没有 4_____ 争，男女老 5_____ 都很快乐。打鱼人很 6_____ 意，把这个消 7_____ 告诉了别人。人们 8_____ 疑是否有这个地方。9_____ 到今天，没人去过那里，10_____ 了那个打鱼的人。

7. 找出反义词　Find out the antonyms

放松	相信	暂时	小心	乱
fàngsōng	xiāngxìn	zànshí	xiǎoxīn	luàn
整齐	粗心	紧张	永远	怀疑
zhěngqí	cūxīn	jǐnzhāng	yǒngyuǎn	huáiyí

8. 用下面的短语来填空　Fill in the blanks with the given phrases

十二点	几次北京	两场比赛	三位老人	棵棵桃树
shí èr diǎn	jǐ cì Běijīng	liǎng chǎng bǐsài	sān wèi lǎorén	kē kē táoshù

(1) _____ 身体都很好。
(2) 他一天看了_____。
(3) _____ 都开满了桃花。
(4) 我去过_____。
(5) 现在_____。

9. 根据所听到的内容回答问题
　　Answer the questions according to the recording

(1) 大学生们常常有什么压力？
(2) 小王有什么压力？
(3) 小王为什么打工？
(4) 小王的新压力是什么？

(5) 朋友们建议他应该怎么放松一下?

10. 课堂活动　Classroom activities

根据课文,继续下面的会话
Continue the dialogues according to the text

划船的人:那天我在河上划船,划着划着突然看到了一座桥。
他的朋友:你在河上划了那么多年船,以前没见过那座桥吗?
划船的人:没有,从来没有见过。
他的朋友:你还看到了什么?
……

作业　Homework

1. 用所给的词把下面的句子翻译成汉语
Translate the sentences into Chinese by using the given words

(1) He saw many peach flowers and was very surprised.　　吃惊
(2) Many people doubt if the news is true or not.　　怀疑
(3) Until now some people are still looking for "Shangri-La"　　仍然
(4) They do not have much money so that they must make a saving.　　节约
(5) He was very pleased because he caught a big fish.　　得意

2. 写作练习 (400 个汉字)　Writing exercise (400 characters)

我的"世外桃源"　My "Shangri-La"

第12课 Lesson 12

退休之后的生活
Tuìxiū zhīhòu de shēnghuó
Life after retirement

课文 Text

(一) (老李今年65岁，他来到第一老年大学)

老李： 不好意思①，打扰一下，这是"第一老年大学"吗？
　　　Bù hǎo yìsi, dǎrǎo yíxià, zhè shì "Dì Yī Lǎonián Dàxué" ma?

老师： 对，您有什么事儿？
　　　Duì, nín yǒu shénme shìr?

老李： 我要参加书法班。在哪儿报名？
　　　Wǒ yào cānjiā shūfǎ bān. Zài nǎr bào míng?

老师： 这是老年大学，60岁以上的人才能来②。您不
　　　Zhè shì lǎonián dàxué, liùshí suì yǐshàng de rén cái néng lái. Nín bú

　　　到60岁吧？
　　　dào liùshí suì ba?

老李： 怎么不到？我已经65了。请看，这是我的
　　　Zěnme bú dào? Wǒ yǐjīng liùshí wǔ le. Qǐng kàn, zhè shì wǒ de

　　　身份证，可以证明。
　　　shēnfènzhèng, kěyǐ zhèngmíng.

老师： 对不起，我以为您50多岁呢。您身体真棒！
　　　Duì bu qǐ, wǒ yǐwéi nín wǔshí duō suì ne. Nín shēntǐ zhēn bàng!

老李： 不用说对不起，我还得谢谢您。您说我50多，
　　　Búyòng shuō duì bu qǐ, wǒ hái děi xièxie nín. Nín shuō wǒ wǔshí duō,

　　　我太高兴了。
　　　wǒ tài gāoxìng le.

老师： 您以前练过书法吗？
Nín yǐqián liàn guo shūfǎ ma?

老李： 我从年轻时起就喜欢书法，但从来没有练过。
Wǒ cóng niánqīng shí qǐ jiù xǐhuan shūfǎ, dàn cónglái méiyǒu liàn guo.

老师： 现在练也不晚。我们学校的老师都有经验，
Xiànzài liàn yě bù wǎn. Wǒmen xuéxiào de lǎoshī dōu yǒu jīngyàn,

尤其是教老人。
yóuqí shì jiāo lǎorén.

老李： 太好了！怎么报名？
Tài hǎo le! Zěnme bào míng?

老师： 请填一张表格，在这儿写您的姓名、年龄、地址、
Qǐng tián yì zhāng biǎogé, zài zhèr xiě nín de xìngmíng, niánlíng, dìzhǐ,

电话和电子邮箱。
diànhuà hé diànzǐ yóuxiāng.

老李： 好。表填完了。您看这样填行不行？
Hǎo. Biǎo tián wán le. Nín kàn zhèyàng tián xíng bu xíng?

老师： 很好。我们会把入学通知发到您的电子邮箱里。
Hěn hǎo. Wǒmen huì bǎ rù xué tōngzhī fā dào nín de diànzǐ yóuxiāng li.

老李： 不好意思，还有一个问题。这张表我能复印
Bù hǎo yìsi, hái yǒu yí ge wèntí. Zhè zhāng biǎo wǒ néng fùyìn

一份吗？
yí fèn ma?

老师： 可以。对面的办公室有复印机、打印机，可以
Kěyǐ. Duìmian de bàngōngshì yǒu fùyìnjī, dǎyìnjī, kěyǐ

复印、打印、扫描。
fùyìn, dǎyìn, sǎomiáo.

老李： 谢谢！
Xièxie!

老师：不客气。

(二)

随着生活水平的提高，人们的身体越来越健康，寿命也越来越长。因此，世界上的老人越来越多。根据调查，到2011年底，中国60岁以上的人口大约是1.9亿，是全国人口的百分之十四。2013年，中国的老人将达到两亿，2050年，将达到全国人口的三分之一。

一般来说，中国人60岁退休，退休之后的生活怎么样呢？

张先生退休后和老伴儿去了老年大学学习。他学书法，老伴儿学弹钢琴，他们俩还一起参加跳舞班和羽毛球班。学校偶尔会组织一些比赛，他们都积极地参加了。对于他们来说，比赛就是打着玩儿③，输赢并不重要。

有些老人年轻时就喜欢旅游，但那时工作忙，没有时间。现在他们有时间了，也有经济能力了，于是就去实现自己年轻时候的梦想。北京有一对姓王的老夫妻，卖了房子和汽车，去全世界旅行。他们把自己的旅行经历写在日记里，后来又放到网上。很多人读了他们的故事，觉得他们真不简单。

还有不少老人在家帮助照顾孙子孙女、买菜、做饭、打扫房间什么的。李太太和老伴儿就是其中之一。虽然每天很忙，但是和孩子们住在一起，他们不觉得孤单。一家人互相照顾，互相帮助，热热闹闹地过着"天伦之乐"的生活。

还有一些老人去养老院生活。传统文化认为，老人住在养老院里说明孩子不照顾他们。但是社会的发展改变了这个看法，有的老人主动选择去养老院。刘奶奶就是其中之一。她的老伴儿死后，她去了养老院。幸运的是，那儿有人负责照顾老人的日常生活，有医生、护士来给他们看病，还有不少老年朋友。今年五月，她在养老院过了90岁的生日。

(1)

(Old Li is 65 years old and he's come to the No. 1 University for the Elderly)

Old Li: Excuse me. May I disturb you for a moment? Is this No. 1 University for the Elderly?

Teacher: Yes. What can I do for you?

Old Li: I'd like to participate in calligraphy class. Where can I sign up?

Teacher: This is a university for elders, only for those who are over 60. You are less than 60 years old, right?

Old Li: Of course I am over 60. Look at my ID card, please. It can prove it.

Teacher: I'm sorry. I thought you were about 50 years old. You are really healthy!

Old Li: You don't need to say sorry, I must thank you. I'm so happy that you said I am about 50.

Teacher: Have you practiced calligraphy before?

Old Li: I've been fond of calligraphy since I was young, but I've never practiced it.

Teacher: It is not late now. Our teachers are experienced, particularly in teaching aged people.

Old Li: Great! How to sign up?

Teacher: Please fill in this form. Here write your name, age, address, telephone number and e-mail.

Old Li: Ok. The form is done. Could you see if it is OK?

Teacher: Fine. We will send the admission notice to your e-mail address.

Old Li: Excuse me, I've anothert question. Can I make a copy of it?

Teacher: Yes. The opposite office has a duplicator and a printer. You can photocopy and print as well as scan.

Old Li: Thank you!

Teacher: You are welcome.

(2)

With the improvement of living standard, people are getting healthier and healthier and lifespan is getting longer and longer. Therefore, the number of elderly people is growing in the world. According to a survey, by the end of 2011, population of over 60 years old is about 190 million, which is 14% of the country's population. By 2013, the number of elderly people in China will reach 200 million. By 2050, the number will reach to one third of the national population.

Generally speaking, Chinese people get retired at the age of 60. How is life after retirement?

After retirement, Mr. Zhang goes to learn in a university for the elderly with his wife. He learns calligraphy and his wife learns playing the piano. They participate in dancing and badminton classes together. Occasionally competitions are organized and they actively take part in. For them, competing is just fun and winning or losing is not important.

Some old people liked traveling when they were young, however they were too busy with work to afford the time. Now they can afford the time and the cost, so that they go to realize the dream of their youth. In Beijing there is an old couple, whose family name is Wang. They sold their house and car to travel around the world. They wrote their travel experiences in diary and later pasted it online. A lot of people read their story and think that they are really remarkable.

There are many old people stay at home to help take care of their grandchildren, doing grocery shopping, cooking and cleaning the house and etc. Mrs. Li and her husband are one of them. They are busy every day, but they do not feel lonely when living with their children and grandchildren. As a family, they take care and help each other, enjoying a life of "Happiness of family reunion".

Some other old people go to nursing home. However, in traditional Chinese culture, if old people live in nursing home it means that their children do not take care of them. Now, the development of society has changed this opinion. Some old people choose to live in nursing home on their own initiative. Granny Liu is one of them. After her husband died, she went to live in a nursing home. Luckily, the nursing home is responsible to take care of her daily life and concerns about her health. There are doctors and nurses, who come to give them medical treatment. In addition, there are many elderly friends. This May, she had her ninetieth birthday party in the nursing home.

新词语 New Words

#	词	拼音	词性	释义
1	退休	tuìxiū	v.	to retire
2	老年	lǎonián	n.	old age
3	打扰	dǎrǎo	v.	to disturb
4	书法	shūfǎ	n.	calligraphy
5	以上	yǐshàng	n.	over
6	身份证	shēnfènzhèng	n.	ID card
7	证明	zhèngmíng	v.	to prove
8	以为	yǐwéi	v.	to think
9	尤其	yóuqí	adv.	especially
10	填	tián	v.	to fill
11	表格	biǎogé	n.	form
	表	biǎo	n.	form
12	年龄	niánlíng	n.	age
13	入学	rù xué		to enter a school
14	复印	fùyìn	v.	photocopy
15	复印机	fùyìnjī	n.	duplicator
16	打印机	dǎyìnjī	n.	printer
17	扫描	sǎomiáo	v.	to scan
18	寿命	shòumìng	n.	lifespan
19	调查	diàochá	v./n.	to investigate; investigation
20	底	dǐ	n.	bottom, end
21	亿	yì	num.	hundred million
22	将	jiāng	adv.	be going to
23	老伴儿	lǎobànr	n.	(of old married couple) husband or wife
24	弹	tán	v.	to play

25	钢琴	gāngqín	n.	piano
26	偶尔	ǒu'ěr	adv.	occasionally
27	组织	zǔzhī	v./n.	to organize; organization
28	积极	jījí	adj.	active
29	输	shū	v.	to lose (*a competition*)
30	赢	yíng	v.	to win (*a competition*)
31	对	duì	m.w.	a pair of
32	夫妻	fūqī	n.	couple, husband and wife
33	孤单	gūdān	adj.	lonely
34	天伦之乐	tiān lún zhī lè	n.	happiness of family reunion
35	养老院	yǎnglǎoyuàn	n.	nursing home, old people's home
	养	yǎng	v.	to provide care for
36	说明	shuōmíng	v./n.	to indicate, to explain; indication, explanation
37	改变	gǎibiàn	v.	to change
38	主动	zhǔdòng	adj.	initiative
39	负责	fùzé	v.	to be responsible for
40	护士	hùshì	n.	nurse

注释 NOTES

① 不好意思: The literal translation of the phrase is "I am embarrassed", which is often used colloquially to mean "Excuse me" or "I'm sorry".

② Actually the age limit of entrance to university for the elderly is not very strict. Retired people over 50 can go to study there.

③ 打着玩儿: to play (ball games) for fun.

词语与句子结构 *Words and Sentence Structures*

1. "认为"与"以为"

"认为"与"以为"都用于表达说话人的看法。"以为"隐含表示说话人意识到自己的估计或判断与实际情况不一致。

Both "认为"与 "以为" are used to give opinions of the speaker. "以为" implies that the speaker realized his supposition or judgment is inconsistent with the fact.

(1)	我	以为	他60岁,可是他70岁。	I though he was 60, but he is 70.
(2)	我	认为	他60岁。	I think he is 60 years old.

2. "万"和"亿"

"万"和"亿"前面有"十、百、千"时表示该数字的十倍、百倍、千倍。

"万" and "亿" can be followed by "十、百、千" to indicate the number is increased by tenfold, hundredfold and thousand-fold.

一万 10,000	十万 100,000	一百万 1,000,000	一千万 10,000,000
ten thousand	one hundred thousand	million	ten million

一亿 100,000,000	十亿 1,000,000,000
one hundred million	one billion

3. ……分之……

分数读作"x 分之 x",顺序是:分母、分数线、分子。例如1/5 读作"五分之一"。

The fractional number is read as "x 分之 x" in the following order: denominator, fractional line and numerator, e.g. 1/5 is read as "五分之一".

(1)	十	分之	一	1/10
(2)	百	分之	三	3%
(3)	千	分之	五	5‰

4. 表示动作频率词语的小结 A brief summary of words indicating frequency of actions

(1)	他	每天/天天	去那个公园。	He goes to the park every day.
(2)	他	有时候	去那个公园。	He sometimes goes to the park.
(3)	他	常常/经常	去那个公园。	He often goes to the park.
(4)	他	总是/老是	去那个公园。	He always goes to the park.
(5)	他	永远	爱她。	He loves her forever.
(6)	他	很少	去那个公园。	He seldom goes to the park.
(7)	他	偶尔	去那个公园。	He occasionally goes to the park.
(8)	他	从来	不去那个公园。	He never goes to the park.
	他	从来	没去过那个公园。	He has never been to the park.

词组的构成7 (方位词组)
The Formation of Phrases 7 (the Locality Phrase)

方位词组由方位词直接附在名词性或动词性的词语上构成,表示处所、时间或范围,例如"网上""60岁以上"等。

Location words are directly attached to nominal or verbal words to form locality phrases, which indicate location, time or scope, e.g. "网上" "60岁以上", etc.

网+上→网上	养老院+里→养老院里
60岁+以上 →60岁以上	2011年+底→2011年底

练习 Exercises

1. 课文问答练习 Questions and answers on the text

(一)

(1) 老李 想 学习 什么?
　　Lǎo Lǐ xiǎng xuéxí shénme?

(2) 他要 去 哪儿 学习?
　　Tā yào qù nǎr xuéxí?

(3) 多 大 年龄 的人 可以 去 这样 的大学?
　　Duō dà niánlíng de rén kěyǐ qù zhèyàng de dàxué?

(4) 老李 怎么 证明 他 65 岁?
　　Lǎo Lǐ zěnme zhèngmíng tā liùshí wǔ suì?

(5) 这个老年大学的老师怎么样？
Zhè ge lǎonián dàxué de lǎoshī zěnmeyàng?

(6) 怎么报名？
Zěnme bào míng?

(7) 在表格上填什么？
Zài biǎogé shang tián shénme?

(8) 学校怎么发入学通知？
Xuéxiào zěnme fā rù xué tōngzhī?

(9) 报名表可以复印吗？
Bào míng biǎo kěyǐ fùyìn ma?

(10) 对面的办公室有什么？
Duìmian de bàngōngshì yǒu shénme?

(二)

(1) 2011年底中国60岁以上的人口有多少？
Èr líng yī yī nián dǐ Zhōngguó liùshí suì yǐshàng de rénkǒu yǒu duōshao?

(2) 2013年中国有多少老人？2050年呢？
Èr líng yī sān nián Zhōngguó yǒu duōshao lǎorén? Èr líng wǔ líng nián ne?

(3) 一般来说，中国人什么时候退休？
Yìbān lái shuō, Zhōngguórén shénme shíhou tuìxiū?

(4) 张先生在老年大学学什么？他老伴儿呢？
Zhāng xiānsheng zài lǎonián dàxué xué shénme? Tā lǎo bànr ne?

(5) 一对姓王的老夫妻为什么卖了房子和汽车？
Yí duì xìng Wáng de lǎo fūqī wèi shénme mài le fángzi hé qìchē?

(6) 李太太和老伴儿每天在家干什么？
Lǐ tàitai hé lǎobànr měi tiān zài jiā gàn shénme?

(7) 什么是"天伦之乐"？
Shénme shì "tiān lún zhī lè"?

(8) 对老人去养老院，传统的看法是什么？
Duì lǎorén qù yǎnglǎoyuàn, chuántǒng de kànfǎ shì shénme?

(9) 现在老人对去养老院有什么看法？
Xiànzài lǎorén duì qù yǎnglǎoyuàn yǒu shénme kànfǎ?

（10）刘奶奶的养老院 有 什么 服务？
　　　Liú nǎinai de yǎnglǎoyuàn yǒu shénme fúwù?

2. 按照例句写出下面的数字
Write the numbers according to the example

> E.g. 10,000 → 一万

(1) 70,000 ＿＿＿＿＿　　(2) 200,000 ＿＿＿＿＿
(3) 3,000,000 ＿＿＿＿＿　(4) 40,000,000 ＿＿＿＿＿
(5) 500,000,000 ＿＿＿＿＿(6) 6,000,000,000 ＿＿＿＿＿

3. 选择合适的词填空
Fill in the blanks with the appropriate word

> 认为　　以为
> rènwéi　　yǐwéi

（1）我（　）你是医生，原来你是护士。
　　　Wǒ　　nǐ shì yīshēng, yuánlái nǐ shì hùshi.

（2）我（　）医生和护士都是 重要 的 工作。
　　　Wǒ　　yīshēng hé hùshi dōu shì zhòngyào de gōngzuò.

（3）老人们（　）学习书法对身体有 好处。
　　　Lǎorén men　　xuéxí shūfǎ duì shēntǐ yǒu hǎochù.

（4）他（　）弹 钢琴 很 容易，其实很难。
　　　Tā　　tán gāngqín hěn róngyì, qíshí hěn nán.

（5）我（　）这个 养老院 不好。
　　　Wǒ　　zhè ge yǎnglǎoyuàn bù hǎo.

（6）我（　）这个 养老院 不错，其实不太好。
　　　Wǒ　　zhè ge yǎnglǎoyuàn búcuò, qíshí bú tài hǎo.

4. 回答下面的问题　Answer the following sentences

（1）爸爸50 岁，儿子的年龄是爸爸的二分之一。儿子多大？
　　　Bàba wǔshí suì, érzi de niánlíng shì bàba de èr fēn zhī yī. Érzi duō dà?

（2）爷爷80岁，孙子的年龄是爷爷的四分之一。孙子多大？
　　　Yéye bāshí suì, sūnzi de niánlíng shì yéye de sì fēn zhī yī. Sūnzi duō dà?

（3）学校有1000个学生，百分之四十是女生。有多少女生？
　　　Xuéxiào yǒu yì qiān ge xuésheng, bǎi fēn zhī sìshí shì nǚshēng. Yǒu duōshao nǚshēng?

（4）这本书有100页，他刚看了十分之一。他看了多少页？
　　　Zhè běn shū yǒu yì bǎi yè, tā gāng kàn le shí fēn zhī yī. Tā kàn le duōshao yè?

（5）这个医院有100个护士，百分之十是男护士。有多少女护士？
　　　Zhè ge yīyuàn yǒu yì bǎi ge hùshi, bǎi fēn zhī shí shì nán hùshi. Yǒu duōshao nǚ hùshi?

5. 根据句子的意思，画线连接A栏和B栏相应的句子
Match the sentences in Group A with those in Group B according to the meanings

A
(1) 他对女朋友说，
　　Tā duì nǚpéngyǒu shuō,
(2) 他特别喜欢书法，
　　Tā tèbié xǐhuan shūfǎ,
(3) 他没有经济能力，
　　Tā méiyǒu jīngjì nénglì,
(4) 他们有时候打羽毛球，
　　Tāmen yǒushíhou dǎ yǔmáoqiú,
(5) 大家都不喜欢他，
　　Dàjiā dōu bù xǐhuan tā,

B
a 有时候打乒乓球。
　　yǒushíhou dǎ pīngpāngqiú.
b 只能偶尔出国旅行。
　　zhǐ néng ǒu'ěr chū guó lǚxíng.
c 他永远爱她。
　　tā yǒngyuǎn ài tā.
d 因为他总是打扰别人。
　　yīnwèi tā zǒngshì dǎrǎo biéren.
e 但是从来没参加过书法比赛。
　　dànshì cónglái méi cānjiā guo shūfǎ bǐsài.

6. 用下面的汉字填空　Fill in the blanks with the given characters

(A)	以	法	年	钢	尤	组	极	输	玩	炼
	yǐ	fǎ	nián	gāng	yóu	zǔ	jí	shū	wán	liàn

60岁1＿＿＿上的老人可以去老2＿＿＿大学。老人们喜欢3＿＿＿琴课、画画课，4＿＿＿其是中国书5＿＿＿课。学校有时6＿＿＿织比赛，老人都会积7＿＿＿地参加。他们比赛不为8＿＿＿赢，只是比着9＿＿＿儿，也是为了锻10＿＿＿身体。

（B） 休　主　单　养　调　之　负　视　士　照
　　　xiū　zhǔ　dān　yǎng　diào　zhī　fù　shì　shì　zhào

中国人60岁退1＿＿＿＿。退休之后很多老人在家2＿＿＿＿顾孙子，虽然累，但不孤3＿＿＿＿，和家人享受着天伦4＿＿＿＿乐。有的老人5＿＿＿＿动选择住在6＿＿＿＿老院。那里有人7＿＿＿＿责日常生活，重9＿＿＿＿老人的健康，还有护8＿＿＿＿、医生来给老人看病。根据10＿＿＿＿查，住在那里的老人越来越多。

7. 找出反义词　Find out the antonyms

偶尔	以下	传统	输	热闹
ǒu'ěr	yǐxià	chuántǒng	shū	rènao
以上	现代	赢	孤单	经常
yǐshàng	xiàndài	yíng	gūdān	jīngcháng

8. 用下面的词语来填空　Fill in the blanks with the given words

网上	邮箱里	60岁以上	2014年底	办公室对面
wǎng shang	yóuxiāng li	liùshí suì yǐshàng	Èr líng yī sì nián dǐ	bàngōngshì duìmiàn

(1) 邮件发到你的＿＿＿＿＿＿＿。
(2) ＿＿＿＿＿＿＿是我们的教室。
(3) ＿＿＿＿＿＿＿购物非常省时间。
(4) ＿＿＿＿＿＿＿的人可以去老年大学。
(5) ＿＿＿＿＿＿＿张先生将退休。

9. 根据所听到的内容回答问题
Answer the questions according to the recording

(1) 人的寿命为什么越来越长？
(2) 中国人什么时候退休？
(3) 退休之后，人们可以做什么？
(4) 什么是"天伦之乐"的生活？
(5) 养老院里有什么服务？

退休之后的生活 Life after retirement

10. 课堂活动　Classroom activities

　　学生分成小组，分别扮成记者或者张先生、姓王的老夫妻、李太太和刘奶奶。记者对这些老人就他们的退休生活进行采访。

　　Students are divided into groups and play the role of journalist, Mr. Zhang, the old couple of Mr. and Mrs. Wang, Mrs. Li and Granny Liu. The journalist interviews the old people about their retired life.

记　者：你好！您在老年大学学什么？
张先生：我学书法。
记　者：您老伴儿学什么？
张先生：……

作业　Homework

1. 用所给的词把下面的句子翻译成汉语
Translate the sentences into Chinese by using the given words

(1) Old people like tea, especially green tea. 　　　　　　　尤其
(2) I thought he was 60 years old, but he is only 50. 　　　　以为
(3) He is taking a rest. Please don't disturb him. 　　　　　打扰
(4) Who is in charge of this school? 　　　　　　　　　　　负责
(5) Fill in this form, please. 　　　　　　　　　　　　　　填
(6) The population of this town will reach to 100,000. 　　　将

2. 写作练习 (400 个汉字)　Writing exercise (400 characters)

你们国家老人的退休生活　The Retired Life of Old People in Your Country

第13课 Lesson 13

两种语言，两种文化
Liǎng zhǒng yǔyán, liǎng zhǒng wénhuà
Two languages, two cultures

→ 课文　Text

（一）

马可： 我听说，在中国家庭里，孩子称呼父母时要用"您"。
　　　 Wǒ tīngshuō, zài Zhōngguó jiātíng li, háizi chēnghu fùmǔ shí yào yòng "nín".

小文： 对，尤其是在比较传统的家庭，这是对父母的尊敬。
　　　 Duì, yóuqí shì zài bǐjiào chuántǒng de jiātíng, zhè shì duì fùmǔ de zūnjìng.

马可： 除了和父母说话，还有什么时候用"您"？你能解释一下吗？
　　　 Chúle hé fùmǔ shuō huà, hái yǒu shénme shíhou yòng "nín"? Nǐ néng jiěshì yíxià ma?

小文： 一般来说，对年纪大的人说话时用"您"。
　　　 Yìbān lái shuō, duì niánjì dà de rén shuō huà shí yòng "nín".

马可： 我听到人们对出租车司机、警察说"您"，他们都很年轻啊。
　　　 Wǒ tīng dào rénmen duì chūzūchē sījī、jǐngchá shuō "nín", tāmen dōu hěn niánqīng a.

小文： 那是因为在公共场合，人们没有私人的关系，都比较客气。
　　　 Nà shì yīnwèi zài gōnggòng chǎnghé, rénmen méiyǒu sīrén de guānxi, dōu bǐjiào kèqi.

两种语言，两种文化 Two languages, two cultures

马可： 也包括对学校里的老师、教授、校长吧？
Yě bāokuò duì xuéxiào li de lǎoshī、jiàoshòu、xiàozhǎng ba?

小文： 是啊，除了客气，也表示你尊敬他们。
Shì a, chúle kèqi, yě biǎoshì nǐ zūnjìng tāmen.

马可： 这样说来，"您"表示尊敬、礼貌和客气。
Zhèyàng shuō lái, "nín" biǎoshì zūnjìng、lǐmào hé kèqi.

小文： 你的总结很准确。
Nǐ de zǒngjié hěn zhǔnquè.

马可： 你过奖了。我还有一个关于汉语称呼的问题呢。
Ní guòjiǎng le. Wǒ hái yǒu yí ge guānyú Hànyǔ chēnghū de wèntí ne.

小文： 那我就试着回答吧。
Nà wǒ jiù shì zhe huídá ba.

马可： 我听见人们称呼陌生人"叔叔、阿姨"，可是
Wǒ tīngjiàn rénmen chēnghū mòshēng rén "shūshu、āyí", kěshì

他们并没有亲戚关系。
tāmen bìng méiyǒu qīnqì guānxi.

小文： 那是因为这样的称呼使人感觉比较亲切。
Nà shì yīnwèi zhèyàng de chēnghū shǐ rén gǎnjué bǐjiào qīnqiè.

马可： 看来，不同的语言确实反映出不同的文化。
Kàn lái, bùtóng de yǔyán quèshí fǎnyìng chū bùtóng de wénhuà.

小文： 还有什么问题？
Hái yǒu shénme wèntí?

马可： 没有了。多谢你的解释。现在"讨论"结束了，
Méiyǒu le. Duō xiè nǐ de jiěshì. Xiànzài "tǎolùn" jiéshù le,

我请你喝咖啡。
wǒ qǐng nǐ hē kāfēi.

小文： 那我就不客气了。走吧！
Nà wǒ jiù bú kèqi le. Zǒu ba!

(二)

根据一篇报道，要适应外国生活一般来说大概需要三到五年的时间。当然这个适应过程要看人，性格活泼的、爱说话的人适应得快一点，性格害羞、不爱说话的人慢一点。首先要会说当地的语言，否则不能和当地人交流。

李先生的女儿去美国留学，毕业之后结了婚，现在住在美国。李先生和李太太只有这一个女儿，于是也去了美国和女儿一起生活。他们到那儿已经一年多了，还不会说英语，听不懂广播，看不懂报纸。女儿想请他们去看演出，他们也不想去。即使去了，他们也看不懂。这样一来，他们的生活范围受到了很大的限制，每天待在家里，无所事事，常常觉得很无聊。

女儿看到父母不开心，就让他们报名参加了一个英语学习班。这个班是专门为外国老人而举办的。通过几个月的学习，他们竟然能和邻居用英语说话了！尽管只能说一些简单的句子，他们还是很高兴。更重要的是，他们

两种语言，两种文化 Two languages, two cultures

在英语班上学到了关于新文化的新知识，认识了新朋友。
zài Yīngyǔ bān shang xué dào le guānyú xīn wénhuà de xīn zhīshi, rènshi le xīn péngyou.

他们逐渐开始适应那里的生活了。
Tāmen zhújiàn kāishǐ shìyìng nàli de shēnghuó le.

随着英语水平的提高,他们可以和越来越多的当地
Suízhe Yīngyǔ shuǐpíng de tígāo, tāmen kěyǐ hé yuè lái yuè duō de dāngdì

人进行交流。这样一来,他们社会生活的范围就扩大了。
rén jìnxíng jiāoliú. Zhèyàng yì lái, tāmen shèhuì shēnghuó de fànwéi jiù kuòdà le.

不过,有时候由于不了解对方的文化也引起了一些误会。
Búguò, yǒushíhou yóuyú bù liǎojiě duìfāng de wénhuà yě yǐnqǐ le yìxiē wùhuì.

有一次,李先生对邻居格林太太说:"Haven't seen you for
Yǒu yì tiān, Lǐ xiānsheng duì línjū Gélín tàitai shuō:

quite a long time. You've become fat." 李先生想说:"好久
Lǐ xiānsheng xiǎng shuō: " Hǎo jiǔ

没见,您胖了。"在中国,老年朋友见面时说对方胖
méi jiàn, nín pàng le." Zài Zhōngguó, lǎonián péngyou jiàn miàn shí shuō duìfāng pàng

了,对方常常比较高兴,因为胖了说明身体好。没想到,
le, duìfāng chángcháng bǐjiào gāoxìng, yīnwèi pàng le shuōmíng shēntǐ hǎo. Méi xiǎng dào,

格林太太听了,很不高兴,她最近正在努力减肥呢。后来
Gélín tàitai tīng le, hěn bù gāoxìng, tā zuìjìn zhèngzài nǔlì jiǎn féi ne. Hòulái

李先生知道自己说错了。又过了一段时间,他又看见了
Lǐ xiānsheng zhīdào zìjǐ shuō cuò le. Yòu guò le yí duàn shíjiān, tā yòu kànjiàn le

格林太太。这一次,他说:" Haven't seen you for quite a
Gélín tàitai. Zhè yí cì, tā shuō:

long time. You are getting slimer and slimer." 李先生想说:
Lǐ xiānsheng xiǎng shuō:

"好久没见,您越来越苗条了。"格林太太听了,高兴极了。
" Hǎo jiǔ méi jiàn, nín yuè lái yuè miáotiao le." Gélín tàitai tīng le, gāoxìng jí le.

(1)

Mark: I've heard that in Chinese families, children use "nín" when addressing parents.

Xiaowen: Yes, especially in traditional families and it is the respect for parents.

Mark: When else do you use "nín" in addition to talking with parents? Can you explain?

Xiaowen: In general, one uses "nín" when talking to old people.

Mark: I've heard people say "nín" to taxi drivers and policemen, who are young.

Xiaowen: That is because in public, people do not have personal relations and they are polite.

Mark: Addressing school teachers, professors and principals is also included, right?

Xiaowen: Yes. Apart from being polite, it also means that you respect them.

Mark: That is to say, "nín" shows respect, courtesy and politeness.

Xiaowen: Your summary is accurate.

Mark: I'm flattered. I have another question about Chinese addressing terms.

Xiaowen: I'll try to answer it.

Mark: I've heard people call someone "uncle or aunt," but they are not relatives.

Xiaowen: That is because such addressing terms make people feel more approachable.

Mark: It seems that different languages really reflect different cultures.

Xiaowen: Any more questions?

Mark: No more questions. Thanks a lot for your explanations. Now our "discussion" is over. I'd like to invite you for coffee.

Xiaowen: I am not being polite then. Let's go.

(2)

According to a report, in general, it probably takes three to five years to adapt to living abroad. Of course, this adaptation process depends on individuals. People who have lively and talkative personalities do it a bit faster, while people who have shy and reticent personalities do it a bit slower. First of all, one must speak the local language; otherwise one cannot communicate with the local people.

Mr. Li's daughter went to study in America and got married after graduation. She is now living in America. Mr. Li and Mrs. Li have only one daughter, so that they went to America to live with their daughter. After living there for more than a year, they still couldn't speak the local language. They couldn't understand the radio or newspapers. Their daughter asked them to go to a show, but they didn't want to go. Even they go they wouldn't understand it anyway. As a result, the scope of their life was greatly limited. They stayed at home most of time doing nothing and felt very boring.

After seeing her parents' unhappiness, the daughter got them registered for an English language class, which is organized specially for elderly foreigners. After several months of learning, they are now even able to speak English to their neighbors. Although they can only say a few simple sentences, they are still very happy. What is more important for them is that in the English class they have learned new knowledge about the new culture as well as to have met new friends. They gradually began to adapt themselves to the the local life.

With the improvement of English, they can communicate with more and more local people. In this way the scope of their social life is expanded. However, sometimes lack of understanding of each other's culture causes misunderstanding. On one occasion, Mr. Li said to his neighbor Mrs. Green: "Haven't seen you for quite a long time. You've become fat." Mr. Li wanted to say: "好久不见,您胖了。"In China, the elderly friends say so when they meet each other, the listeners are often happy, because being fat means being in good health. Unexpectedly, Mrs. Green was very upset after she heard it because she has been trying hard to lose weight recently. Later, Mr. Liu knew he had said something wrong. A period of time later, he saw Mrs. Green again. This time, he said: "Haven't seen you for quite a long time. You are getting slimmer and slimmer." Mr. Li wanted to say: "好久不见,您越来越苗条了。"When Mrs. Green heard it, she was very delighted.

新词语 New Words

1	语言	yǔyán	n.	language
2	家庭	jiātíng	n.	family
3	称呼	chēnghū	v./n.	to address; addressing term
4	尊敬	zūnjìng	v./adj.	to respect; respectful
5	解释	jiěshì	v.	to explain
6	警察	jǐngchá	n.	policeman
7	私人	sīrén	adj.	private
8	包括	bāokuò	v.	to include
9	教授	jiàoshòu	n.	professor
10	总结	zǒngjié	n./v.	summary; to summarize
11	准确	zhǔnquè	adj.	exact
12	叔叔	shūshu	n.	uncle (*addressing term for a man who is in the same generation of one's father*)
	叔	shū	n.	uncle (*father's young brother*)
13	阿姨	āyí	n.	aunt (*addressing term for a woman who is in the same generation of one's mother*)
	姨	yí	n.	aunt (*mother's sister*)
14	亲切	qīnqiè	adj.	intimate, cordial
15	反映	fǎnyìng	v.	to reflect
16	讨论	tǎolùn	n./v.	discussion, to discuss
17	篇	piān	m.w	*measure word for essay, text, etc.*
18	报道	bàodào	n./v.	report; to report

19	过程	guòchéng	n.	process
20	性格	xìnggé	n.	personality
21	否则	fǒuzé	conj.	otherwise
22	广播	guǎngbō	n./v.	news from radio; to broadcast
23	演出	yǎnchū	n./v.	performance; to perform
24	范围	fànwéi	n.	range
25	限制	xiànzhì	n./v.	limitation; to limit
26	无所事事	wú suǒ shì shì		to have nothing to do, to be at an idle end
27	无聊	wúliáo	adj.	boring
28	而	ér	conj.	*used to connect cause and effect*
29	举办	jǔbàn	v.	to conduct (*course*)
30	尽管	jǐnguǎn	conj.	even though
31	知识	zhīshi	n.	knowledge
32	逐渐	zhújiàn	adv.	gradually
33	扩大	kuòdà	v.	to expand
34	对方	duìfāng	n.	the other party
35	引起	yǐnqǐ	v.	to cause
36	误会	wùhuì	n./v.	misunderstanding; to misunderstand
37	减肥	jiǎn féi		to lose weight
38	段	duàn	m.w.	a period (*of time*)
39	苗条	miáotiao	adj.	slim

词语与句子结构　　Words and Sentence Structures

1. ……, 否则

"……, 否则"之后的句子表示如果没有之前提到的条件或情况,则产生某种结果,而这个结果常常是负面的。

"否则" is followed by a sentence, which indicates that certain result, often negative, is generated without previously mentioned situation.

(1)	他得学英语,	否则	不能和别人交流。He must learn English, otherwise he cannot communicate with others.
(2)	他得通过考试,	否则	不能毕业。He must pass the exam, otherwise he cannot graduate.

2. 为……而……

"为……而……"句式中,"为"所引导出的词语表示原因或目的,"而"所引导出的词语表示由上述原因或目的产生的行为。

In the structure of "为……而……", "为" is followed by words indicating reason or purpose, while "而" is followed by words indicating actions caused by the previously mentioned reason or purpose.

(1)	学校	为	老人	而	举办了英语班。The school conducted an English class for old people.
(2)	他	为	学汉语	而	去了中国。He went to China to study Chinese.

3. 尽管……, 还是……

"尽管……,还是……"用在表示条件关系的复句里。"尽管"分句表示姑且承认某种事实,"还是……"分句表示在上述情况下,结果一样。

"尽管……, 还是……," is used in a complex sentence, which indicates conditional relations. "尽管" clause indicates that certain fact is admitted and "还是" clause indicates that despite the fact mentioned before the result is the same.

(1)	尽管	只能说简单的句子,他	还是	很高兴。
	Even though he can speak only a few sentences, he is still happy.			
(2)	尽管	他听不懂,	还是	去看了演出。
	Even though he didn't understand it, he still went to watch the performance.			

4. 复句与基本关联词小结　A brief summary of complex sentences and basic conjunctions

(1) 因果 cause & effect
我因为想学汉语,所以要去中国。
我要去中国,是因为我学汉语。
既然你不知道,我就不问你了。
我学汉语,因此我要去中国。
(2) 转折 adversative
我虽然不是中国人,但是/可是/不过会说汉语。
我虽然不是中国人,却会说汉语。
(3) 条件 condition
如果/要是天气好,我就去散步。
只要天气好,我就去散步。
只有努力学习,才能学好汉语。
他不管多忙,都给我打电话。
即使天气不好,我也去散步。
(4) 递进 progressive
学生们不但/不仅会说汉语,而且/也/还会说英语。
(5) 选择 selecting
他晚上不是看书,就是看电视。
他晚上看书,或者看电视。
他晚上看书还是看电视?
(6) 并列 coordination
学生们既会说中文,又/也会说英文。
学生们又会说中文,又会说英文。
他们一边喝茶,一边听音乐。
骑自行车一方面对身体好,(另)一方面对环境好。
他们不是中国人,而是日本人。
(7) 连贯 coherent
学生们先学习汉字,再/然后/接着学习语法。
他一回家就做饭。
我想学汉语,于是我去了中国。

词组的构成8（固定词组）
The Formation of Phrases 8 (the Set Phrase)

在词组的构成中，词与词组合成固定的词组，其中的词序一般不能变换，例如"无所事事"等。一些固定词组在词义上具有熟语的特点，不能只从字面上理解，例如"马马虎虎"等。

In the formation of phrases, words are combined to form set phrases, in which the word order usually cannot be changed, e.g. "无所事事", etc. Semantically, some set phrases have characteristics of idioms and cannot be simply comprehended by the meaning of the words in the phrase, e.g. "马马虎虎", etc.

练习 Exercises

1. 课文问答练习　Questions and answers on the text

（一）

（1）孩子和父母说话时为什么用"您"？
　　　Hánzi he fùmǔ shuō huà shí wèi shénme yòng "nín"?

（2）马可认为可以怎么称呼父母，为什么？
　　　Mǎkě rènwéi kěyǐ zěnme chēnghū fùmǔ, wèi shénme?

（3）一般来说，还对谁说"您"？
　　　Yìbān lái shuō, hái duì shéi shuō "nín"?

（4）为什么对出租车司机和警察说"您"？
　　　Wèi shénme duì chūzūchē sījī hé jǐngchá shuō "nín"?

（5）和老师、教授说话用什么称呼？
　　　Hé lǎoshī、jiàoshòu shuō huà yòng shénme chēnghū?

（6）请你总结一下，称呼"您"时表示什么意思？
　　　Qǐng nǐ zǒngjié yíxià, chēnghū "nín" shí biǎoshì shénme yìsi?

（7）中国人怎么称呼和爸爸差不多大的男人？
　　　Zhōngguórén zěnme chēnghū hé bàba chàbuduō dà de nánrén?

（8）中国人怎么称呼和妈妈差不多大的女人？
　　　Zhōngguórén zěnme chēnghū hé māma chàbuduō dà de nǔrén?

（9）人们为什么用这样的称呼？
　　　Rénmen wèi shénme yòng zhèyàng de chēnghū?

（10）现在马可为什么请小文喝咖啡？
　　　 Xiànzài Mǎkě wèi shénme qǐng Xiǎowén hē kāfēi?

（二）

（1）适应外国生活需要多长时间？
Shìyìng wàiguó shēnghuó xūyào duōcháng shíjiān?

（2）什么样性格的人适应得快一些？
Shénme yàng xìnggé de rén shìyìng de kuài yìxiē?

（3）李先生和李太太为什么去了美国？
Lǐ xiānsheng hé Lǐ tàitai wèi shénme qù le Měiguó?

（4）他们为什么不去看演出？
Tāmen wèi shénme bú qù kàn yǎnchū?

（5）他们为什么觉得无聊？
Tāmen wèi shénme juéde wúliáo?

（6）他们参加了什么学习班？
Tāmen cānjiā le shénme xuéxí bān?

（7）他们在那儿学到了什么？
Tāmen zài nàr xué dào le shénme?

（8）为什么会有误会？
Wèi shénme huì yǒu wùhuì?

（9）李先生为什么说格林太太胖了？
Lǐ xiānsheng wèi shénme shuō Gélín tàitai pàng le?

（10）现在，李先生对格林太太说什么？
Xiànzài, Lǐ xiānsheng duì Gélín tàitai shuō shénme?

2. 按照例句造句　Make sentences according to the example

> E.g. 老人，举办，演出 → 他们为老人而举办演出。

（1）外国人，举办，英语班　　→
　　　wàiguó rén, jǔbàn, Yīngyǔ bān,

（2）考上大学，努力学习　　→
　　　kǎo shang dàxué, nǔlì xuéxí

（3）看女儿，来到了美国　　→
　　　kàn nǚ'ér, lái dào le Měiguó

（4）学汉语，去了中国　　→
　　　xué Hànyǔ, qù le Zhōngguó

（5）上　网，买了一台电脑　　　→
　　　shàng wǎng, mǎi le yì tái diànnǎo

（6）看　圣诞　老人，来到芬兰　→
　　　kàn Shèngdàn Lǎorén, lái dào Fēnlán

3. 按照例句用"否则"完成下面的会话
Complete the sentences according to the example

> E.g. 学汉语得学汉字，<u>否则不会读中文</u>。(读中文)

（1）和父母说话 时用"您"，＿＿＿＿＿＿＿＿。(礼貌)
　　　Hé fùmǔ shuō huà shí yòng "nín",

（2）和老人 说话 时用"您"，＿＿＿＿＿＿＿＿。(尊敬)
　　　Hé lǎorén shuō huà shí yòng "nín",

（3）和警察 说话 时用"您"，＿＿＿＿＿＿＿＿。(客气)
　　　Hé jǐngchá shuō huà shí yòng "nín",

（4）学生　得 通过 考试，＿＿＿＿＿＿＿＿。(毕业)
　　　Xuésheng děi tōngguò kǎoshì,

（5）住 在外国 得 学习外语，＿＿＿＿＿＿＿＿。(交流)
　　　Zhù zài wàiguó děi xuéxí wàiyǔ,

（6）你得有 身份证，＿＿＿＿＿＿＿＿。(坐飞机)
　　　Nǐ děi yǒu shēnfènzhèng,

4. 根据句子的意思，画线连接A栏和B栏相应的句子
Match the sentences in Group A with those in Group B according to the meanings

A

(1) 尽管 他在外国 住了十年，
　　Jǐnguǎn tā zài wàiguó zhù le shí nián,

(2) 尽管 每天 很 忙，很累，
　　Jǐnguǎn měi tiān hěn máng, hěn lèi,

(3) 尽管 他有 很多 钱，
　　Jǐnguǎn tā yǒu hěn duō qián,

(4) 尽管 一年来他一直减肥，
　　Jǐnguǎn yì nián lái tā yìzhí jiǎn féi,

(5) 尽管 听不懂，
　　Jǐnguǎn tīng bu dǒng,

B

a 他还是很开心。
　 tā háishi hěn kāixīn.

b 生活 还是不幸福。
　 shēnghuó háishi bú xìngfú.

c 还是不 能 适应那里的 生活。
　 háishi bù néng shìyìng nàli de shēnghuó.

d 他还是去看了京剧。
　 tā háishi qù kàn le jīngjù.

e 体重还是100公斤。
　 tǐzhòng háishi yì bǎi gōngjīn.

5. 用所给的关联词填空 Fill in the blanks with the given conjunctions

如果……，就……	只要……就……	因为……，所以……
虽然……，但是……	只有……，才……	不是……，就是……
不管……，都……	一边……，一边……	不但……，而且……
先……，然后……		

(1) ＿＿＿ ＿＿＿ 我有钱， 我 ＿＿＿ 去中国 旅行。
　　　　　　　　wǒ yǒu qián,　wǒ　　　qù Zhōngguó lǚxíng.

(2) 他们＿＿＿ 喝茶，＿＿＿看电视。
　　Tāmen　　 hē chá,　　　kàn diànshì.

(3) 他＿＿＿ 会说 汉语，＿＿＿ ＿＿＿ 不会写汉字。
　　Tā　　 huì shuō Hànyǔ,　　　　 bú huì xiě Hànzì.

(4) 我每天 起床 后，＿＿＿ 洗澡，＿＿＿ 喝咖啡。
　　Wǒ měitiān qǐ chuán hòu,　 xǐ zǎo,　　　 hē kāfēi.

(5) ＿＿＿ 他多么忙，＿＿＿ 不忘记 给我打电话。
　　　　　tā duōme máng,　　bú wàngjì gěi wǒ dǎ diànhuà.

(6) ＿＿＿ ＿＿＿ 上 网，＿＿＿ 能 发电子邮件。
　　　　　　　　shàng wǎng,　　néng fā diànzǐ yóujiàn.

（7）学生 们 ＿＿＿ ＿＿＿ 会说英语，＿＿＿ ＿＿＿ 也会说汉语。
　　　Xuésheng men　　　　　　huì shuō Yīngyǔ,　　　　　yě huì shuō Hànyǔ.

（8）＿＿＿ ＿＿＿ 我喜欢吃中餐，＿＿＿ ＿＿＿ 我 常常 做 中餐。
　　　　　　　　wǒ xǐhuan chī Zhōngcān,　　　　　wǒ chángcháng zuò Zhōngcān.

（9）她＿＿＿ ＿＿＿ 听到音乐＿＿＿ 想 跳舞。
　　　Tā　　　　　tīng dào yīnyuè,　xiǎng tiào wǔ.

（10）星期天他＿＿＿ ＿＿＿ 去图书馆，＿＿＿ ＿＿＿ 去书店。
　　　Xīngqītiān tā　　　　　qù túshūguǎn,　　　　　qù shūdiàn.

6. 用下面的汉字填空　Fill in the blanks with the given characters

（A）庭　礼　包　呼　察　亲　敬　切　知　叔
　　　tíng　lǐ　bāo　hū　chá　qīn　jìng　qiè　zhī　shū

在传统的家1＿＿＿，孩子对父母很尊2＿＿＿，说话时用"您"，也3＿＿＿括对爷爷、奶奶、4＿＿＿、姨等等。对警5＿＿＿、司机也用"您"，表示6＿＿＿貌。即使没有7＿＿＿戚关系，也可称8＿＿＿别人叔叔、阿姨，表示亲9＿＿＿。这些关于文化的10＿＿＿识对学习语言很重要。

（B）道　先　逐　性　无　过　否　言　扩　限
　　　dào　xiān　zhú　xìng　wú　guò　fǒu　yán　kuò　xiàn

根据一篇报1＿＿＿，适应外国生活的2＿＿＿程有长有短，和3＿＿＿格有关系，也和语4＿＿＿能力有关系。首5＿＿＿要学会与当地人交流，6＿＿＿则生活范围受到7＿＿＿制，只能呆在家里，很8＿＿＿聊。学会了外语，能9＿＿＿渐认识新朋友，10＿＿＿大生活范围。

7. 找出反义词　Find out the antonyms

私人 sīrén	活泼 huópō	苗条 miáotiao	有趣 yǒuqù	马上 mǎshàng
肥胖 féipàng	无聊 wúliáo	公共 gōnggòng	逐渐 zhújiàn	害羞 hàixiū

8. 用下面的词语来填空　Fill in the blanks with the given words

谢天谢地　　　马马虎虎　　　无所事事
xiè tiān xiè dì　　mǎ mǎ hū hū　　wú suǒ shì shì

家常便饭　　　五颜六色　　　望子成龙
jiā cháng biàn fàn　　wǔ yán liù sè　　wàng zǐ chéng lóng

(1) _____，他终于考上大学了。
(2) 那些灯_____，太漂亮了。
(3) 妈妈做的_____比饭店的饭还好吃。
(4) 我汉语说得_____，还得努力学习。
(5) 像所有的父母一样，我父母也_____。
(6) 他没有工作，每天_____，觉得很无聊。

9. 根据所听到的内容回答问题
Answer the questions according to the recording

(1) 为什么学习一种新的语言也要学习新的文化？
(2) 为什么对陌生人称呼"叔叔""阿姨"？
(3) 为什么对老人说话时用"您"？
(4) 对老年朋友说他们胖，他们为什么很高兴？
(5) 对年轻女孩儿说她们胖，她们为什么不高兴？

10. 课堂活动　Classroom activities

(1) 你的母语里有类似"您"的词语吗？如果有，说说它的用法。
   Is there a word which is similar to "您" in your mother tongue? If yes, talk about how to use the word.
(2) 你有外国生活经历吗？有过文化震荡和冲突吗？有过因不同语言和文化引起的误会吗？

Do you have any experience of living abroad? Have you had any cultural shock and cultural conflict? Have you had any misunderstanding caused by different language and culture?

作业 Homework

1. 用所给的词把下面的句子翻译成汉语
Translate the sentences into Chinese by using the given words

(1) I respect him very much.　　　　　　　　　　　尊敬
(2) Could you explain this sentence?　　　　　　　　解释
(3) He can speak 10 languages, including Chinese.　　包括
(4) You misunderstood him.　　　　　　　　　　　 误会
(5) Is there any limitation on luggage?　　　　　　　限制
(6) They held a party for the grandfather.　　　　　　举办

2. 写作练习 (400 个汉字)　　Writing exercise (400 characters)

我所了解/经历的文化差异　　Cultural Difference I Know/Experienced

第 14 课 Lesson 14

以茶会友
Yǐ chá huì yǒu
Making friends through tea

 课文 Text

在中国茶的历史已经超过四千多年了。开始
Zài Zhōngguó chá de lìshǐ yǐjīng chāoguò sì qiān duō nián le. Kāishǐ

的时候，人们把茶叶当作药，后来又把茶叶当作蔬菜。
de shíhou, rénmen bǎ cháyè dàngzuò yào, hòulái yòu bǎ cháyè dàngzuò shūcài.

逐渐地，茶叶成为中国人最喜爱的一种饮料，茶馆
Zhújiàn de, cháyè chéngwéi Zhōngguórén zuì xǐ'ài de yì zhǒng yǐnliào, cháguǎn

成为中国人以茶会友的地方。中国的茶馆有大的、
chéngwéi Zhōngguórén yǐ chá huì yǒu de dìfang. Zhōngguó de cháguǎn yǒu dà de、

小的、老式的、现代的，究竟有多少茶馆，谁也说不清。
xiǎo de、lǎoshì de、xiàndài de, jiūjìng yǒu duōshao cháguǎn, shéi yě shuō bu qīng.

长江边上有一个小茶馆，叫"绿竹"。由于气候
Cháng Jiāng biān shang yǒu yí ge xiǎo cháguǎn, jiào "Lǜzhú". Yóuyú qìhòu

温暖而湿润，茶馆周围长满了绿色的竹子和鲜花，
wēnnuǎn ér shīrùn, cháguǎn zhōuwéi zhǎng mǎn le lǜsè de zhúzi hé xiānhuā,

因此而得名"绿竹"。刘先生是茶馆的主人，从他
yīn cǐ ér dé míng "Lǜzhú". Liú xiānsheng shì cháguǎn de zhǔrén, cóng tā

父亲到他，"绿竹"已经有几十年的历史了。这里一切都
fùqin dào tā, "Lǜzhú" yǐjīng yǒu jǐ shí nián de lìshǐ le. Zhèlǐ yíqiè dōu

是老式的，连茶具都是刘先生的父亲自己做的，每个
shì lǎoshì de, lián chájù dōu shì Liú xiānsheng de fùqin zìjǐ zuò de, měi ge

茶杯下面都有"刘家制造"四个汉字。现在，这样的老
chábēi xiàmian dōu yǒu "Liú jiā zhìzào" sì ge Hànzì. Xiànzài, zhèyàng de lǎo

茶馆已经不多了。很多老茶馆都重新修了，新式的桌椅
cháguǎn yǐjīng bù duō le. Hěn duō lǎo cháguǎn dōu chóngxīn xiū le, xīnshì de zhuō yǐ

代替了老式的竹子做的桌椅，茶馆里的当地老戏也被
dàitì le lǎoshì de zhúzi zuò de zhuō yǐ, cháguǎn li de dāngdì lǎo xì yě bèi

流行音乐代替了。可是"绿竹"却一直坚持着自己的传统。

每天早上,刘先生准时把新鲜的花放在桌子上,仔细地把茶馆打扫干净,准备迎接顾客。"绿竹"主要卖绿茶和工夫茶。刘先生说,泡一杯好茶,关键是茶和水的质量。他每天都要检查茶叶是否新鲜。"绿竹"茶馆的绿茶都来自著名的西湖龙井。除了茶叶的质量,水的温度也很重要。泡绿茶,水的温度不能超过90度。泡工夫茶,水的温度要高一些,方法也比较复杂。

来"绿竹"茶馆喝茶的很多都是多年的老顾客,其中一些人已经养成了习惯,一天不来"绿竹"喝茶、聊天儿,就觉得不舒服。他们把这儿当作自己的第二个家。有的顾客搬家了,离得远了,即使乘坐半个小时的汽车,也非回来喝茶不可。每次刘先生见到老顾客都非常高兴,他说,开茶馆的目的不光是赚钱,还要以茶会友。

在"绿竹",任何超过60岁的老人都可以付半价,
Zài "Lǜzhú", rènhé chāoguò liùshí suì de lǎorén dōu kěyǐ fù bànjià,

10元人民币可以喝一壶茶。刘先生甚至允许老顾客们
shí yuán rénmínbì kěyǐ hē yì hú chá. Liú xiānsheng shènzhì yǔnxǔ lǎo gùkè men

自己带茶叶来,只需要付很少的水钱。"绿竹"的另一个
zìjǐ dài cháyè lái, zhǐ xūyào fù hěn shǎo de shuǐ qián. "Lǜzhú" de lìng yí ge

特点是,提供儿童茶,甜甜的,苹果味儿,孩子们一喝就
tèdiǎn shì, tígōng értóng chá, tián tián de, píngguǒ wèir, háizi men yì hē jiù

喜欢。因为有儿童顾客,所以茶馆是禁止抽烟的。
xǐhuan. Yīnwèi yǒu értóng gùkè, suǒyǐ cháguǎn shì jìnzhǐ chōu yān de.

刘先生很会做生意,他请了专业的泡茶师傅。
Liú Xiānsheng hěn huì zuò shēngyi, tā qǐng le zhuānyè de pào chá shīfu.

他们用当地传统的方法给客人泡茶,动作像跳舞
Tāmen yòng dāngdì chuántǒng de fāngfǎ gěi kèrén pào chá, dòngzuò xiàng tiào wǔ

一样。老师傅、旧桌子、旧椅子、老茶具、老式的礼仪,
yíyàng. Lǎo shīfu、jiù zhuōzi、jiù yǐzi、lǎo chájù、lǎoshì de lǐyí,

这些不仅让老年顾客回忆起他们年轻的时候,也让
zhèxiē bùjǐn ràng lǎonián gùkè huíyì qǐ tāmen niánqīng de shíhou, yě ràng

年轻人觉得很有意思。这样一来,顾客越来越多,茶馆
niánqīng rén juéde hěn yǒu yìsi. Zhèyàng yì lái, gùkè yuè lái yuè duō, cháguǎn

的生意越做越大。
de shēngyi yuè zuò yuè dà.

去年,"绿竹"被选为当地的"最好茶馆"。刘先生
Qùnián, "Lǜzhú" bèi xuǎn wéi dāngdì de "zuì hǎo cháguǎn". Liú xiānsheng

为此事感到十分骄傲。
wèi cǐ shì gǎndào shífēn jiāo'ào.

China has history of using tea for more than four thousand years. Initially, people took tea as medicine and then later as vegetable. Gradually, tea has become a kind of favorite drink in China and teahouse a place where people meet and drink tea. Teahouse can be big or small, old-fashioned or modern. As to the amount of teahouses, no one can tell.

There is a small teahouse named Green Bamboo by Yangtze River.

Due to the warm and moist climate, it is surrounded by plenty of green bamboo and flowers. And that is how the teahouse gets the name "Green Bamboo". Mr. Liu is the owner of the teahouse, which has been owned by his father and then by him for a few decades. Everything here is old, even the tea sets were made by Mr. Liu's father himself. There are four Chinese characters "Made in Liu Family" at the bottom of each tea cup. Now, this kind of old teahouse is rare. Many of old teahouses are renovated, in which old-fashioned bamboo tables and chairs are replaced by new tables and chairs; old local opera is replaced by pop music. However, Green Bamboo has been stuck to its traditions.

Every morning Mr. Liu puts fresh flowers on the table on time, cleans the teahouse carefully and gets things ready for customers. Green Bamboo sells mainly green tea and Gongfu tea. Mr. Liu said that the key point of making a cup of good tea is the quality of tea leave and water. Every day he checks the tea leaves to make sure that they are fresh. In Green Bamboo, all green tea leaves come from famous Longjing of West Lake. Apart from quality of tea leave, the temperature of water is also important. To make green tea, the temperature of water should not exceed 90 degrees. To make Gongfu tea, the temperature of water is higher and the method is more complicated.

Those who come to Green Bamboo are old customers for many years and some of them have developed a habit of going there for tea every day. They will feel uncomfortable without having tea in Green Bamboo, which they take as their second home. Some customers have moved house but they must come back for tea even if they take bus for half an hour. Every time Mr. Liu sees old customers, he is very happy. He said that the aim of running a teahouse is not only to make money, but also to make friends through tea.

In Green Bamboo, anyone who is over sixty years old pays half price, i.e. ten Yuan for a pot of tea. Mr. Liu even allows old customers to bring their own tea leaves and only pay very little money for water. Another feature of Green Bamboo is that it provides sweet fruit tea to children. It is sweet with apple flavour. Children like it as soon as they drink it. Because there are children, smoking is forbidden in the teahouse.

Mr. Liu is good at doing business. He invites tea making masters, whose traditional methods involve dancing movements, to make tea for customers. With old masters, old tables, old chairs, old tea sets as well as old-fashioned tea drinking etiquette, Green Bamboo does not only let elderly customers remember the time when they were young, but also make young people feel interested. As a result, more and more customers come to teahouse and the business gets bigger and bigger.

Last year, Green Bamboo was selected as "The best teahouse" in the local area. Mr. Liu is very proud of this.

新词语 New Words

1	超过	chāoguò	v.	to outnumber, to surpass
2	当作	dàngzuò	v.	to take as
3	老式	lǎoshì	adj.	old style
4	长江	Cháng Jiāng	p.n.	the Yangtze River
5	湿润	shīrùn	adj.	moist
6	竹子	zhúzi	n.	bamboo
7	制造	zhìzào	v.	to manufacture
8	重新	chóngxīn	adv.	anew
9	新式	xīnshì	adj.	new style
10	代替	dàitì	v.	to substitute
11	流行	liúxíng	v.	to prevail
12	坚持	jiānchí	v.	to persist in
13	准时	zhǔnshí	adj.	punctual
14	仔细	zǐxì	adj.	attentive
15	顾客	gùkè	n.	customer
16	工夫茶	gōngfuchá	n.	Gongfu tea
17	关键	guānjiàn	n./adj.	crux; crucial
18	质量	zhìliàng	n.	quality
19	检查	jiǎnchá	v.	to inspect

20	自	zì	prep.	from
21	复杂	fùzá	adj.	complicated
22	养	yǎng	v.	to form (*habit*)
23	乘坐	chéngzuò	v.	to take (*bus, train, plane*)
24	目的	mùdì	n.	purpose
25	赚	zhuàn	v.	to make profit
26	任何	rènhé	pron.	any
27	半价	bànjià	n.	half price
28	人民币	rénmínbì	n.	Renminbi(RMB)
29	壶	hú	m.w.	kettle
30	允许	yǔnxǔ	v.	to permit
31	儿童	értóng	n.	children
32	禁止	jìnzhǐ	v.	to forbid
33	抽烟	chōu yān		to smoke
34	做生意	zuò shēngyi		to do business
35	动作	dòngzuò	n.	action
36	礼仪	lǐyí	n.	etiquette
37	回忆	huíyì	v.	to call to mind
38	选	xuǎn	v.	to select
39	此	cǐ	pron.	this
40	骄傲	jiāo'ào	adj.	proud

词语与句子结构 Words and Sentence Structures

1. V+自

"自"用在一些动词之后，其宾语常为表示地点的词语，表示动词所指动作的来源，例如"来自中国"。这样的短语常用于书面语。

"自" can be placed after some verbs and it is followed by words which usually indicate place where the verbal action comes from, e.g. "来自中国". This phrase is often used in written language.

| (1) | 茶叶来 | 自 | 中国。 | Tea comes from China. |
| (2) | 这个邮件发 | 自 | 上海。 | The mail was sent from Shanghai. |

2. 把……当作……

"把A当作B"短语表示事物A被用作另一事物B。类似的短语有"把……叫作/看作……"等。

The phrase "把A当作B" indicates that A is used as B. There are similar phrases such as "把……叫作/看作……" etc.

(1)	他们	把	茶叶	当作	药。	They take tea as medicine.
(2)	他们	把	春节	叫作	中国新年。	They call Spring Festival Chinese New Year.
(3)	他们	把	书法	看作	艺术。	They regard calligraphy as art.

3. 非+V不可(行)

"非+V不可(行)"表示"一定要做某事"。"非"之后的动词表示一定要完成的动作。

"非+V不可(行)" structure means that something must be done. The verb after "非" refers to the action which must be completed.

| (1) | 他们 | 非 | 回来 | 不可。 | They are determined to come back. |
| (2) | 孩子 | 非 | 买电脑 | 不可。 | The child is determined to buy a computer. |

4. 越……越……

"越……越……"中,第一个"越"后面的动词表示动作的发展,第二个"越"后面的词语表示动作发展的程度。"越……越……"表示随着动作的发展,其程度也在不断地变化。例如"茶馆越开越好"。

In "越……越……" structure, the first "越" is followed by a verb which indicates a developing action, while the second "越" is followed by words which indicate to what degree the action develops. Thus "越……越……" structure indicates that along with the development of the action, the degree of develoment keeps on changing, e.g. "茶馆越开越好."

| (1) | 生意 | 越 | 做 | 越 | 大。 | As the business developes, it is getting bigger and bigger. |
| (2) | 孩子 | 越 | 长 | 越 | 胖。 | As the child grows, he gets fatter and fatter. |

5. 紧缩句 The contracted sentence

用单句形式表达复句意思的句子叫紧缩句。例如"孩子们一喝就喜欢",意思是"孩子们喝了,就喜欢。"简单地说,紧缩句的特点如下:

(1) 两个谓语成分共属同一个主语,结构简短、紧凑,多用于口语。紧缩句中常用的结构有"越……越……""非……不可""一……就"等,见例句(1)(2)(3)。

(2) 两个谓语成分在语义上相关联,其中的一些关联词可以"紧缩"掉,例如"没有钱不能去旅行",意思是"如果没有钱,就不能去旅行。"见例句(4)。

A contracted sentence, which is in the form of a simple sentence, expresses what is normally expressed by a complex sentence. For example "孩子们一喝就喜欢", which means "孩子们喝了,很喜欢。" To be brief, the features of contracted sentences are as follows:

(1) In a sentence, one subject is shared by two predicates, which are structurally brief and compact. The sentence structure is often used in spoken language. "越……越……""非……不可""一……就……", etc. are commonly used structures in contracted sentences. See E.g. (1) (2) (3).

(2) The two predicates are semantically related and some of the conjunctions can be "contracted". E.g. "没有钱不能去旅行", which means that "如果没有钱,就不能去旅行". See E.g. (4)

(1)	孩子们一喝就喜欢了。	Children like it as soon as they drink it.
(2)	他们非回来喝茶不可。	They are determined to come back to drink tea.
(3)	茶馆越开越大。	As the business develops, the teahouse gets bigger and bigger.
(4)	没有钱不能去旅行。	Without money, one cannot travel.

练习 Exercises

1. 课文问答练习　Questions and answers on the text

(一)

(1) 在中国用茶有多长时间的历史?
Zài Zhōngguó yòng chá yǒu duō cháng shíjiān de lìshǐ?

(2) 茶馆是一个什么样的地方?
Cháguǎn shì yí ge shénme yàng de dìfang?

(3) 那个茶馆为什么叫"绿竹"?
Nà ge cháguǎn wèi shénme jiào "Lǜzhú"?

(4) 新式茶馆里有什么音乐?
Xīnshì cháguǎn li yǒu shénme yīnyuè?

(5) 老式茶馆里有什么样的桌椅?
Lǎoshì cháguǎn li yǒu shénme yàng de zhuō yǐ?

(6) "绿竹"茶馆的茶杯是谁做的?
"Lǜzhú" cháguǎn de chábēi shì shéi zuò de?

(7) 茶杯下面有什么字?
Chábēi xiàmian yǒu shénme zì?

(8) 刘先生每天早上做什么?
Liú xiānsheng měi tiān zǎoshang zuò shénme?

(9) 泡一杯好茶的关键是什么?
Pào yì bēi hǎo chá de guānjiàn shì shénme?

(10) "绿竹"茶馆的绿茶来自哪里?
"Lǜzhú" cháguǎn de lǜchá láizì nǎli?

(11) 泡绿茶的水多少度?
Pào lǜchá de shuǐ dōushao dù?

(12) 泡工夫茶和泡绿茶有什么区别?
Pào gōngfuchá hé pào lǜchá yǒu shénme qūbié?

(13) 老顾客为什么天天来"绿竹"茶馆?
Lǎo gùkè wèi shénme tiān tiān lái "Lǜzhú" cháguǎn?

(14) 刘先生开茶馆的目的是什么?
Liú xiānsheng kāi cháguǎn de mùdì shì shénme?

(15) 在"绿竹"茶馆,谁可以付半价?
Zài "Lǜzhú" cháguǎn, shéi kěyǐ fù bànjià?

(16) "绿竹"茶馆为儿童提供什么?
"Lǜzhú" cháguǎn wèi értóng tígōng shénme?

(17) "绿竹"茶馆为什么禁止抽烟?
"Lǜzhú" cháguǎn wèi shénme jìnzhǐ chōu yān?

(18) 泡茶师傅的动作怎么样?
Pào chá shīfu de dòngzuò zěnmeyàng?

(19) 近几年来,茶馆的生意怎么样?
Jìn jǐ nián lái, cháguǎn de shēngyi zěnmeyàng?

(20) 刘先生为什么感到骄傲?
Liú xiānsheng wèi shénme gǎndào jiāo'ào?

2. 按照例句造句　Make sentences according to the example

> E.g. 龙井茶　非洲（Africa）→ 龙井茶来自中国。
> 　　 咖啡　　中国　　　　→ 咖啡来自非洲。

学 生 们　　　　西湖龙井　　→ _____
xuésheng men　　Xīhú Lóngjǐng

这个消息　　　　北京　　　　→ _____
zhè ge xiāoxi　　Běijīng

这 种 绿茶　　　农村　　　　→ _____
zhè zhǒng lǜchá　nóngcūn

这 条 河的水　　互联网　　　→ _____
zhè tiáo hé de shuǐ　hùliánwǎng

汉语老师　　　　长江　　　　→ _____
Hànyǔ lǎoshī　　Cháng Jiāng

3. 根据例句改写下面的句子
Rewrite the sentences according to the example

> E.g. 他们一定要喝工夫茶。→ 他们非喝功夫茶不可。

（1）他们一定要去那个茶馆。　→ _____。
　　 Tāmen yídìng yào qù nà ge cháguǎn.

（2）孩子一定要喝甜茶。　　　→ _____。
　　 Háizi yídìng yào hē tián chá.

（3）他一定要考上大学。　　　→ _____。
　　 Tā yídìng yào kǎo shang dàxué.

（4）我们一定要去欧洲旅行。　→ _____。
　　 Wǒmen yídìng yào qù Ōuzhōu lǚxíng.

（5）他一定要和她结婚。　　　→ _____。
　　 Tā yídìng yào hé tā jié hūn.

（6）泡绿茶的水温一定要90度。→ _____。
　　 Pào lǜchá de shuǐwēn yídìng yào jiǔshí dù.

4. 用所给的词填空　Fill in the blanks with the given words

开,香　办,好　说,高兴　做,大　下,大　学,有意思
kāi, xiāng　bàn, hǎo　shuō, gāoxìng　zuò, dà　xià, dà　xué, yǒu yìsi

(1) 他的生意越_____越_____。
　　Tā de shēngyi yuè　　yuè

(2) 茶馆越_____越_____。
　　Cháguǎn yuè　　yuè

(3) 汉语越_____越_____。
　　Hànyǔ yuè　　yuè

(4) 雨越_____越_____。
　　Yǔ yuè　　yuè

(5) 茉莉花越_____越_____。
　　Mòlìhuā yuè　　yuè

(6) 他越_____越_____。
　　Tā yuè　　yuè

5. 据句子的意思,画线连接A栏和B栏相应的句子
Match the sentences in Group A with those in Group B according to the meanings

A

(1) 茶有很多作用,
　　Chá yǒu hěn duō zuòyòng,

(2) 人们特别喜欢这个茶馆,
　　Rénmen tèbié xǐhuan zhè ge cháguǎn,

(3) 我的狗又聪明又可爱,
　　Wǒ de gǒu yòu cōngming yòu kě'ài,

(4) 书法里的汉字那么漂亮,
　　Shūfǎ li de Hànzì nàme piàoliang,

(5) 中国人写汉字,因此
　　Zhōngguórén xiě Hànzì, yīncǐ

B

a 我把它看作好朋友。
　wǒ bǎ tā kànzuò hǎo péngyou.

b 人们也把汉字叫作中国字。
　rénmen yě bǎ Hànzì jiàozuò Zhōngguó zì.

c 很多人把茶当作药。
　hěn duō rén bǎ chá dàngzuò yào.

d 他们把茶馆当作第二个家。
　tāmen bǎ cháguǎn dàngzuò dì èr ge jiā.

e 难怪人们把书法看作艺术。
　nánguài rénmen bǎ shūfǎ kànzuò yìshù.

6. 用下面的汉字填空　Fill in the blanks with the given characters

（A）
江	生	夫	仪	作	质	动	竹	光	此
jiāng	shēng	fū	yí	zuò	zhì	dòng	zhú	guāng	cǐ

茶馆在长 1_____ 边，周围到处都是 2_____ 子、绿树和鲜花，因 3_____ 当地人把它叫 4_____ 绿竹。这儿的工 5_____ 茶很有名，不 6_____ 茶叶很好，水的 7_____ 量也好。老板会很做 8_____ 意，他用传统的礼 9_____ 来给客人泡茶，10_____ 作就像跳舞一样。

（B）
超	民	赚	选	许	目	付	以	童	骄
chāo	mín	zhuàn	xuǎn	xǔ	mù	fù	yǐ	tóng	jiāo

在这个茶馆，1_____ 过60岁的人只 2_____ 半价，老板还允 3_____ 老顾客自己带茶叶。茶馆还有儿 4_____ 喝的甜茶，一元人 5_____ 币一杯。老板说，6_____ 钱是做生意的 7_____ 的，但是他也喜欢 8_____ 茶会友。今年茶馆被 9_____ 为"最好茶馆"，老板很 10_____ 傲。

7. 找出反义词　Find out the antonyms

骄傲	粗心	允许	坚持	复杂
jiāo'ào	cūxīn	yǔnxǔ	jiānchí	fùzá
放弃	禁止	简单	仔细	谦虚
fàngqì	jìnzhǐ	jiǎndān	zǐxì	qiānxū

8. 按照例句把下面的句子改写成紧缩句
Rewrite the following sentences into contracted sentences according to the example

E.g. 如果天气不好，就别去了。→ 天气不好别去了。

(1) 如果你没有密码,就不能 用 信用卡。
　　Rúguǒ nǐ méiyǒu mìmǎ, jiù bù néng yòng xìnyòng kǎ.

　　→_____。

(2) 如果你喝茶,就自己泡吧。
　　Rúguǒ nǐ hē chá, jiù zìjǐ pào ba.

　　→_____。

(3) 因为我 明天 有事儿,所以得请假。
　　Yīnwèi wǒ míngtiān yǒu shìr, suǒyǐ děi qǐng jià.

　　→_____。

(4) 因为他今天没 课,所以可以休息一下。
　　Yīnwèi tā jīntiān méi kè, suǒyǐ kěyǐ xiūxī yíxià.

　　→_____。

(5) 既然你爱他,就和他结婚。
　　Jìrán nǐ ài tā, jiù hé tā jié hūn.

　　→_____。

(6) 既然你 想 找 工作,就写一份简历吧。
　　Jìrán nǐ xiǎng zhǎo gōngzuò, jiù xiě yí fèn jiǎnlì ba.

　　→_____。

9. 根据所听到的内容回答问题
Answer the questions according to the recording

(1) 人们为什么喜欢这个老茶馆?
(2) 这个茶馆的茶为什么甜甜的?
(3) 顾客为什么喜欢看老师傅泡茶?
(4) 60岁以上的老人喝一壶茶付多少钱?
(5) 老板开茶馆的目的是什么?

10. 课堂活动　Classroom activities

比较一下"绿竹"茶馆和你喜欢的咖啡馆或茶馆。
Compare Green Bamboo Teahouse with a café or a teahouse you like

绿竹	你喜欢的咖啡馆/茶馆
周围有竹子、树和花	
老式的桌椅和茶具	
泡茶的动作像跳舞	
茶和水的质量很好	
有绿茶和功夫茶	
有儿童喝的甜果茶	
老人喝茶付半价	
禁止抽烟	

作业　Homework

1. 用所给的词把下面的句子翻译成汉语
Translate the sentences into Chinese by using the given words

(1) Smoking is forbidden in hospitals.　　　　　　　　　　禁止

(2) Check the quality of the water, please.　　　　　　　　检查

(3) He keeps on swimming persistently every day.　　　　坚持

(4) Telephone is replaced by mobile phone.　　　　　　　代替

(5) "Green Bamboo" is selected as the best teahouse.　　选

(6) The boss allows customers to bring their own tea leaves.　允许

2. 写作练习 (400个汉字)　Writing exercise (400 characters)

一个茶馆/咖啡馆的故事　A Story of a Tea House/Café

附录1　听力文本
Appendix 1　Listening Script

第一课

1. 李先生和李太太有一个孩子，是男孩儿。李先生说，"大海"这个名字不错，孩子就叫"李大海"吧。
   问：李先生给儿子起的名字是什么？
2. 李太太觉得，大家都喜欢"海"字，姓李的人那么多，一定有很多男孩儿叫"李大海"。
   问：李太太觉得这个名字有什么问题？
3. 李太太想了想，说，还是叫"小洋"吧，没有那么多人用"洋"这个汉字，而且"李小洋"听起来也很好听。
   问：李太太给儿子起名叫"小洋"，为什么？
4. 李先生觉得"海"和"洋"这两个汉字都可以，因为它们的意思没有太大的区别。
   问：李先生为什么觉得"洋"和"海"这两个汉字都可以？
5. 最后，他们决定给孩子起名叫"李大洋"，因为男孩儿的名字里最好有"大"字。
   问：最后，他们为什么给儿子起名叫"李大洋"？

第二课

1. 小王在外国留学，他还不太习惯那里的生活，最不习惯的是那里的饮食。
   问：小王在外国留学，他最不习惯的是什么？
2. 他觉得西餐里最特别的是奶酪。虽然他认为奶酪有营养，但他还不能接受那种味道。
   问：他认为奶酪怎么样？他为什么还不能接受？
3. 他觉得中餐的特点是蔬菜比较多，西餐的特点是肉比较多，例如牛肉、羊肉、猪肉什么的。
   问：他觉得中餐的特点是什么？西餐的特点是什么？
4. 在喝汤时，中餐和西餐也不一样，西餐是饭前喝汤，中餐是饭后喝汤。
   问：中餐和西餐在喝汤时有什么区别？
5. 他喜欢在外国朋友家里吃饭，因为那是一种文化经历，当然吃的东西也很有意思。
   问：他为什么喜欢去外国朋友家里吃饭？

第三课

1. 旗袍是中国传统的女式服装。过去，旗袍一直是女人平时穿的衣服。
   问：旗袍是什么样的衣服？过去人们什么时候穿旗袍？
2. 不过，现在中国人平时不穿旗袍。因为旗袍虽然漂亮，但是穿着并不舒服。
   问：旗袍很漂亮，但是现在人们为什么平时不穿旗袍？

3. 现在,人们只是在特别的场合才穿旗袍,例如在婚礼上、宴会上,等等。
   问:现在人们什么时候穿旗袍?
4. 中国人到了外国,在一些正式场合常穿旗袍,因为它最能代表中式服装。当然,也因为它漂亮。
   问:为什么中国人在外国穿旗袍?什么时候穿?
5. 现在,中国人,特别是年轻人,平时更喜欢穿牛仔裤、T恤衫什么的。
   问:现在,人们平时更喜欢穿什么?

第四课

1. 春节在阴历的一月一号,是阴历新年的第一天,因此也叫作中国新年。
   问:为什么春节也叫作中国新年?
2. 新年的前一天晚上是除夕之夜,这一天人们都回家过年,全家人一起吃团圆饭。
   问:除夕之夜,全家人一起做什么?
3. 人们过年吃很多东西,其中一定有饺子,因为那是几千年的传统,当然饺子是很好吃的。
   问:为什么过年一定要吃饺子?
4. 过年时最高兴的是孩子,因为父母会给他们买新衣服、新玩具和很多好吃的东西。
   问:为什么过年时孩子最高兴?
5. 对于大一点的孩子来说,最好的新年礼物是压岁钱,因为他们能用压岁钱买自己喜欢的东西。
   问:大一点的孩子最喜欢什么礼物?为什么?

第五课

1. 王老师病了,她发烧、头疼、咳嗽,特别是咳嗽,很不舒服。
   问:王老师觉得怎么不舒服?
2. 她去了医院,医生给她开了一些西药,还给她打了针,但是没有什么效果。
   问:医生是怎么给王老师看病的?效果怎么样?
3. 于是她去了中医医院。给她看病的是一位80多岁的老中医,非常有经验。
   问:那位老中医怎么样?
4. 老中医给王老师开了中药,药里面有一些花和草,还有植物的叶子什么的。
   问:老中医开的药里有什么?
5. 而且这个中药的味道并不苦,但是效果不错。王老师吃了中药以后,觉得病好多了。
   问:这个中药的味道怎么样?效果怎么样?

第六课

1. 中国的父母们都望子成龙。孩子上小学后,他们最关心孩子的学习成绩。
   问:孩子上学以后,父母最关心什么?

2. 为了提高孩子的学习成绩,父母不管孩子是不是同意,都会请家教来家里给孩子上课。
   问:父母怎么提高孩子的学习成绩?
3. 孩子们常常不喜欢家教,因为家教一般周末来。这样一来,孩子周末没有自由时间了。
   问:孩子们为什么不喜欢家教?
4. 孩子上了高中以后,不管他们的理想是什么,父母都认为他们应该努力学习,考上大学。
   问:父母认为上高中的孩子应该做什么?
5. 实际上,对于孩子们来说,他们最希望父母帮助他们实现自己的理想。
   问:孩子们希望父母做什么?

第七课

1. 这所大学是一所古老的大学,有一个非常漂亮的校园,就像花园一样。
   问:这所大学怎么样?
2. 学生宿舍就在校园里。两个人住一个宿舍,学校提供家具,条件不错。
   问:学生宿舍的条件怎么样?
3. 小王现在是中文系四年级本科生,今年夏天如果她通过考试,就可以毕业了。
   问:小王什么时候毕业?
4. 她不打算考硕士研究生了,因为学费太贵了,她不想让父母再为她付学费了。
   问:她为什么不打算考研究生?
5. 她打算毕业以后找工作,自己付自己的生活费,还打算一毕业就和男朋友结婚,他们已经谈了四年恋爱了。
   问:她毕业以后打算做什么?

第八课

1. 现在,我们的生活离不开互联网。我们在网上购物、看新闻、看电影、听音乐、听天气预报等等。
   问:人们可以在网上做什么?
2. 人们甚至可以在网上谈恋爱,结婚。有些人愿意网恋,因为在网上谈恋爱看不见人,比较随便,不用紧张。
   问:为什么有人喜欢在网上谈恋爱?
3. 不过,有的人是认真的,是真心地谈恋爱,但是有的人只是随便玩玩儿。
   问:人们在网上谈恋爱都是认真的吗?
4. 不管是认真还是随便,大家都用假名,因为人们不知道这样的感情有什么结果。
   问:为什么在网恋中人们用假名字?
5. 网恋的人也不愿意见面,他们怕真人没有自己想象的那么好,他们不想破坏美好的印象。
   问:网恋的人为什么不见面?

第九课

1. 大学生们一毕业就要找工作。他们首先要写一份简历,发给自己觉得合适的单位。
    问:找工作时首先要做什么?
2. 在简历里要说自己的长处,例如,现在不可缺少的计算机技术。
    问:在简历里应该写什么?
3. 随着中国经济的发展,很多外国公司和中国做生意,所以,会说汉语也是一个长处。
    问:为什么会说汉语也是长处?
4. 什么是好工作呢?对于有些人来说,收入高的工作就是好工作。
    问:对于有些人来说,什么是好工作?
5. 但是对于另外一些人来说,自己喜欢的工作才是好工作。其实,不管做什么工作,只要我们认真、努力,就能成功。
    问:对于另外一些人来说,什么是好工作?怎样做才能成功?

第十课

1. 现代城市的人口一年比一年多,城市里的公寓大楼越来越多,越来越高,房价也一天比一天贵。
    问:现在城市里房价怎么样?
2. 很多人买不起城里的房子,只好把家搬到郊区去。那里的房子比城里便宜。
    问:为什么很多人把家搬到郊区去?
3. 在喜欢住在郊区的人看来,那里周围的自然环境比较好,有更大的公园,更多的树。空气更新鲜。
    问:喜欢郊区的人认为住在那里有什么好处?
4. 虽然郊区离市中心比较远,但是有火车开往市中心,所以交通是比较方便的。
    问:从郊区到市中心的交通怎么样?
5. 从郊区到城里,花在路上时间并不太多,因为坐火车没有堵车的问题。
    问:为什么从郊区到城里的交通比较快?

第十一课

1. 每个人生活中都有压力。对于大学生们来说,几乎人人都有学习上的压力。
    问:大学生们常常有什么压力?
2. 可是对于小王来说,除了学习上的压力,他还有经济上的压力。
    问:小王有什么压力?
3. 他父母在经济上不能帮助他,所以他得打工来自己付房租和生活费。
    问:小王为什么打工?
4. 最近他又有一个新的压力。他在一家公司打工,工作的责任很大,他每天都很紧张,压力很大。

问：小王的新压力是什么？
5. 朋友们建议，他应该放松放松，和朋友去公园划划船，聊聊天儿什么的。

问：朋友们建议他应该怎么放松一下？

第十二课

1. 随着社会经济的发展，人们的生活水平越来越高，因此人的寿命也越来越长。

问：人的寿命为什么越来越长？
2. 在中国，一般来说，60岁退休。但是在有的工作单位，55岁也可以退休。

问：中国人什么时候退休？
3. 退休之后，如果身体好，老人可以做很多事，比如去老年大学学习、去旅游什么的。

问：退休之后，老人可以做什么？
4. 也有的老人和孩子住在一起，帮助他们照顾孙子，一家人在一起过着"天伦之乐"的生活。

问：什么是"天伦之乐"的生活？
5. 老人也可以选择住在养老院。那里有人照顾他们的日常生活，还有医生护士给他们看病。

问：养老院里有什么服务？

第十三课

1. 学习一种新的语言，也得学习新的文化，因为语言和文化有很大的关系，不能分离。

问：为什么学习一种新的语言也要学习新的文化？
2. 比如说，在汉语里，和陌生人说话时，也可以用"叔叔、阿姨"等，表示亲切。

问：为什么对陌生人称呼"叔叔""阿姨"？
3. 在中国文化里，对老人说话时用"您"，因为人们应该尊重老人，对老人有礼貌。

问：为什么对老人说话时用"您"？
4. 在中国，老年朋友见面时说："好久不见，您胖了。"听的人很高兴，因为胖的意思是身体好。

问：对老年朋友说他们胖，他们为什么很高兴？
5. 但是请你不要对年轻女孩儿这样说。现在的女孩儿为了苗条而努力地减肥，听到别人说她们胖，一定很生气。

问：对年轻女孩儿说她们胖，她们为什么不高兴？

第十四课

1. 人们喜欢这个老茶馆，因为那里的桌椅都是竹子做的，茶具也是老式的，非常漂亮。

问：人们为什么喜欢这个老茶馆？
2. 这个茶馆的茶叶新鲜，水的质量也很好。泡出来的茶喝起来甜甜的，就像放了糖一样。

问：这个茶馆的茶为什么甜甜的？

3. 泡茶的是老师傅,他用传统的方法,动作像跳舞一样,很多顾客都很喜欢看他泡茶。
   问:顾客为什么喜欢看老师傅泡茶?
4. 这个茶馆的价钱也不贵,一壶茶10元人民币,60岁以上的老人只付半价。
   问:60岁以上的老人喝一壶茶付多少钱?
5. 有人问老板,茶为什么这么便宜。老板说,他开茶馆的目的是一边赚钱,一边以茶会友。
   问:老板开茶馆的目的是什么?

附录2　总词汇表
Appendix 2　Index of Vocabulary

		A		
暗	àn	*adj.*	dark	10
安全	ānquán	*adj.*	safe	7
按时	ànshí	*adv.*	on schedule, in time	7
阿姨	āyí	*n.*	aunt (*addressing term for a woman who is in the same generation of one's mother*)	13

		B		
摆	bǎi	*v.*	to display	2
搬家	bān jiā		to move house	10
半价	bànjià	*n.*	half price	14
包	bāo	*v.*	to wrap (dumplings)	4
报名	bào míng		to register, to sign up	1
报道	bàodào	*n./v.*	report; to report	13
包括	bāokuò	*v.*	to include	13
抱歉	bàoqiàn	*adj.*	(to feel) apologetic	4
保证	bǎozhèng	*v.*	to ensure	7
倍	bèi	*m.w.*	times	10
笨	bèn	*adj.*	stupid	6
本科	běnkē	*n.*	undergraduate	7
毕业	bì yè		to graduate	6
鞭炮	biānpào	*n.*	firecracker	4
表	biǎo	*n.*	form	12
表达	biǎodá	*v.*	to express	1
表格	biǎogé	*n.*	form	12
表扬	biǎoyáng	*v.*	to praise	6
笔记本	bǐjìběn	*n.*	notebook	8
并且	bìngqiě	*adv.*	furthermore	4
病人	bìngrén	*n.*	patient	5
必须	bìxū	*adv.*	must	3
鼻子	bízi	*n.*	nose	2
博士	bóshì	*n.*	doctor (*academic degree*)	7

不必	búbì	*adv.*	not necessarily	3
不断	búduàn	*adv.*	continuously	2
部分	bùfèn	*n.*	part	10
不如	bùrú	*v.*	to be not as good as	7

C

材料	cáiliào	*n.*	material	5
参观	cānguān	*v.*	to visit	5
差	chà	*adj.*	poor, bad	7
长江	Cháng Jiāng	*p.n.*	the Yangtze River	14
长处	chángchù	*n.*	advantage	9
场合	chǎnghé	*n.*	occasion	3
朝	cháo	*prep./v.*	towards; to face (*direction*)	10
超过	chāoguò	*v.*	to outnumber, to surpass	14
陈	Chén	*p.n.*	*surname*	1
成功	chénggōng	*v./adj.*	to succeed; successful	9
称呼	chēnghū	*v./n.*	to address; addressing term	13
成绩	chéngjì	*n.*	(*of test*) result, score	6
成为	chéngwéi	*v.*	to become (somebody)	5
乘坐	chéngzuò	*v.*	to take (*bus, train, plane*)	14
吃惊	chī jīng		to surprise	11
重新	chóngxīn	*adv.*	anew	14
臭	chòu	*adj.*	smelly, stinky	2
抽烟	chōu yān		to smoke	14
初	chū	*n.*	beginning	6
春节	Chūnjié	*n.*	Spring Festival	4
出生	chūshēng	*v.*	to be born	6
除夕	chúxī	*n.*	eve	4
初中	chūzhōng	*n.*	middle school	6
此	cǐ	*pron.*	this	4
此	cǐ	*pron.*	this	14
存	cún	*v.*	to save (*money*), to store	10
粗心	cūxīn	*adj.*	careless	11

D

答案	dá'àn	*n.*	answer, solution	6
打扮	dǎbàn	*v.*	to dress up	3
达到	dádào	*v.*	to reach (to certain amount)	10

打工	dǎ gōng			to do part time work	7
代表	dàibiǎo	v./n.		to represent; representative	3
大夫	dàifu	n.		doctor	5
代替	dàitì	v.		to substitute	14
当……(的时候)	dāng……(de shíhou)			just (at the time of ...)	2
当地	dāngdì	n.		local place	3
当作	dàngzuò	v.		to take as	14
大年三十	dànián sānshí			Chinese New Year's Eve	4
倒	dào	v.		to turn upside down	4
到底	dàodǐ	adv.		ever, after all	9
导游	dǎoyóu	n.		tour guide	9
打扰	dǎrǎo	v.		to disturb	12
大王	dàwáng	n.		the king of	1
答应	dāying	v.		to agree	8
打印机	dǎyìnjī	n.		printer	12
大约	dàyuē	adv.		approximately	1
打折	dǎ zhé			discount	3
打针	dǎ zhēn			to have an injection	5
得	dé	v.		to obtain, to get	4
得到	dédào	v.		to obtain	11
等	děng	part.		and so on, etc.	1
得意	déyì	adj.		to feel pleased	11
底	dǐ	n.		bottom, end	12
低	dī	adj.		low	9
掉	diào	v.		to fall	11
调查	diàochá	v./n.		to investigate; investigation	12
动作	dòngzuò	n.		action	14
段	duàn	m.w.		a period (*of time*)	13
断	duàn	v.		to break	2
对	duì	m.w.		a pair of	12
对方	duìfāng	n.		the other party	13
顿	dùn	m.w.		*measure word for a meal*	2
朵	duǒ	m.w.		*measure word for flowers, cloud*	11
多数	duōshù	n.		majority	2

E

而	ér	conj.		*used to connect cause and effect*	13

儿童	értóng	n.	children		14

F

法律	fǎlǜ	n.	law		9
反对	fǎnduì	v.	to oppose		7
放	fàng	v.	to set off (firecrackers)		4
方面	fāngmiàn	n.	aspect		1
放弃	fàngqì	v.	to give up		6
方式	fāngshì	n.	way of doing things		4
放松	fàngsōng	v.	to relax		11
访问	fǎngwèn	v.	to visit (*for official purpose*)		5
房租	fángzū	n.	rent		11
烦恼	fánnǎo	adj.	annoying		1
范围	fànwéi	n.	range		13
反映	fǎnyìng	v.	to reflect		13
费	fèi	n.	fee		7
份	fèn	m.w.	measure word for document		9
粉	fěn	adj.	pink		11
分	fēn	n.	(*of test result*) score		6
丰富	fēngfù	adj.	rich		2
否则	fǒuzé	conj.	otherwise		13
福	fú	n.	happiness		4
符合	fúhé	v.	to accord with		10
夫妻	fūqī	n.	couple, husband and wife		12
复印	fùyìn	v.	photocopy		12
复印机	fùyìnjī	n.	duplicator		12
富有	fùyǒu	adj.	rich		4
复杂	fùzá	adj.	complicated		14
负责	fùzé	v.	to be responsible for		12
付账	fù zhàng		to pay a bill		8
服装	fúzhuāng	n.	garment, costume		3

G

改	gǎi	v.	to change		1
改变	gǎibiàn	v.	to change		12
刚刚	gānggāng	adv.	just now		8
钢琴	gāngqín	n.	piano		12
感情	gǎnqíng	n.	emotional feeling		8

感谢	gǎnxiè	v.	to thank	8
高级	gāojí	adj.	high-ranking	3
高中	gāozhōng	n.	high school	6
根据	gēnjù	prep.	according to	1
工夫茶	gōngfuchá	n.	Gongfu tea	14
公寓	gōngyù	n.	apartment	10
工资	gōngzī	n.	salary	10
购物	gòu wù		to do shopping	8
挂	guà	v.	to hang	3
逛	guàng	v.	to wander about (*in shop, park, street, city, etc.*)	8
广播	guǎngbō	n./v.	news from radio; to broadcast	13
广告	guǎnggào	n.	advertisement	9
关键	guānjiàn	n./adj.	crux; crucial	14
管理	guǎnlǐ	v.	to administrate, to manage	7
孤单	gūdān	adj.	lonely	12
规定	guīdìng	v./n.	to regulate; regulation	7
估计	gūjì	v.	to estimate	4
顾客	gùkè	n.	customer	14
鼓励	gǔlì	v.	to encourage	6
过程	guòchéng	n.	process	13
过年	guònián		to spend Chinese New Year	4
鼓掌	gǔ zhǎng		to clap hands, to applaud	7

H

害羞	hàixiū	adj.	shy	8
寒假	hánjià	n.	winter holiday	7
合适	héshì	adj.	suitable	3
后悔	hòuhuǐ	v.	to regret	2
后院	hòuyuàn	n.	backyard	11
壶	hú	m.w.	kettle	14
虎	hǔ	n.	tiger	1
花	huā	v.	to spend (money), to spend time (doing something)	4
划船	huá chuán		to row a boat	11
怀疑	huáiyí	v.	to suspect, to doubt	11
回忆	huíyì	v.	to call to mind	14
互联网	hùliánwǎng	n.	internet	8
糊里糊涂	húlihútu		to be muddle-headed, to feel confused	4

活泼	huópō	adj.	lively	6
护士	hùshì	n.	nurse	12

J

寄	jì	v.	to post	8
挤	jǐ	adj.	crowded	7
假	jiǎ	adj.	fake	8
家常便饭	jiācháng biànfàn		everyday food	2
家教	jiājiào	n.	private turor	6
家具	jiājù	n.	furniture	10
减肥	jiǎn féi		to lose weight	13
检查	jiǎnchá	v.	to inspect	14
坚持	jiānchí	v.	to persist in	14
将	jiāng	adv.	be going to	12
奖金	jiǎngjīn	n.	bonus	11
将来	jiānglái	n.	future	6
简历	jiǎnlì	n.	curriculum vitae, résumé	9
减少	jiǎnshǎo	v.	to reduce	10
坚硬	jiānyìng	adj.	solid and hard	1
脚	jiǎo	n.	foot	11
骄傲	jiāo'ào	adj.	proud	14
郊区	jiāoqū	n.	suburbs	10
教授	jiàoshòu	n.	professor	13
教育	jiàoyù	n./v.	education; to educate	6
叫作	jiàozuò	v.	to be called as	4
家庭	jiātíng	n.	family	13
加油站	jiāyóuzhàn	n.	petrol station	10
基本上	jīběnshang		basically	2
基础	jīchǔ	n.	basis, foundation	6
记得	jìde	v.	to remember	1
激动	jīdòng	adj.	exciting, excited	10
节目	jiémù	n.	program	9
解释	jiěshì	v.	to explain	13
接受	jiēshòu	v.	to accept	2
节约	jiéyuē	v.	to make a saving	11
积极	jījí	adj.	active	12
积累	jīlěi	v.	to accumulate	5

警察	jǐngchá	n.	policeman	13
经过	jīngguò	v.	to undergo	8
经济	jīngjì	n.	economy	9
精神	jīngshen	n.	spirit	11
尽管	jǐnguǎn	conj.	even though	13
竞争	jìngzhēng	v.	to compete	9
镜子	jìngzi	n.	mirror	3
进行	jìnxíng	v.	to conduct, to carry on	8
紧张	jǐnzhāng	adj.	nervous	8
禁止	jìnzhǐ	v.	to forbid	14
极其	jíqí	adv.	extremely	9
及时	jíshí	adv./adj.	without delay; timely	5
即使	jíshǐ	conj.	even if	10
计算机	jìsuànjī	n.	computer	9
究竟	jiūjìng	adv.	(to find out) exactly	10
记者	jìzhě	n.	journalist	9
举办	jǔbàn	v.	to conduct (*course*)	13
拒绝	jùjué	v.	to refuse	2
距离	jùlí	n.	distance	10

K

开	kāi	v.	to prescribe (medicine)	5
看病	kàn bìng		to treat a patient	5
看上	kàn shàng		to take fancy to	3
看法	kànfǎ	n.	opinion	10
考	kǎo	v.	to take a test	6
肯定	kěndìng	adv./adj.	certainly; certain	6
咳嗽	késou	v.	to cough	5
可惜	kěxī	adj.	unfortunately	9
空调	kōngtiáo	n.	air conditioner	7
哭	kū	v.	to cry	5
块	kuài	m.w.	measure word for objects in the shape of	8
块	kuài	m.w.	unit of Chinese currency	4
扩大	kuòdà	v.	to expand	13

L

| 浪费 | làngfèi | v. | to waste | 2 |
| 老伴儿 | lǎobànr | n. | (*of old couple*) husband or wife | 12 |

老大	lǎodà	n.	the first child of a family	1
老年	lǎonián	n.	old age	12
老是	lǎoshì	adv.	always (often expressing dissatisfaction)	5
老式	lǎoshì	adj.	old style	14
冷静	lěngjìng	adj.	calm	10
理发	lǐ fà		to have a hair cut	10
连衣裙	liányīqún	n.	women's dress	3
例如	lìrú	v.	for example	1
刘	Liú	p.n.	*surname*	1
留	liú	v.	to stay (behind)	2
流行	liúxíng	v.	to prevail	14
留学	liúxué		to study abroad	2
理想	lǐxiǎng	n.	ambition, ideal	6
礼仪	lǐyí	n.	etiquette	14
路过	lùguò	v.	to pass by	5
律师	lǜshī	n.	lawyer	9

M

满	mǎn	adj.	full	2
帽子	màozi	n.	cap, hat	3
美好	měihǎo	adj.	good	1
美术	měishù	n.	arts, painting	6
门	mén	m.w.	*measure word for subjects at school*	6
梦想	mèngxiǎng	n./v.	dream; to dream of	10
迷路	mí lù		to get lost	11
免费	miǎn fèi		to be free of charge	8
苗条	miáotiao	adj.	slim	13
密码	mìmǎ	n.	pin code	8
陌生	mòshēng	adj.	strange	8
目的	mùdì	n.	purpose	14

N

奶酪	nǎilào	n.	cheese	2
耐心	nàixīn	adj./n.	patient; patience	6
难怪	nánguài	adv.	no wonder	3
内	nèi	n.	inside	7
内容	nèiróng	n.	content	9
年级	niánjí	n.	grade (at school)	6

年龄	niánlíng	n.	age	12
牛仔裤	niúzǎikù	n.	jeans	3

O

偶尔	ǒu'ěr	adv.	occasionally	12

P

排列	páiliè	v.	to line up	11
袍	páo	n.	gown	3
炮	pào	n.	cannon	4
陪	péi	v.	to accompany	3
篇	piān	m.w.	*measure word for essay, text, etc.*	13
皮肤	pífū	n.	skin	3
平方	píngfāng	m.w.	square (meter)	10
乒乓球	pīngpāngqiú	n.	table tennis	10
批评	pīpíng	v.	to criticize	6
脾气	píqì	n.	temper	9
破	pò	v.	to break, to damage	5
普遍	pǔbiàn	adj.	common, universal	7

Q

旗	qí	n.	*a branch of Manchu*	3
其	qí	pron.	personal indicative pronoun	3
墙	qiáng	n.	wall	4
千万	qiānwàn	adv.	be sure to, must	11
谦虚	qiānxū	adj.	modest, humble	1
桥	qiáo	n.	bridge	11
其次	qícì	pron.	secondly	4
情况	qíngkuàng	n.	situation, information	7
轻松	qīngsōng	adj.	relaxed	8
庆祝	qìngzhù	v.	to celebrate	4
亲切	qīnqiè	adj.	intimate, cordial	13
旗袍	qípáo	n.	Cheongsam, *a close-fitting woman's dress with high neck and slit skirt*	3
求婚	qiúhūn		to propose marriage	8
其中	qízhōng	n.	among (which, it, them, etc.), inside	3
起(名)	qǐ(míng)	v.	to give (a name)	1
全部	quánbù	n.	entire	10
区别	qūbié	v./n.	to distinguish; difference	1
却	què	adv.	but	2

缺点	quēdiǎn	n.	demerit, weak point	9
缺少	quēshǎo	v.	to lack, to be short of	9
确实	quèshí	adv.	indeed	8

R

然而	rán'ér	adv.	yet, however	4
仍然	réngrán	adv.	still	11
任何	rènhé	pron.	any	14
人口	rénkǒu	n.	population	10
人民币	rénmínbì	n.	Renminbi (RMB)	14
任务	rènwù	n.	task	9
日常	rìcháng	adj.	daily	8
日记	rìjì	n.	diary	6
入口	rùkǒu	n.	entrance	11
入学	rùxué		to enter a school	12

S

扫描	sǎomiáo	v.	to scan	12
商量	shāngliang	v.	to discuss	6
伤心	shāngxīn	adj.	sad	8
山脚	shānjiǎo	n.	the foot of a mountain	11
扇子	shànzi	n.	fan (*traditional Chinese fan*)	7
稍微	shāowēi	adv.	slightly	11
蛇	shé	n.	snake	4
设计	shèjì	v./n.	to design; design	9
身边	shēnbiān	n.	at/by one's side	11
身份证	shēnfènzhèng	n.	ID card	12
省	shěng	v.	to save (*time, money, etc.*)	8
生命	shēngmìng	n.	life	5
生意	shēngyi	n.	business	9
甚至	shènzhì	adv.	even	8
石	shí	n.	stone	1
式	shì		style	2
使	shǐ	v.	to enable, to cause	2
失败	shībài	v./adj.	to fail; failed	9
似的	shìde	part.	used after nouns, pronouns or verbs to indicate resemblance	5
是否	shìfǒu	adv.	whether or not	9
适合	shìhé	v.	to suit	9

世纪	shìjì	n.	century	9
实际上	shíjì shang		in fact	6
湿润	shīrùn	adj.	moist	14
世外桃源	shìwài-táoyuán		Shangri-La	11
失望	shīwàng	v./adj.	to lose hope; disappointed	6
实习	shíxí	v.	to practise internship	9
适应	shìyìng	v.	to adapt	7
使用	shǐyòng	v.	to make use of	1
实在	shízài	adv./adj.	really; honest	2
手表	shǒubiǎo	n.	watch	8
受到	shòudào	v.	to be given	2
售货员	shòuhuòyuán	n.	shop assistant	3
寿命	shòumìng	n.	lifespan	12
收入	shōurù	n.	income	9
手术	shǒushù	n./v.	(*of medical*) operation; to operate	5
首先	shǒuxiān	pron.	first	4
属	shǔ	v.	to be born in the year of	4
输	shū	v.	to lose (*a competition*)	12
叔	shū	n.	uncle (*father's young brother*)	13
蔬菜	shūcài	n.	vegetable	2
书法	shūfǎ	n.	calligraphy	12
顺利	shùnlì	adj.	successfully, smoothly	7
说明	shuōmíng	v./n.	to indicate, to explain; indication, explanation	12
硕士	shuòshì	n.	master (*academic degree*)	7
叔叔	shūshu	n.	uncle (*addressing term for a man who is in the same generation of one's father*)	13
数学	shùxué	n.	mathematics	6
私人	sīrén	adj.	private	13
算	suàn	v.	to calculate, to count as	4
酸奶	suānnǎi	n.	yogurt	2
随便	suíbiàn	adj.	casual	3
随着	suízhe	prep.	along with, following	9

T

态度	tàidù	n.	attitude	7
弹	tán	v.	to play	12
谈	tán	v.	to talk about	7
唐	Táng	p.n.	name of a dynasty	3

趟	tàng	m.w.	measure word for a trip	10
汤	tāng	n.	soup	2
唐装	tángzhuāng	n.	Tang suit, *traditional suit for men*	3
桃	táo	n.	peach	11
套	tào	m.w.	set (*for suit, dress, book, etc.*)	3
讨论	tǎolùn	n./v.	discussion; to discuss	13
填	tián	v.	to fill	12
天伦之乐	tiān lún zhī lè	n.	happiness of family reunion	12
条件	tiáojiàn	n.	condition	7
铁	tiě	n.	iron	1
提供	tígōng	v.	to provide	7
挺	tǐng	adv.	quite	3
提醒	tíxǐng	v.	to remind	8
通常	tōngcháng	adv.	usually	7
通过	tōngguò	prep./v.	by means of; to pass (exam)	7
统计	tǒngjì	v.	to count up	1
同意	tóngyì	v.	to agree, to consent	6
同音	tóngyīn	n.	homophone	4
通知	tōngzhī	v./n.	to inform; notice	9
团圆	tuányuán	v.	to have reunion	4
腿	tuǐ	n.	leg	5
退休	tuìxiū	v.	to retire	12
推迟	tuīchí	v.	to postpone	7
推荐	tuījiàn	v.	to recommend	8
T恤衫	T-xùshān	n.	T-shirt	3

W

完成	wánchéng	v.	to complete	9
万一	wànyī	adv.	in case	8
未	wèi	adv.	not yet	6
危机	wēijī	n.	crisis	11
为生	wéishēng	v.	to make a living	11
危险	wēixiǎn	adj./n.	dangerous; danger	5
误会	wùhuì	n./v.	misunderstanding; to misunderstand	13
无聊	wúliáo	adj.	boring	13
无论	wúlùn	conj.	no matter	4
无所事事	wú suǒ shì shì		to have nothing to do, to be at an idle end	13

X

响	xiǎng	v.	to make a sound	4
相	xiāng	adv.	each other	7
相同	xiāngtóng	adj.	the same	10
鲜艳	xiānyàn	adj.	bright (*color*)	3
限制	xiànzhì	n./v.	limitation; to limit	13
效果	xiàoguǒ	n.	effect	
小名	xiǎomíng	n.	childhood name	1
消息	xiāoxi	n.	news, information	11
小学	xiǎoxué	n.	primary school	1
校园	xiàoyuán	n.	campus	7
校长	xiàozhǎng	n.	schoolmaster	6
血	xiě	n.	blood	5
习惯	xíguàn	v./n.	to be used to; habit	2
姓	xìng	n./v.	surname; to surname	1
醒	xǐng	v.	to wake up	5
性别	xìngbié	n.	gender	1
性格	xìnggé	n.	personality	13
姓名	xìngmíng	n.	name	1
幸运	xìngyùn	adj.	lucky	8
新年	xīnnián	n.	Chinese New Year	4
心情	xīnqíng	n.	mood	10
信任	xìnrèn	v.	to trust	8
新式	xīnshì	adj.	new style	14
信用卡	xìnyòngkǎ	n.	credit card	8
西药	xīyào	n.	western medicine	5
吸引	xīyǐn	v.	to attract	2
西装	xīzhuāng	n.	western-style suit	3
选	xuǎn	v.	to select	14
选择	xuǎnzé	v.	to choose	3
学分	xuéfēn	n.	credit	7

Y

压力	yālì	n.	pressure	11
演出	yǎnchū	n./v.	performance; to perform	13
羊	yáng	n.	sheep	2
养	yǎng	v.	to form (*habit*)	14

养	yǎng	v.	to provide care for	12
严格	yángé	adj.	strict	1
养老院	yǎnglǎoyuàn	n.	nursing home, old people's home	12
羊肉	yángròu	n.	mutton	2
研究	yánjiū	v.	to research	5
研究生	yánjiūshēng	n.	graduate student	7
颜色	yánsè	n.	color	3
要求	yāoqiú	v./n.	to demand; demand	8
压岁钱	yāsuìqián	n.	New Year's money	4
夜	yè	n.	night	4
也许	yěxǔ	adv.	maybe	2
姨	yí	n.	aunt (*mother's sister*)	13
亿	yì	num.	hundred million	12
以	yǐ	prep.	with, according to	10
一般	yìbān	adj.	common, general	1
衣柜	yīguì	n.	wardrobe	3
因此	yīncǐ	conj.	because of this	4
赢	yíng	v.	to win (*a competition*)	12
应聘	yìngpìn	v.	to come for vacancy	9
引起	yǐnqǐ	v.	to cause	13
饮食	yǐnshí	n.	food and drinks	2
以上	yǐshàng	n.	over	12
以为	yǐwéi	v.	to think	12
医学	yīxué	n.	medical science	5
由	yóu	prep.	by means of	1
幼儿	yòu'ér	n.	young child	6
幼儿园	yòu'éryuán	n.	kindergarten	6
优点	yōudiǎn	n.	merit, strong point	9
尤其	yóuqí	adv.	especially	12
优秀	yōuxiù	adj	outstanding	5
由于	yóuyú	conj.	because	10
有余	yǒuyú	v.	to have surplus	4
与	yǔ	prep.	and	7
原来	yuánlái	adv.	originally, formerly	3
愿意	yuànyì	aux.v.	to be willing	8
预报	yùbào	n./v.	forecast; to forecast	8

愉快	yúkuài	adj.	pleasant	4
羽毛球	yǔmáoqiú	n.	badminton	10
运动员	yùndòngyuán	n.	sportsman	6
运气	yùnqì	n.	fortune	4
允许	yǔnxǔ	v.	to permit	14
雨伞	yǔsǎn	n.	umbrella	9
语言	yǔyán	n.	language	13

Z

咱们	zánmen	pron.	we, us	1
暂时	zànshí	n.	for the time being	11
增长	zēngzhǎng	v.	to increase	10
责任	zérèn	n.	responsibility	11
招聘	zhāopìn	v.	to recruit	9
证明	zhèngmíng	v.	to prove	12
整齐	zhěngqí	adj.	tidy	11
正确	zhèngquè	adj.	correct	6
正式	zhèngshì	adj.	formal	3
证书	zhèngshū	n.	certificate	7
真正	zhēnzhèng	adj.	real, genuine	11
之(一)	zhī (yī)	part.	one of	2
支持	zhīchí	v.	to support	6
直到	zhídào	v.	until	11
之后	zhīhòu	n.	after	8
直接	zhíjiē	adj.	direct	10
质量	zhìliàng	n.	quality	14
之前	zhīqián	n.	before	8
知识	zhīshi	n.	knowledge	13
植物	zhíwù	n.	plant	5
职业	zhíyè	n.	profession	9
只有	zhǐyǒu	conj.	only when	5
制造	zhìzào	v.	to manufacture	14
中草药	zhōngcǎoyào	n.	Chinese herbal medicine	5
中山装	zhōngshānzhuāng	n.	Chinese tunic suit	3
重视	zhòngshì	v.	to attach importance to	6
中药	zhōngyào	n.	Chinese medicine	5
中医	zhōngyī	n.	traditional Chinese medical science, doctor of traditional Chinese medicine	5

粥	zhōu	n.	porridge	2
周到	zhōudào	adj.	thoughtful	4
周围	zhōuwéi	n.	surrounding	10
猪	zhū	n.	pig	2
赚	zhuàn	v.	to make profit	14
专门	zhuānmén	adv.	specialized in	3
主动	zhǔdòng	adj.	initiative	12
住房	zhùfáng	n.	housing	10
逐渐	zhújiàn	adv.	gradually	13
著名	zhùmíng	adj.	famous	5
准确	zhǔnquè	adj.	exact	13
准时	zhǔnshí	adj.	punctual	14
主人	zhǔrén	n.	host	2
猪肉	zhūròu	n.	pork	2
祝愿	zhùyuàn	n.	wish	1
竹子	zhúzi	n.	bamboo	14
著作	zhùzuò	n.	book, publication	5
自	zì	prep.	from	14
仔细	zǐxì	adj.	attentive	14
自由	zìyóu	adj./n.	free; freedom	6
总结	zǒngjié	n./v.	summary; to summarize	13
总之	zǒngzhī	conj.	in summary	11
组成	zǔchéng	v.	to compose	1
祖父	zǔfù	n.	grandfather	5
嘴	zuǐ	n.	mouth	2
租金	zūjīn	n.	rent	10
尊敬	zūnjìng	v./adj.	to respect; respectful	13
做生意	zuò shēngyi		to do business	14
做梦	zuò mèng		to dream	10
作用	zuòyòng	n.	function	5
组织	zǔzhī	v./n.	to organize; organization	12

北大版海外汉语教材

LEARNING
Chinese Overseas Textbook

海外汉语课本

WORKBOOK ON CHINESE CHARACTERS

高明明　编著
By Gao Mingming

汉字练习册

使用说明

本书是《海外汉语课本4》的配套汉字练习册,共14课。各课的练习有以下几个部分。

1. 描红练习

按照笔画的顺序练习写汉字,通过这种书写练习,使学生熟悉汉字的笔画及笔画顺序,从而有助于记住这个汉字。

2. 偏旁练习

了解偏旁部首的名称及含义,认出汉字中的偏旁,并能借助偏旁了解汉字的意思以及根据所给的偏旁和其他部件组成汉字。

3. 组词练习

用学过的汉字组词,使学生不断复习学过的汉字并借助汉字的意思理解词的意思。

4. 辨认同音字(部分不同调)练习

根据所给的拼音,找出发音相同(部分声调不同)的汉字,使学生了解汉字书写与其发音之间的联系。

5. 综合练习

第7课和第14课后有综合练习,内容是将每七课学过的主要汉字集中起来进行复习,以巩固学习效果。

编者
于赫尔辛基大学

Introduction

Workbook on Chinese Characters 4 is the companion exercise book of *Learning Chinese Overseas Textbook 4*. Workbook 4 consists of 14 lessons and each lesson contains the following exercises:

1. Exercise of trace writing

Students practise writing the characters by following the correct order. This kind of exercise enables students to become familiar with the strokes and their writing orders, which help them memorize Chinese characters.

2. Exercise of learning radicals

Students learn radicals in terms of their names and meanings as well as recognize them in characters so as to use radicles to understand meaning of characters. Students also learn to use radicles and other components to form Chinese characters.

3. Exercise of forming words

By forming words with characters, students constantly review the characters they have studied and learn to understand meaning of words by understanding meaning of characters.

4. Exercise of identifying homophones (some with different tones)

Students identify Chinese characters which have the same pronunciation (some with different tones) according to the given *Pinyin*. The exercise helps students understand how Chinese characters and their pronunciations are related.

5. Comprehensive exercises

After Lesson 7 and Lesson 14, there is a comprehensive exercise, which includes the main Chinese characters of the previous seven lessons. It intends to offer a general review as well as to reinforce the achievement of the studies.

The Compiler
University of Helsinki

目录 Contents

第 1 课　　Lesson 1 ·· 1

第 2 课　　Lesson 2 ·· 5

第 3 课　　Lesson 3 ·· 9

第 4 课　　Lesson 4 ·· 13

第 5 课　　Lesson 5 ·· 17

第 6 课　　Lesson 6 ·· 21

第 7 课　　Lesson 7 ·· 25

综合复习（一）　　General Review 1 ··· 29

第 8 课　　Lesson 8 ·· 31

第 9 课　　Lesson 9 ·· 35

第 10 课　　Lesson 10 ·· 39

第 11 课　　Lesson 11 ·· 43

第 12 课　　Lesson 12 ·· 47

第 13 课　　Lesson 13 ·· 50

第 14 课　　Lesson 14 ·· 54

综合复习（二）　　General Review 2 ··· 58

第1课　Lesson 1

练习 Exercises

1. 写汉字
Write the following Chinese characters

2. 用A组的偏旁与B组的汉字组字
Combine the radicals in Group A with the characters in Group B to make Chinese characters

A

1	2	3	4	5	6
木	木	纟	纟	讠	讠

B

a	b	c	d	e	f
各	充	兼	艮	且	己

1 gé	2 gēn	3 tǒng	4 zǔ	5 jì	6 qiān

3. 用所给的汉字组词
Make up words with the given characters

纸 性 好 麻 名 丽 见 达 方 区 示 恼
zhǐ xìng hǎo má míng lì jiàn dá fāng qū shì nǎo

(1) 报 （报____ 报____）
bào

(2) 表 （表____ 表____）
biǎo

(3) 美 （美____ 美____）
měi

(4) 别 （____别 ____别）
bié

(5) 烦 （烦____ ____烦）
fán

(6) 面 （____面 ____面）
miàn

4. 找出发音相同（声调可不同）的汉字

Find the characters with the same pronunciation (tones may be different)

1	2	3	4	5	6	7	8	9	10
性别	电脑	根据	原谅	据说	跟	京剧	愿意	烦恼	姓名

gēn　　gēn　　nǎo　　nǎo　　xìng　　xìng　　jù　　jù　　yuàn　　yuán

___　　___　　___　　___　　___　　___　　___　　___　　___　　___

第2课　Lesson 2

练习　Exercises

1. 写汉字

Write the following Chinese characters

2. 用A组的偏旁与B组的汉字组字

Combine the radicals in Group A with the characters in Group B to make Chinese characters

A

1	2	3	4	5	6
饣	亻	刂	刂	犭	犭

B

a	b	c	d	e	f
句	另	包	者	欠	乘

1 yǐn	2 bǎo	3 shèng	4 bié	5 zhū	6 gǒu

3. 用所给的汉字组词

Make up words with the given characters

西 理 惯 学 主 中 貌 料 物 食 客 历
xī　lǐ　guàn　xué　zhǔ　zhōng　mào　liào　wù　shí　kè　lì

(1) 式　(___式　___式)
　　shì

(2) 饮　(饮___　饮___)
　　yǐn

(3) 经　(经___　经___)
　　jīng

(4) 习　(___习　习___)
　　xí

(5) 人　(___人　___人)
　　rén

(6) 礼　(礼___　礼___)
　　lǐ

4. 找出发音相同(声调可不同)的汉字
Find the characters with the same pronunciation (tones may be different)

1	2	3	4	5	6	7	8	9	10
慢	地方	这样	饱	馒头	放	试	包子	式	羊

shì　shì　màn　mán　bǎo　bāo　yáng　yàng　fàng　fāng

第3课　Lesson 3

练习 Exercises

1. 写汉字

Write the following Chinese characters

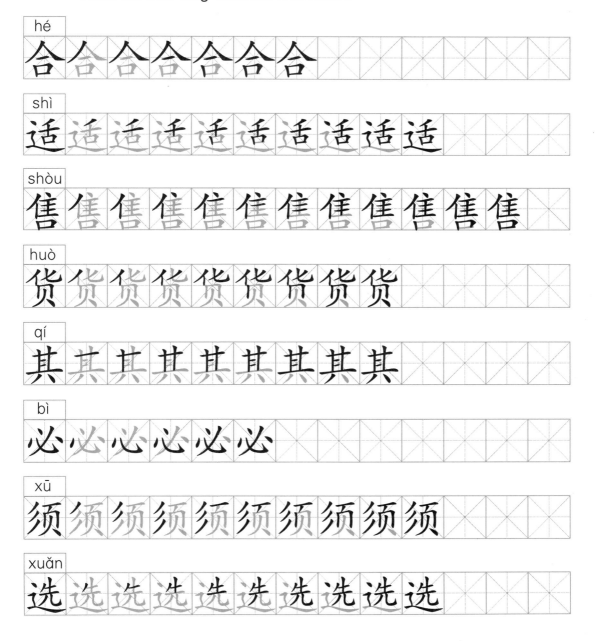

2. 用A组的偏旁与B组的汉字组字

Combine the radicals in Group A with the characters in Group B to make Chinese characters

1 chuān	2 kòng	3 hūn	4 niáng	5 páo	6 qún

 3. 用所给的汉字组词

Make up words with the given characters

原　服　随　本　中　方　高　奇　中　难　西　它

yuán　fú　suí　běn　zhōng　fāng　gāo　qí　zhōng　nán　xī　tā

(1) 来　(＿＿来　＿＿来)　(2) 便　(＿＿便　＿＿便)
　　lái　　　　　　　　　　　　biàn

(3) 装　(＿＿装　＿＿装)　(4) 级　(＿＿级　＿＿级)
　　zhuāng　　　　　　　　　　jí

(5) 其　(其＿＿　其＿＿)　(6) 怪　(＿＿怪　＿＿怪)
　　qí　　　　　　　　　　　　guài

4. 找出发音相同（声调可不同）的汉字
Find the characters with the same pronunciation (tones may be different)

1	2	3	4	5	6	7	8	9	10
唐装	平时	请	糖	极	跑	苹果	清楚	旗袍	高级

qǐng   qīng   pǎo   páo   táng   táng   píng   píng   jí   jí

____   ____   ____   ____   ____   ____   ____   ____   ____   ____

第4课　Lesson 4

练习　Exercises

1. 写汉字

Write the following Chinese characters

shé
蛇 蛇 蛇 蛇 蛇 蛇 蛇 蛇 蛇 蛇 蛇

qìng
庆 庆 庆 庆 庆 庆 庆

yú
愉 愉 愉 愉 愉 愉 愉 愉 愉 愉 愉

yú
余 余 余 余 余 余 余 余

gū
估 估 估 估 估 估 估 估

jì
计 计 计 计 计

pào
炮 炮 炮 炮 炮 炮 炮 炮 炮 炮

cǐ	此此此此此此此
tuán	团团团团团团团
shǒu	首首首首首首首首首
lùn	论论论论论论论
xiǎng	响响响响响响响响响
yè	夜夜夜夜夜夜夜夜
kuài	块块块块块块块块
qiáng	墙墙墙墙墙墙墙墙墙墙墙墙
fú	福福福福福福福福福福福福

2. 用A组的偏旁与B组的汉字组字

Combine the radicals in Group A with the characters in Group B to make Chinese characters

A

1	2	3	4	5	6
牛	牛	礻	礻	口	口

B

a	b	c	d	e	f
勿	员	土	才	兄	寺

1 wù	2 tè	3 zhù	4 shè	5 tuán	6 yuán

 3. 用所给的汉字组词

Make up words with the given characters

统　新　天　都　估　运　过　时　此　先　为　音
tǒng　xīn　tiān　dū　gū　yùn　guò　shí　cǐ　xiān　wèi　yīn

(1) 计 (＿＿计　＿＿计) 　(2) 年 (＿＿年　＿＿年)
　　jì　　　　　　　　　　　　nián

(3) 因 (因＿＿　因＿＿) 　(4) 同 (同＿＿　同＿＿)
　　yīn　　　　　　　　　　　tóng

(5) 首 (首＿＿　首＿＿) 　(6) 气 (＿＿气　＿＿气)
　　shǒu　　　　　　　　　　qì

4. 找出发音相同（声调可不同）的汉字
Find the characters with the same pronunciation (tones may be different)

1	2	3	4	5	6	7	8	9	10
倒	估计	历史	到	愉快	用力	圆	故事	块	检票员

lì   lì   dào   dào   yuán   yuán   kuài   kuài   gù   gū

___ ___ ___ ___ ___ ___ ___ ___ ___ ___

第5课　Lesson 5

练习 Exercises

1. 写汉字

Write the following Chinese characters

xiào
效 效 效 效 效 效 效 效 效 效

guān
观 观 观 观 观 观 观 观

wēi
危 危 危 危 危 危 危

xiǎn
险 险 险 险 险 险 险 险 险 险

zhí
植 植 植 植 植 植 植 植 植 植 植

zhù
著 著 著 著 著 著 著 著 著 著 著

zǔ
祖 祖 祖 祖 祖 祖 祖 祖 祖 祖

2. 用A组的偏旁与B组的汉字组字

Combine the radicals in Group A with the characters in Group B to make Chinese characters

A

1	2	3	4	5	6
木	木	酉	酉	疒	疒

B

a	b	c	d	e	f
卒	冬	丙	直	星	才

1 cái	2 zhí	3 xǐng	4 zuì	5 bìng	6 téng

 3. 用所给的汉字组词

Make up words with the given characters

植　中　效　著　动　西　结　加　有　母　观　父
zhí　zhōng　xiào　zhù　dòng　xī　jié　jiā　yǒu　mǔ　guān　fù

(1) 物　（____物　____物）
　　wù

(2) 果　（____果　____果）
　　guǒ

(3) 名　（____名　____名）
　　míng

(4) 祖　（祖____　祖____）
　　zǔ

(5) 药　（____药　____药）
　　yào

(6) 参　（参____　参____）
　　cān

4. 找出发音相同(声调可不同)的汉字
Find the characters with the same pronunciation (tones may be different)

1	2	3	4	5	6	7	8	9	10
一直	材料	醒	植物	效果	才	星期	组成	学校	祖父
zhí	zhí	cái	cái	zǔ	zǔ	xiào	xiào	xīng	xǐng
___	___	___	___	___	___	___	___	___	___

第6课　Lesson 6

练习　Exercises

1. 写汉字

Write the following Chinese characters

kěn
肯 肯 肯 肯 肯 肯 肯 肯 肯

jiāng
将 将 将 将 将 将 将 将 将 将

jì
绩 绩 绩 绩 绩 绩 绩 绩 绩 绩 绩

liàng
量 量 量 量 量 量 量 量 量 量 量 量 量

pī
批 批 批 批 批 批 批 批

píng
评 评 评 评 评 评 评 评

yù
育 育 育 育 育 育 育 育 育

2. 用A组的偏旁与B组的汉字组字
Combine the radicals in Group A with the characters in Group B to make Chinese characters

A

1	2	3	4	5	6
竹	纟	石	衤	扌	讠

B

a	b	c	d	e	f
本	刀	比	责	角	平

1 bèn	2 jì	3 què	4 chū	5 pī	6 píng

3. 用所给的汉字组词
Make up words with the given characters

年　失　育　毕　高　泼　室　希　为　生　绩　作
nián　shī　yù　bì　gāo　pō　shì　xī　wéi　shēng　jì　zuò

(1) 级 (＿＿级　＿＿级)　(2) 教 (教＿＿　教＿＿)
　　jí　　　　　　　　　　　　jiào

(3) 成 (成＿＿　成＿＿)　(4) 望 (＿＿望　＿＿望)
　　chéng　　　　　　　　　　　wàng

(5) 活 (活＿＿　＿＿活)　(6) 业 (＿＿业　＿＿业)
　　huó　　　　　　　　　　　　yè

4. 找出发音相同（声调可不同）的汉字
Find the characters with the same pronunciation (tones may be different)

1	2	3	4	5	6	7	8	9	10
各	芬	里	诚实	严格	鼓励	分	厉害	成绩	理想

fēn　　fēn　　chéng　　chéng　　lì　　lì　　lǐ　　lǐ　　gé　　gè
___　　___　　_____　　_____　　__　　__　　__　　__　　__　　__

第7课　Lesson 7

练习 Exercises

1. 写汉字

Write the following Chinese characters

gōng
供供供供供供供供供

tiáo
调调调调调调调调调调调

zhǎng
掌掌掌掌掌掌掌掌掌掌掌

kuàng
况况况况况况况况

guǎn
管管管管管管管管管管管管
管管

lǐ
理理理理理理理理理理理

2. 用A组的偏旁与B组的汉字组字
Combine the radicals in Group A with the characters in Group B to make Chinese characters

A

1	2	3	4	5	6
讠	讠	讠	石	石	冫

B

a	b	c	d	e	f
炎	开	兄	周	正	页

1 tán	2 zhèng	3 tiáo	4 shuò	5 yán	6 kuàng

3. 用所给的汉字组词
Make up words with the given characters

管　书　掌　规　保　静　寒　经　全　肯　励　暑
guǎn　shū　zhǎng　guī　bǎo　jìng　hán　jīng　quán　kěn　lì　shǔ

(1) 理　(＿＿理　＿＿理)　　(2) 定　(＿＿定　＿＿定)
　　 lǐ　　　　　　　　　　　　　　dìng

(3) 证　(证＿＿　＿＿证)　　(4) 鼓　(鼓＿＿　鼓＿＿)
　　 zhèng　　　　　　　　　　　　gǔ

(5) 安　(安＿＿　安＿＿)　　(6) 假　(＿＿假　＿＿假)
　　 ān　　　　　　　　　　　　　jià

4. 找出发音相同（声调可不同）的汉字
Find the characters with the same pronunciation (tones may be different)

1	2	3	4	5	6	7	8	9	10
笨	付	毕业	证书	按时	附近	正在	比	本子	安全

zhèng ____ zhèng ____ fù ____ fù ____ bèn ____ běn ____ bǐ ____ bì ____ ān ____ àn ____

综合复习（一） General Review 1

 1. 朗读下列词语并说出它们的意思
Read aloud the following words and tell the meanings

	A	B	C	D	E	F	G	H
1	咱们	记得	例如	性别	铁	坚硬	一般	根据
2	使用	统计	表达	祝愿	烦恼	严格	区别	方面
3	组成	习惯	多数	接受	饮食	实在	不断	丰富
4	吸引	也许	留学	却	摆	满	汤	基本上
5	羊	牛	猪	虎	蛇	蔬菜	浪费	各种各样
6	拒绝	后悔	合适	原来	代表	其中	颜色	售货员
7	陪	挂	帽子	挺	皮肤	必须	正式	选择
8	周到	抱歉	庆祝	愉快	方式	高级	当地	随便
9	首先	其次	春节	富有	福	墙	夜	响
10	并且	然而	团圆	运气	无论	因此	材料	植物
11	效果	参观	打针	大夫	说明	作用	危险	只有
12	破	血	哭	腿	醒	笨	病人	手术
13	著名	祖父	成为	优秀	研究	生命	老是	西药
14	看病	路过	积累	成绩	将来	及时	访问	商量
15	考	门	自由	数学	年级	同意	肯定	运动员
16	教育	未	出生	正确	活泼	校长	支持	失望
17	表扬	鼓励	毕业	放弃	答案	耐心	日记	实际上
18	基础	批评	理想	提供	适应	空调	管理	研究生
19	条件	分开	通过	鼓掌	情况	扇子	通常	普遍
20	规定	安全	保证	态度	按时	反对	寒假	打工
21	与	内	谈	费	推迟	校园	顺利	不如

2. 用所给的词语填空　Fill in the blanks with the given words

①猪	②福	③虎	④醒	⑤例如	⑥合适	⑦条件	⑧危险
⑨将来	⑩根据	⑪效果	⑫推迟	⑬放弃	⑭打工	⑮自由	⑯支持
⑰商量	⑱研究	⑲接受	⑳留学	㉑其次	㉒顺利	㉓首先	㉔各种
㉕毕业	㉖浪费	㉗理想	㉘颜色	㉙团圆	㉚愉快	㉛鼓励	㉜后悔
㉝情况	㉞教育	㉟庆祝	㊱因此	㊲批评	㊳优秀	㊴一般	㊵按时

(1) 当足球运动员是他的_____ lǐxiǎng，他是不会_____ fàngqì 的。

(2) 她那么努力，_____ jiānglái 一定会成为一个_____ yōuxiù 的医生。

(3) 春节的时候，人们倒挂一个_____ fú 字，它的_____ yánsè 是红的。

(4) 这里的学习_____ tiáojiàn 怎么样？请你介绍一下_____ qíngkuàng 吧。

(5) 他正在_____ yánjiū 这个中药，它的_____ xiàoguǒ 非常好。

(6) 春节有很多传统，_____ lìrú 全家人一起吃_____ tuányuán 饭。

(7) 大学生们学习很努力，他们都能_____ shùnlì 地_____ bì yè。

(8) 孩子的名字_____ shǒuxiān 要意思好，_____ qícì 要好听。

(9) 病人_____ xǐng 了，现在没有生命_____ wēixiǎn 了。

(10) 出国_____ liú xué 是大事儿，他要和父母好好_____ shāngliang 一下。

(11) 孩子们希望_____ zìyóu 地、_____ yúkuài 地过周末。

(12) 地球上的饮用水越来越少，_____ yīncǐ，我们不能_____ làngfèi 水。

(13) _____ gēnjù 统计，_____ dǎ gōng 的男大学生比女大学生多。

(14) 那件旗袍一点也不_____ héshì，她很_____ hòuhuǐ 买了它。

(15) 很多人不能_____ jiēshòu 中国传统的_____ jiàoyù 方式。

(16) 中国人用_____ gèzhǒng 各样的方式来_____ qìngzhù 春节。

(17) 你属什么？属_____ hǔ 还是属_____ zhū？

(18) 有特别的原因不能_____ ànshí 毕业的学生，可以_____ tuīchí 毕业。

(19) _____ yìbān 来说，父母_____ zhīchí 孩子考大学。

(20) 李老师从来不_____ pīpíng 学生，她总是_____ gǔlì 他们。

第8课 Lesson 8

练习 Exercises

1. 写汉字

Write the following Chinese characters

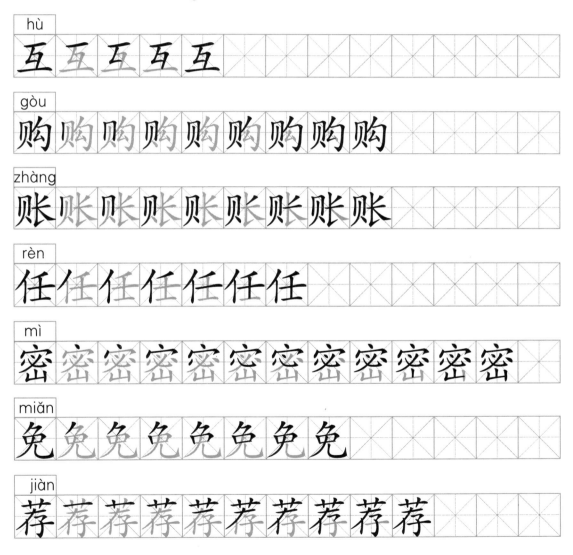

2. 用A组的偏旁与B组的汉字组字

Combine the radicals in Group A with the characters in Group B to make Chinese characters

A

1	2	3	4	5	6
贝	贝	艹	艹	亻	阝

B

a	b	c	d	e	f
勾	百	壬	长	化	存

1 gòu	2 zhàng	3 jiàn	4 huā	5 rèn	6 mò

3. 用所给的汉字组词

Make up words with the given characters

醒　相　日　号　供　名　通　羞　密　任　怕　预
xǐng xiāng rì hào gōng míng tōng xiū mì rèn pà yù

(1) 提 （提____ 提____）
　　tí

(2) 信 （信____ ____信）
　　xìn

(3) 常 （____常 ____常）
　　cháng

(4) 码 （____码 ____码）
　　mǎ

(5) 害 （害____ 害____）
　　hài

(6) 报 （____报 报____）
　　bào

4. 找出发音相同(声调可不同)的汉字

Find the characters with the same pronunciation (tones may be different)

1	2	3	4	5	6	7	8	9	10
票	运动	相信	问题	云	号码	漂亮	吗	想	提高
piào	piào	tí	tí	xiāng	xiǎng	yùn	yún	ma	mǎ
___	___	___	___	___	___	___	___	___	___

第9课　Lesson 9

练习 Exercises

1. 写汉字

Write the following Chinese characters

2. 用A组的偏旁与B组的汉字组字
Combine the radicals in Group A with the characters in Group B to make Chinese characters

A

1	2	3	4	5	6
耳	耳	亻	亻	忄	忄

B

a	b	c	d	e	f
只	青	分	昔	总	壬

1 zhí	2 cōng	3 fèn	4 rèn	5 xī	6 qíng

3. 用所给的汉字组词
Make up words with the given characters

师　少　史　法　界　诉　简　点　功　纪　广　绩
shī　shǎo　shǐ　fǎ　jiè　sù　jiǎn　diǎn　gōng　jì　guǎng　jì

(1) 律 （律____　____律）
　　lǜ

(2) 缺 （缺____　缺____）
　　quē

(3) 历 （____历　历____）
　　lì

(4) 世 （世____　世____）
　　shì

(5) 告 （____告　告____）
　　gào

(6) 成 （成____　成____）
　　chéng

4. 找出发音相同(声调可不同)的汉字
Find the characters with the same pronunciation (tones may be different)

1	2	3	4	5	6	7	8	9	10
世纪	份	脾气	低	间	啤酒	分	记	到底	简单
jì	jì	pí	pí	dī	dǐ	fēn	fèn	jiān	jiǎn

第10课　Lesson 10

练习　Exercises

1. 写汉字

Write the following Chinese characters

bān
搬搬搬搬搬搬搬搬搬搬搬搬
搬

mèng
梦梦梦梦梦梦梦梦梦梦梦梦

cún
存存存存存存存

jù
具具具具具具具具具

zī
资资资资资资资资资资资

jī
激激激激激激激激激激激
激激激激

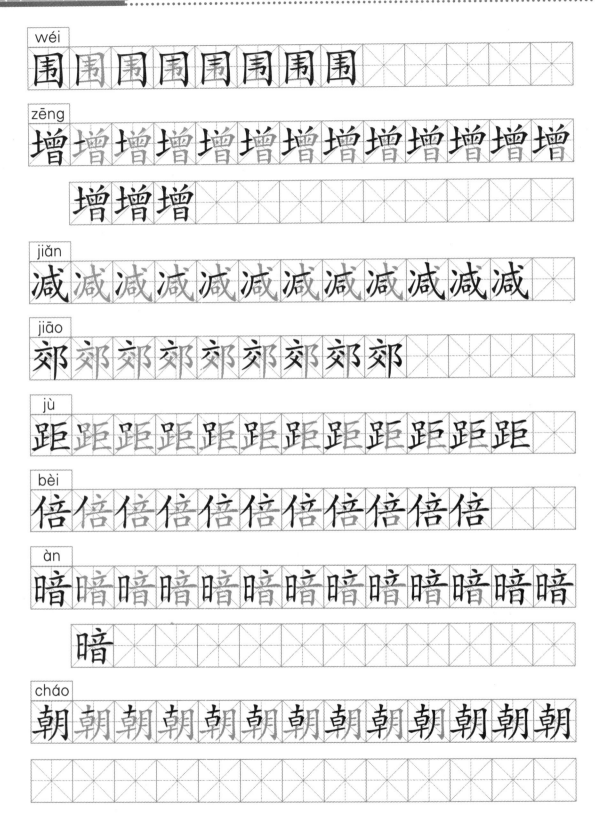

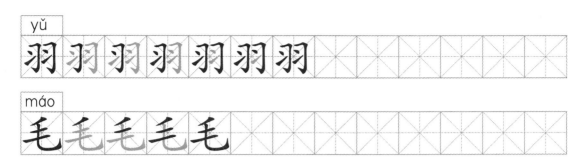

2. 用A组的偏旁与B组的汉字组字
Combine the radicals in Group A with the characters in Group B to make Chinese characters

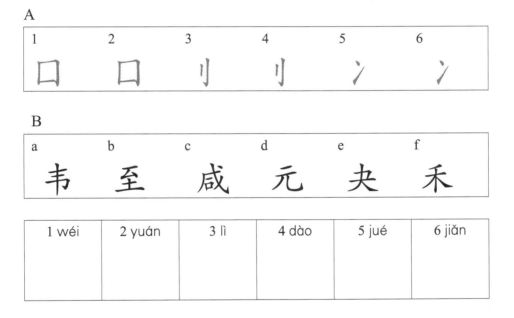

3. 用所给的汉字组词
Make up words with the given characters

搬 资 同 具 适 感 研 作 比 激 竟 符
bān zī tóng jù shì gǎn yán zuò bǐ jī jìng fú

(1) 家 (____家 家____)　　(2) 动 (____动 ____动)
　　jiā　　　　　　　　　　　 dòng

(3) 工 (工____ 工____)　　(4) 相 (相____ 相____)
　　gōng　　　　　　　　　　　xiāng

(5) 究 (____究 究____)　　(6) 合 (____合 ____合)
　　jiū　　　　　　　　　　　 hé

4. 找出发音相同（声调可不同）的汉字
Find the characters with the same pronunciation (tones may be different)

1	2	3	4	5	6	7	8	9	10
搬家	由于	元	比较	住房	远	平方	郊区	一般	加油站

fāng _____ fáng _____ jiāo _____ jiào _____ yuán _____ yuǎn _____ bān _____ bān _____ yóu _____ yóu _____

第11课　Lesson 11

练习 Exercises

1. 写汉字

Write the following Chinese characters

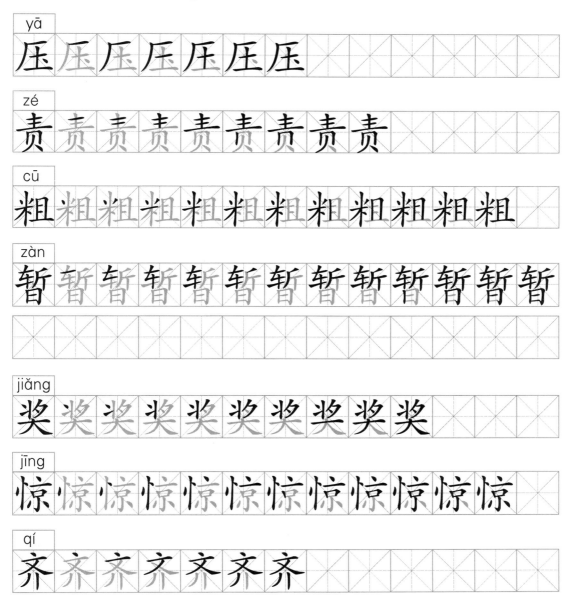

xiāo
消消消消消消消消消消消

huái
怀怀怀怀怀怀怀怀

yí
疑疑疑疑疑疑疑疑疑疑疑疑疑
疑疑

réng
仍仍仍仍仍

jīng
精精精精精精精精精精精
精精

shén
神神神神神神神神神

diào
掉掉掉掉掉掉掉掉掉掉

jiǎo
脚脚脚脚脚脚脚脚脚脚

2. 用A组的偏旁与B组的汉字组字

Combine the radicals in Group A with the characters in Group B to make Chinese characters

A

1	2	3	4	5	6
米	米	氵	氵	木	木

B

a	b	c	d	e	f
青	乔	公	且	肖	原

1 jīng	2 cū	3 xiāo	4 yuán	5 qiáo	6 sōng

3. 用所给的汉字组词

Make up words with the given characters

压 险 关 用 休 理 仍 机 消 粗 虽 齐
yā xiǎn guān yòng xiū lǐ réng jī xiāo cū suī qí

(1) 力　（＿＿力　＿＿力）　　(2) 心　（＿＿心　＿＿心）
　　 lì　　　　　　　　　　　　　　xīn

(3) 危　（危＿＿　危＿＿）　　(4) 息　（＿＿息　＿＿息）
　　 wēi　　　　　　　　　　　　　 xī

(5) 整　（整＿＿　整＿＿）　　(6) 然　（＿＿然　＿＿然）
　　 zhěng　　　　　　　　　　　　 rán

4. 找出发音相同（声调可不同）的汉字
Find the characters with the same pronunciation (tones may be different)

1	2	3	4	5	6	7	8	9	10
北京	源	迷路	桃	吃惊	仍然	逃走	原来	米饭	扔
jīng	jīng	rēng	réng	táo	táo	yuán	yuán	mǐ	mí

第12课　Lesson 12

练习 Exercises

1. 写汉字

Write the following Chinese characters

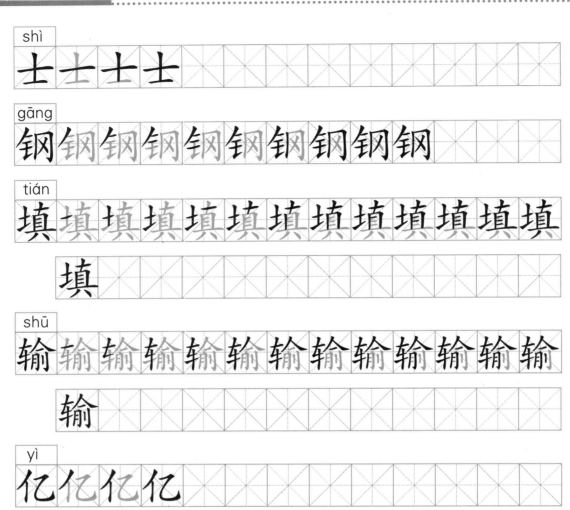

2. 用A组的偏旁与B组的汉字组字
Combine the radicals in Group A with the characters in Group B to make Chinese characters

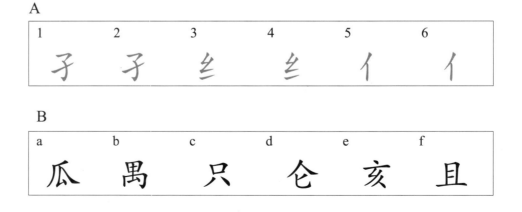

1 hái	2 gū	3 zǔ	4 zhī	5 ǒu	6 lún

3. 用所给的汉字组词
Make up words with the given characters

负 格 扫 简 任 成 示 扰 印 织 习 孤
fù gé sǎo jiǎn rèn chéng shì rǎo yìn zhī xí gū

(1) 责 (___责 责___) (2) 打 (打___ 打___)
　　zé　　　　　　　　　　　　dǎ

(3) 表 (表___ 表___) (4) 复 (复___ 复___)
　　biǎo　　　　　　　　　　　fù

(5) 组 (组___ 组___) (6) 单 (___单 ___单)
　　zǔ　　　　　　　　　　　　dān

4. 找出发音相同(声调可不同)的汉字
Find the characters with the same pronunciation (tones may be different)

1	2	3	4	5	6	7	8	9	10
到底	尤其	天伦	优秀	年龄	组织	低	祖父	轮子	命令

dī　dǐ　yōu　yóu　lìng　líng　zǔ　zǔ　lún　lún
___　___　___　___　___　___　___　___　___　___

第13课　Lesson 13

练习 Exercises

1. 写汉字

Write the following Chinese characters

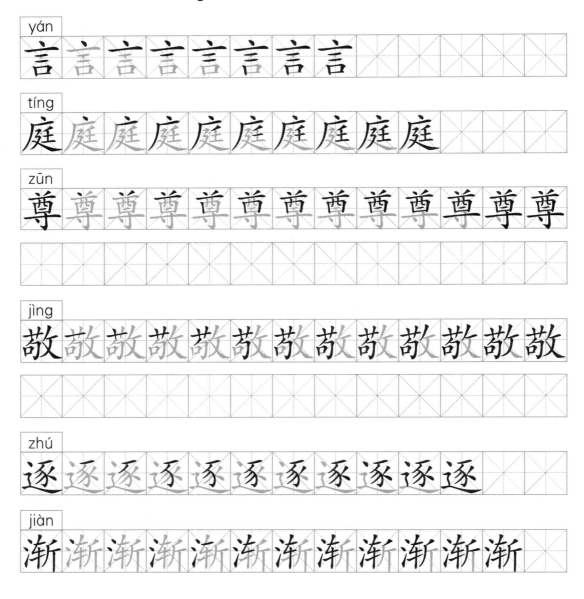

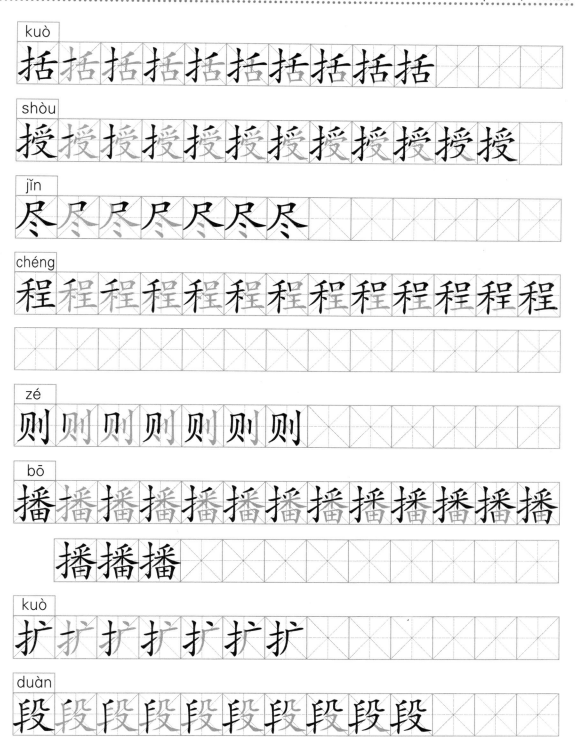

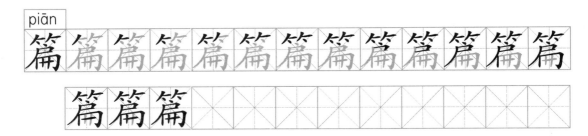

2. 用A组的偏旁与B组的汉字组字
Combine the radicals in Group A with the characters in Group B to make Chinese characters

	1 yǎn	2 jiàn	3 kuò	4 shòu	5 bō	6 zé

3. 用所给的汉字组词
Make up words with the given characters

性　竟　范　办　表　播　仍　少　周　行　告　肥
xìng jìng fàn bàn biǎo bō réng shǎo zhōu xíng gào féi

(1) 格（____格　____格）
　　gé

(2) 减（减____　减____）
　　jiǎn

(3) 然（____然　____然）
　　rán

(4) 围（____围　____围）
　　wéi

(5) 举（举____　举____）
　　jǔ

(6) 广（广____　广____）
　　guǎng

4. 找出发音相同(声调可不同)的汉字

Find the characters with the same pronunciation (tones may be different)

1	2	3	4	5	6	7	8	9	10
锻炼	受	家庭	教授	各	尊敬	段	性格	警察	挺

gè gé jǐng jìng tǐng tíng shòu shòu duàn duàn
___ ___ ____ ____ ____ ____ ____ ____ ____ ____

第14课　Lesson 14

练习 Exercises

1. 写汉字

Write the following Chinese characters

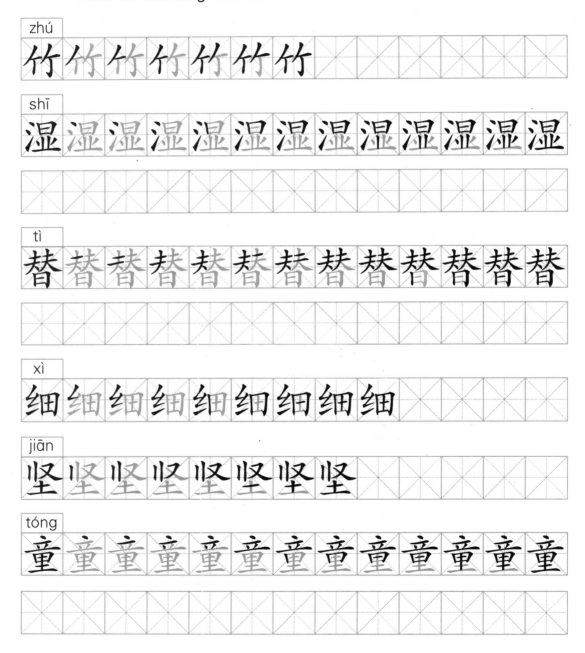

第14课 Lesson 14

jìn
禁禁禁禁禁禁禁禁禁禁禁禁
禁

zhǐ
止止止止止

zhì
制制制制制制制制制

zào
造造造造造造造造造造

yì
忆忆忆忆忆

chōu
抽抽抽抽抽抽抽抽抽

hé
何何何何何何何何

yān
烟烟烟烟烟烟烟烟烟

chéng
乘乘乘乘乘乘乘乘乘乘乘

2. 用A组的偏旁与B组的汉字组字
Combine the radicals in Group A with the characters in Group B to make Chinese characters

A

1	2	3	4	5	6
冫	氵	扌	扌	亻	亻

B

a	b	c	d	e	f
显	可	壬	工	由	寺

1 shī	2 jiāng	3 chí	4 chōu	5 rèn	6 hé

3. 用所给的汉字组词
Make up words with the given characters

人　表　于　过　识　客　键　仪　替　貌　道　照
rén　biǎo　yú　guò　shí　kè　jiàn　yí　tì　mào　dào　zhào

(1) 超（超____ 超____）　　(2) 代（代____ 代____）
　　chāo　　　　　　　　　　　　dài

(3) 关（关____ 关____）　　(4) 礼（礼____ 礼____）
　　guān　　　　　　　　　　　　lǐ

(5) 顾（____顾 顾____）　　(6) 知（知____ 知____）
　　gù　　　　　　　　　　　　　zhī

4. 找出发音相同(声调可不同)的汉字

Find the characters with the same pronunciation (tones may be different)

1	2	3	4	5	6	7	8	9	10
关键	新式	仔细	口袋	座位	健康	孩子	乘坐	代替	考试
jiàn	jiàn	dài	dài	shì	shì	zuò	zuò	zǐ	zi

综合复习（二） General Review 2

 1. 朗读下列词语并说出它们的意思
Read aloud the following words and tell the meanings

	A	B	C	D	E	F	G	H
1	确实	刚刚	逛	购物	省	信任	免费	互联网
2	付账	密码	寄	推荐	预报	进行	甚至	信用卡
3	陌生	紧张	假	轻松	感情	要求	万一	伤心
4	求婚	愿意	答应	幸运	感谢	职业	法律	计算机
5	竞争	导游	收入	低	是否	生意	实习	广告
6	简历	缺少	随着	经济	到底	缺点	优点	通知
7	任务	设计	内容	节目	成功	失败	完成	雨伞
8	郊区	搬家	公寓	暗	租金	做梦	梦想	心情
9	工资	激动	冷静	即使	人口	增长	减少	由于
10	看法	相同	倍	部分	距离	周围	全部	加油站
11	直接	趟	究竟	压力	责任	掉	桥	羽毛球
12	危机	放松	划船	奖金	节约	暂时	朵	乒乓球
13	吃惊	入口	整齐	得意	千万	迷路	脚	方向
14	消息	怀疑	仍然	真正	精神	退休	打扰	身份证
15	以上	证明	以为	书法	尤其	底	亿	打印机
16	表格	填	年龄	入学	调查	夫妻	偶尔	复印机
17	孤单	负责	重视	护士	改变	主动	语言	传真机
18	家庭	尊重	亲切	解释	警察	包括	教授	弹钢琴
19	讨论	篇	报道	性格	否则	尽管	知识	无聊
20	逐渐	误会	减肥	超过	当作	长江	竹子	新式
21	代替	流行	坚持	准时	仔细	顾客	乘坐	检查
22	复杂	目的	任何	允许	禁止	儿童	抽烟	骄傲

2. 用所给的词语填空　Fill in the blanks with the given words

①工资	②愿意	③职业	④讨论	⑤赚	⑥优点	⑦收入	⑧信用卡
⑨刚刚	⑩搬家	⑪目的	⑫密码	⑬流行	⑭预报	⑮负责	⑯计算机
⑰解释	⑱激动	⑲内容	⑳人口	㉑购物	㉒成功	㉓由于	㉔省
㉕通知	㉖抽烟	㉗经济	㉘低	㉙教授	㉚夫妻	㉛复杂	㉜缺点
㉝消息	㉞以为	㉟家庭	㊱退休	㊲禁止	㊳吃惊	㊴看法	㊵失败

(1) 虽然他的_____ gōngzī 比较_____ dī,但是他很喜欢这个工作。

(2) _____ tuì xiū 之后,老王打算去学习_____ jìsuànjī 技术。

(3) 男朋友向她求婚,她_____ jīdòng 地说:"我_____ yuànyi"。

(4) 没有_____ mìmǎ,不能用_____ xìnyòngkǎ 买东西。

(5) 每个人都有自己的_____ yōudiǎn,也有自己的_____ quēdiǎn。

(6) _____ yóuyú 这里的房租越来越贵,他不得不_____ bān jiā。

(7) 听到朋友出国留学的_____ xiāoxi,他非常_____ chī jīng。

(8) 我_____ gānggāng 听到天气_____ yùbào,明天有大雨。

(9) 网上_____ gòu wù 的好处是可以_____ shěng 很多时间。

(10) 随着_____ jīngjì 的发展,人们的_____ shōurù 提高了。

(11) 你对城市_____ rénkǒu 的高速增长有什么_____ kànfǎ?

(12) 我认为当_____ jiàoshòu 是一个很不错的_____ zhíyè。

(13) 这次虽然_____ shībài 了,我们再努力,下次一定能_____ chénggōng。

(14) 这个句子的意思太_____ fùzá 了,连老师也_____ jiěshì 不清楚。

(15) 我_____ yǐwéi 他们俩是_____ fūqī,其实他们不是。

(16) _____ tōngzhī 是学校发来的,_____ nèiróng 是考试的时间和地点。

(17) 在传统_____ jiātíng 里,男人出去工作,女人_____ fù zé 家务。

(18) 昨天上课时我们_____ tǎolùn 了关于_____ liúxíng 音乐的问题。

(19) 这里所有的公共场合都_____ jìnzhǐ _____ chōu yān。

(20) 和大家一样,他做生意的_____ mùdì 当然也是_____ zhuàn 钱。